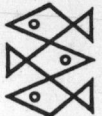

Im September 1933 feierte eine bedeutende evangelische Einrichtung, das Rauhe Haus in Hamburg, sein 100jähriges Bestehen. In seiner Festansprache führte der Präsident der Inneren Mission, Pfarrer H. Schirmacher, gegenüber Diakonen aus:

»Wir begrüßen euch alle als die SA Jesu Christi und die SS der Kirche, ihr wackeren Sturmabteilungen und Schutzstaffeln im Angriff gegen Not, Elend, Verzweiflung und Verwahrlosung, Sünde und Verderben. ... Evangelische Diakonie und Nationalsozialismus gehören in Deutschland zusammen.« Und weiter: »Ich wünsche, daß unsere jungen Brüder in den Diakonenanstalten sämtlich SA-Männer werden.«

Danach meldeten die 20 Brüderhäuser zahlreiche Eintritte in die SA, einzelne Jungbrüderschaften stellten sogar eigene SA-Stürme, scherzhaft »Heiligenstürme« genannt. In Rickling, Kreis Segeberg, war man sogar noch einen Schritt weitergegangen: Die Ricklinger Anstalten hatten im Sommer 1933 von der SA ein Konzentrationslager übernommen.

Der Band enthält eine Fülle bislang nicht beachteten Materials; so etwa die Schilderung der geradezu orgiastischen Huldigung Hitlers durch evangelische Diakonissen, die Züge von Heiligenkult tragen.

Zahlreiche Fotos werden erstmals veröffentlicht.

Der Band schließt ab mit einem Kapitel zur Haltung beider Kirchen gegenüber den Juden. Erschütternd deutlich zeigt der Autor, daß die »Ausschaltung« der Juden begrüßt und ihre Verfolgung ignoriert wurde. Führende Kirchenvertreter überließen Schutz- und Wehrlose ihren Mördern, trieben sie ihnen manchmal geradezu in die Arme.

Als am 1. Mai 1945 der Rundfunk Hitlers Tod meldete, entwarf Kardinal Bertram, der Vorsitzende der Deutschen Bischofskonferenz, noch eine Anordnung, derzufolge alle Pfarrämter des Führers in feierlichen Requiems zu gedenken hätten.

Das Buch ist nicht gegen die Kirchen geschrieben, vor allem nicht gegen die vielen (kleinen) Gemeindemitglieder, die ausharrten und widerstanden. Der Autor mißt jedoch die unbarmherzigen Realitäten der Taten im Alltag an den hohen Anspruch der Kirchen, die die Liebe Gottes zu den Menschen, zu den Armen und Schwachen verkündigten. Diese aber wurden 1933 für die eigene Machterhaltung geopfert.

Ernst Klee, geboren 1942, Publizist; freier Mitarbeiter der Wochenzeitung DIE ZEIT und von Rundfunk- und Fernsehanstalten. Er verfaßte zahlreiche Studien und Reportagen zur Sozialgeschichte der Bundesrepublik und zur kirchlichen Zeitgeschichte. Veröffentlichungen u. a.: Behinderten-Report I und II (1974 bzw. 1976, Fischer Taschenbuch Nr. 1418 bzw. 1747); das Handbuch Behindert (1980, S. Fischer Verlag); Gottesmänner und ihre Frauen (1979, Nr. 6402); »Euthanasie« im NS-Staat (1983, Nr. 4326); Dokumente zur »Euthanasie« (1995, Nr. 4327); Was sie taten – Was sie wurden (1986, Nr. 4364); »Persilscheine und falsche Pässe« (1991, Nr. 10956); »Schöne Zeiten«. Judenmord aus der Sicht der Täter und Gaffer (als Hg. zus. mit Willi Dreßen und Volker Rieß, 1988, S. Fischer Verlag); »Gott mit uns«. Der deutsche Vernichtungskrieg im Osten 1939–1945 (als Hg. zus. mit Willi Dreßen, 1989, S. Fischer Verlag).

Ernst Klee

»Die SA Jesu Christi«

Die Kirchen im Banne Hitlers

Fischer
Taschenbuch
Verlag

Lektorat: Walter H. Pehle

14.–15. Tausend: Februar 1993

Originalausgabe
Veröffentlicht im Fischer Taschenbuch Verlag GmbH,
Frankfurt am Main, März 1989

© 1989 Fischer Taschenbuch Verlag GmbH, Frankfurt am Main
Alle Rechte vorbehalten
Umschlaggestaltung: Buchholz / Hinsch / Hensinger
unter Verwendung eines Fotos aus dem Archiv von Ernst Klee
Gesamtherstellung: Clausen & Bosse, Leck
Printed in Germany
ISBN 3-596-24409-9

Gedruckt auf chlor- und säurefreiem Papier

Inhalt

Vorwort

1933 beginnt die »Ausschaltung« und Verfolgung der Juden. Würdenträger beider Kirchen sehen mit Genugtuung zu.

1933 hofieren die Bischöfe Adolf Hitler. Einige verbieten ihren Priestern ausdrücklich jede Kritik am NS-Staat.

1933 – und die Jahre danach – bekennt sich die »Bekennende Kirche« (BK) zum Nationalsozialismus. Selbst ein so verdienstvoller Mann wie Martin Niemöller hat seit 1924 nationalsozialistisch gewählt. Sein Bruder Wilhelm – ebenfalls Pfarrer und nach 1945 der Chronist der BK – ist Parteimitglied seit 1923.

Eine Einrichtung der Inneren Mission betreibt selbst ein Konzentrationslager. Eine andere Einrichtung der Inneren Mission ordnet Diakone als KZ-Wärter ab. Diakone bilden eigene SA-Stürme, die »Heiligenstürme« genannt werden. Diakonissen, Verkörperung stillen und selbstlosen Dienens, preisen die Schläger-Trupps der braunen Schreckensherrschaft als Vorbilder und begrüßen Hitler wie den Messias.

Die Kirchenleitung der Deutschen Evangelischen Kirche – der eine nach 1945 sehr geachtete CDU-Ministerin als Oberkirchenrätin angehört – fordert vom Staat, die evangelisch getauften Juden den kirchlichen Gemeinden fernzuhalten. Während die Transporte in die Vernichtungslager rollen, fordern protestantische Kirchenführer, »rassejüdische Christen« des Landes zu verweisen.

Das Stuttgarter »Schuldbekenntnis« der evangelischen Kirche, mit dem alles Unrecht als abgegolten gilt, wird den Kirchenführern geradezu abgepreßt. Vertreter des Weltrats der Kirchen lassen keine Wahl: Ökumenische Hilfe ist 1945 nur gegen ein Schuldbekenntnis zu haben.

Die katholischen Bischöfe wären zu einem Protest gegen den Massenmord fähig gewesen. Doch der Vorsitzende der katholischen Bischofskonferenz meint, Polen gegenüber erscheine »Humanitätsempfinden« nicht angebracht. Nicht einmal die Deportation katholischer »Nichtarier« erscheint ihm wichtig genug, Protest zu erheben. Das Wort »Jude« kommt den Bischöfen bis 1945 nicht über die Lippen. Für sie bleiben sie das Volk, das Christus ans Kreuz geschlagen hat.

Gewiß, es gab auch andere Vertreter der Kirche. Darunter viele einfache Gemeindeglieder, die tapfer ausharrten, der braunen Lehre widerstanden. Und es gab einige wenige, die damals unzeitgemäß handelten und dafür im KZ leiden mußten und umgebracht wurden. Doch die Minderheit, die widerstand, kann die Mehrheit nicht verdecken. Führende Kir-

chenvertreter überließen Schutz- und Wehrlose ihren Mördern, trieben
sie ihnen manchmal geradezu in die Arme. 1945 versteckten sie sich hinter den Leiden der Märtyrer.

Dies zu beschreiben, ist innerhalb der Kirche wenig gefragt. »Man« sagt
das vornehmer, die Motive der Handelnden in den Vordergrund rückend.
Kirchliche Geschichtsforschung wird bis heute – und darin unterscheidet
sich die Kirche nicht von anderen Institutionen – vorwiegend als Ent-
schuldigungs-Forschung betrieben. Gefragt sind wortgewandte Reinwäscher.

Symptomatisch: 1987 erschien ein sehr empfehlenswertes Buch von Wolfgang Gerlach über die »Bekennende Kirche und die Juden«. Es handelt
sich um eine Doktorarbeit, die 17 Jahre zuvor von der Evangelisch-Theo-
logischen Fakultät in Hamburg sehr positiv bewertet worden war – aber,
so das Vorwort, »kompetente Zeitzeugen warnten vor der Drucklegung«.
1987 konnte das Buch endlich, in überarbeiteter und »in manchem Urteil
deutlich entschärfter Form« erscheinen. Grund: Die durch Dokumente
Belasteten sind mittlerweile gestorben.

Rücksichtnahme also auf die Täter des gepredigten Wortes. Doch wo
blieb die Rücksicht auf die Opfer? Der Jubel von 1933 kostete Millionen
das Leben. Auschwitz entstand 1933, auch wenn der Name damals noch
nicht bekannt war. 1933 kamen die Kommunisten und Sozialdemokraten
ins KZ, begann die Ausmerzung der »Minderwertigen«, wurden die Juden gedemütigt und geschlagen – und die Repräsentanten beider Kirchen
applaudierten der neuen Zeit. Der Beifall verebbte, da sie als Trittbrett
zur Macht ausgedient hatten und selbst verfolgt wurden.

Dieses Buch ist nicht gegen die Kirche geschrieben, der ich ja selbst zuge-
höre. Die Kirche hat gewiß nicht alleine versagt. Aber nirgends ist der
Anspruch an Denken und Handeln größer als hier, verkündigt sie doch
die Liebe Gottes zu den Menschen und ganz besonders zu den Armen und
Schwachen. Diese aber wurden 1933 aus Überzeugung oder als Preis für
die eigene Machterhaltung geopfert.

Meinem Kollegen Gunnar Petrich danke ich für seine Hilfe bei der
Materialbeschaffung zu diesem Buch.

Ernst Klee

»Die Leute sind toll vor Begeisterung«
Diakonissen-Lobgesänge auf NS-Heilige

Hitler auf Besuch bei den Diakonissen in Lehnin / Mark Brandenburg,
2. Mai 1933

Frohe Botschaft verbreitet sich am 2. Mai 1933 unter den Diakonissen des
Luise-Henriettenstiftes in Lehnin in der Mark Brandenburg: »Der
Reichskanzler Hitler ist da und besichtigt eben die Kirche.«[1] In Hitlers
Begleitung befinden sich Joseph Goebbels und Prinz August Wilhelm von
Preußen, ein Sohn Wilhelms II. und ein Verehrer des Reichskanzlers, der
ihm dafür ehrenhalber die NSDAP-Mitgliedsnummer 24 verliehen hat.
Die Oberin der Lehniner Diakonissen: »Es war ein feierlicher Augenblick, als der Kanzler und Prinz August Wilhelm die Schwesternschaft
leuchtenden Auges anschauten, und wir sie mit ›Heil‹ begrüßen konnten.
Alle Schwestern wurden vorgestellt und vom Reichskanzler mit Handschlag begrüßt. Die von den Schwestern ausgesprochene Bitte, die Herren mit den Schwestern fotografieren zu dürfen, wurde gern und freudig
gewährt. Der Reichskanzler wählte selbst den Platz an der Sonne und
führte uns vor den Pfeiler des Kreuzganges in der Klausur.«
Hitler läßt sich durch das Säuglingsheim führen. Die Oberin: »Im ersten
Stock lagen die Kleinkinder schon frisch und sauber in ihren Betten und
jubelten dem Reichskanzler zu. Wenn sie auch den großen Augenblick
nicht verstanden, so fühlten sie wohl etwas ganz Besonderes, dem sie
Ausdruck gaben mit Winken und Rufen: ›Heil Hitler, komm rein!‹« Hitler bedauert die schwachsinnigen Kinder, Goebbels erkundigt sich nach
ihren Heilungsmöglichkeiten. Die Kinder können nicht ahnen, daß der
Reichskanzler wenige Jahre später die »Vernichtung lebensunwerten Lebens« anordnen wird.
Die Herren verabschieden sich mit einem kräftigen Händedruck. Die
Diakonissen stimmen »Deutschland, Deutschland über alles« an. Die
Oberin: »Vor der Kirche warteten die begeisterten Einwohner Lehnins
und grüßten ihren Reichskanzler mit immer wiederholten ›Heil‹-Rufen.
Schwester Ilse Schrader drängte sich noch im letzten Augenblick durch
die Menge, durch welche ihr ein Herr der Begleitung Bahn brach, und bat
den Reichskanzler in unser Gästebuch einzuschreiben. Sein frohes, zu-
versichtliches Wort:

Es wird die Zeit kommen,
die Millionen Deutsche ersehnen.
Adolf Hitler.

steht im tiefsten Einklang zu der ruhevollen, starken Persönlichkeit und
hat unser Vertrauen zum Reichskanzler noch mehr gefestigt.«
Goebbels notiert in seinem Tagebuch über die Diakonissen:
»Die Leute sind toll vor Begeisterung.«[2]
In den Geschichtsbüchern ist Hitlers Besuch bei den Diakonissen und den
schwachsinnigen Kindern nicht nachzulesen. Dort ist unter dem 2. Mai
1933 anderes festgehalten: die schlagartige Besetzung der Büros des Allgemeinen Deutschen Gewerkschaftsbundes und der Gewerkschafts-

Lehniner Grüße

Mitteilungen aus der Arbeit des Luise-Henriettenstifts

3. Folge   *   Mai 1933   *   5. Jahrgang

Wir sind nicht getauft auf Könige, Fürsten, noch auf die Menge, sondern auf Christum und Gott selber; wir heißen auch nicht Könige, Fürsten oder Menge, wir heißen Christen. Der Seelen soll und kann niemand gebieten, er wisse denn ihr den Weg zu weisen gen Himmel. Das kann aber kein Mensch tun, sondern Gott allein. Darum, in den Sachen, die der Seelen Seligkeit betreffen, soll nichts denn Gottes Wort gelehret und angenommen werden. D. Martin Luther.

Der Reichskanzler in Lehnin

Am sonnigen zweiten Maientag verbreitete sich durch unsere Häuser die überraschende Kunde: „Der Reichskanzler Hitler ist da und besichtigt eben die Kirche!"

Vor der verschlossenen Kirchentür standen schon einige Lehniner, die den Kanzler begrüßen wollten. Im Nu sammelte sich eine Schar von Schwestern.

In der Klausur holten wir die Herren ein. Hier hatten wir nun die Freude, den Herrn Reichskanzler Hitler, den Reichsminister Dr. Goebbels und Prinz August Wilhelm von Preußen begrüßen zu können, die von mehreren anderen Herren begleitet waren.

Es war ein feierlicher Augenblick, als der Kanzler und Prinz August Wilhelm die Schwesternschaft leuchtenden Auges anschauten und wir sie mit „Heil" begrüßen konnten. Alle Schwestern wurden vorgestellt und vom Reichskanzler mit Handschlag begrüßt. Die von den Schwestern ausgesprochene Bitte, die Herren mit den Schwestern photographieren zu dürfen, wurde gern und freudig gewährt. Der Reichskanzler wählte selbst den Platz in der Sonne und führte uns vor der Pfeiler des Kreuzganges in der Klausur.

Dann ließ der Kanzler sich durch das Säuglingsheim führen, bedauerte die schwachsinnigen Kinder, nach deren Heilmöglichkeit sich Dr. Goebbels er-

Titelseite des Mitteilungsblattes der Lehniner Diakonissen

presse durch SS und SA; die Verhaftung führender Gewerkschafter;
die Beschlagnahme des gesamten gewerkschaftlichen Vermögens; das
»Reichsgesetz gegen die Überfremdung der Höheren Schulen« (Anteil
nichtarischer Schüler auf 1,5 Prozent reduziert).

Maßloser Jubel herrscht im Mai 1933 auch in Düsseldorf-Kaiserswerth,
dem Mutterhaus der »weiblichen Diakonie«: »In den letzten Maitagen
wurden wir Kaiserswerther in das große nationale Erleben unseres Vaterlandes abermals ganz unmittelbar mitten hinein gestellt. Es drängt uns,
unsere Freude mit unseren Freunden zu teilen.« So beginnt ein Artikel
»Unterm Schlageter-Kreuz« in der Hauszeitschrift der Kaiserswerther
Diakonissen.[3]
Es geht um ein mehr als 30 Meter hohes Gedenkkreuz in der Golzheimer
Heide, das zu Ehren eines Rechtsradikalen errichtet ist: Albert Leo
Schlageter, Mitglied der Großdeutschen Arbeiterpartei (NSDAP-Able-
ger). Schlageter hatte sich an Sabotageakten gegen die französische Besatzungsmacht beteiligt. Nach einem Anschlag auf eine Bahnlinie bei
Kalkum war er den Franzosen verraten und im Mai 1923 in der Golzhei-
mer Heide erschossen worden.
Schlageter wird als nationalsozialistischer Märtyrer gefeiert. Doch er gilt
auch in katholischen Kreisen als »ein leuchtendes Beispiel dafür, daß man
sehr wohl ein guter Katholik sein kann und zugleich auch ein Deutscher,
dem eine heiße Liebe zu Volk und Vaterland im Herzen brannte«.[4] Auch
das Hausblatt der Kaiserswerther Diakonissen steht ganz im Zeichen des
Schlageter-Kultes:
»Es war am Freitagabend, den 26. Mai, am Todestage Schlageters, da
nahten die weißen Rheindampfer, sandten leuchtende Raketengrüße
voraus und tausendstimmiges Heil aus dem Munde von 1500 Hitlerjungen.«
Der Artikel schildert, wie die Jungscharen in ihrer »schmucken, schlichten, braunen Uniform« durch die Straßen marschieren und wie die Glok-
ken aller Kaiserswerther Kirchen einsetzen. Auch am nächsten Tag und
der folgenden Nacht wird marschiert:
»Noch graut nicht der Sonntagmorgen, da wecken uns schon wieder
Marschtritt, klingendes Spiel und frohe Lieder. Die Sturmabteilungen! In
gewaltigen Strömen ergießt sich die braune Flut durch alle Straßen, alle
dem einen Ziel entgegen, zum Kreuz!... Auch in unseren Häusern hieß
es bei Jungen und Alten: Marschieren, marschieren!«
Das Diakonissen-Mutterhaus ist glücklich: »Niemand unter uns hatte
daran gedacht, daß uns noch an dem gleichen Tage Gelegenheit geschenkt werden könnte, unsern Dank mit der Tat zu beweisen. Daß uns
das möglich war, setzte der Freude die Krone auf. Ermattet, durchnäßt, –
am Nachmittag regnete es nämlich in Strömen – hungrig und durstig von

Die braunen Kolonnen.

Die braunen Kolonnen marschieren durchs Land,
Zum Treuschwur erhoben die rechte Hand:
Wir wollen nicht ruhen, nicht rasten mehr,
Bis wieder leuchtet die deutsche Ehr!
                                        Sieg=Heil!

Das Hakenkreuzbanner weht stolz voran,
Neu=Deutschland wir bauen dich, Mann für Mann!
Das undeutsche Wesen zur Türe hinaus,
Wir kehren mit eisernem Besen das Haus.
                                        Sieg=Heil!

Und treu bis zum letzten Mann fürwahr
Ist Adolf Hitlers kerndeutsche Schar,
Sie lacht der Verfolgung, sie tötet kein Tod;
„Für Deutschland das Leben!" — so heißt ihr Gebot!
                                        Sieg=Heil!

                        Worte von Diakonisse Emma Obermeier
                        Weise von Arminia Fröhlich.

Aus: Die Taube von Kaiserswerth, August 1933

tage- und nächtelangem Ehrendienst, zogen Tausende und aber Tausende an unseren Toren vorüber heimwärts... Die Pforten und die Häuser taten sich auf, alle Küchen wurden mobil gemacht, die Vorratskammern mußten das Letzte hergeben. Glücklicherweise hat niemand in der Eile, mit der geholfen werden mußte, zählen können, nicht die Menschen, nicht die Brote, die Pfunde Schmalz und die Suppenteller. Sonst würden wir uns womöglich noch etwas darauf einbilden.«

Der Bericht ist einer Wundergeschichte der Evangelien nachempfunden: der Speisung der Fünftausend. Dort predigt Jesus, der Rabbi aus Nazareth, einer großen Menschenmenge. Und als abends die Menschen nichts zu essen haben, läßt Jesus seine Jünger einige Brote und Fische zusammenlegen, und siehe, es reicht für alle. In der Kaiserswerther Fassung werden nicht Juden, sondern Hitlerjungen und SA-Männer verköstigt:

»Es... machte so glücklich, daß man wärmen und trocknen, speisen und tränken durfte, und ein ganz stattliches Fähnlein Hitlerjungen hat in der Ökonomie und im Stahlhaus – wir wissen selbst nicht ganz genau, wo sonst noch – prachtvoll bei uns geschlafen... Nach dem Abendessen durften sie noch einmal ins Freie. Es gab nur ein Ziel. Man stürmte an die Pforte. Da fand sich immer noch einer, den man hereinholen konnte. Das Schneiden und Streichen und Belegen und Austeilen dauerte bis tief in die Nacht hinein. Und als die Vorräte zur Neige gingen, als kein Brot, kein Kaffee und kein Tee mehr da war, weil hunderte von Feldflaschen schon gefüllt waren, und als auch das Telefon nichts mehr herbeischaffen konnte, weil alle Häuser miteinander wetteiferten, da hieß es in dem einen Haus: ›Wir verzichten auf unser Morgenbrot‹, und in dem andern: ›Wir begnügen uns mit der dicken Suppe‹ und noch in einem: ›Wir verzichten auf den Montagspudding.‹ Da konnte von der Milch, die schon abends für den Pudding bereit stand, noch eine ganz frische, schöne warme Milchsuppe gekocht werden... Manchmal löffelten zwei Männer aus einem Teller, weil der Ansturm so groß war...«

Der Dank der braven SA-Männer – wer würde bei dieser Schilderung an die braunen Schlägertrupps denken – ist rührend: »Schwester, ihr gabt ja das Letzte, das werden wir euch nie vergessen.« Oder: »Schwester, wie sollen wir das nur gut machen?« Ein unbekannter SA-Mann schreibt: »Bei unserem Aufenthalt in Kaiserswerth anläßlich der Gedächtnisfeier unseres Helden und Kameraden Schlageter sind wir in euren Häusern gespeist, getränkt und getrocknet worden... Wir geloben weiter treu zu sein und werden den Platz hüten, auf den Gott uns gestellt hat, wir als Kämpfer, ihr als Beter...« Kommentar aus Kaiserswerth: »Der liebe Freund... hat es ganz richtig getroffen: Wir gehören zusammen, die Kämpfenden, Betenden, Dienenden, Opfernden. Das hat uns die Schlageterfeier aufs neue gelehrt.«

Einen Tag nach den Schlageter-Feiern, am 29. Mai, wird der SPD-Politiker Julius Leber in Lübeck zu einem Jahr und acht Monaten Gefängnis verurteilt. Er wird später im KZ umkommen.

Am 14. Juli freuen sich Diakonissen eines Essener Krankenhauses über hohen Besuch:»Ministerpräsident Göring kommt.«[5] Eine der Schwestern schildert die Erwartung des Verheißenen:
»Endlich ist der 14. Juli da. Festtagsstimmung allenthalben. Lachender Himmel, Fahnen und Tannengrün tragen dazu bei, der Stadt Essen ein festliches Ansehen zu geben. Heute gilt es, einen hohen Gast zu empfangen – Ministerpräsident Göring.«
Görings Besuch erinnert an Schilderungen vom Einzug des Messias in Jerusalem:»Gewaltige Menschenmassen haben sich in den Straßen gestaut. Spannung und Freude auf allen Gesichtern. Ob er jetzt wohl bald erscheint?... Auch am Huyssenstift, dem 79jährigen Krankenhaus, muß er vorbeikommen. Fahnen und Wimpel grüßen von den Fenstern. Und dann die Menschen! Freudige Erregung in allen Räumen... Für Kranke, die herumlaufen, braucht man nicht erst zu sorgen, die sind heute ›Selbstversorger‹. Es gilt nur, den Schwerkranken ein kleines Plätzchen zu verschaffen. Alle Patienten, die eben transportfähig sind, werden auf Tragen gelegt oder in Sessel gesetzt und in den Schwesternsaal gefahren, von wo aus auch sie den seltenen Gast sehen können.«
Eine Stunde später gibt es frohe Kunde im Huyssenstift:»Ministerpräsident Göring kommt ins Haus. Ungläubig schüttelt man die Köpfe. Wie sollte das zugehen? Erst als die Herolde in SS-Uniformen erscheinen, gewinnt die Nachricht Wahrscheinlichkeit. Es liegt ja ein schwerkranker SA-Mann im Haus, dem dieser Besuch gelten soll. Nur wenige Augenblicke, und zum zweiten Mal ist alles in heller Aufregung. Sämtliche Patienten nehmen Aufstellung in den Fluren. Alle Arbeit, die nicht unbedingt verrichtet werden muß, bleibt liegen. In der Küche, wo Schwestern und Mädchen um die Mittagszeit großen Fleiß an den Spülwannen entfalten, herrscht tiefe Stille. Die Waschküche hat Maschinen und Bügeleisen außer Betrieb gesetzt. Schwestern und Ärzte lassen den Dienst am Patienten, soweit er nicht ganz dringend ist, ruhn. Alles, was eben abkömmlich ist, bildet Spalier...«
Der Einzug Görings:»Jetzt betritt der Ministerpräsident das Haus. Ruhig und fest schreitet er in Begleitung seines Stabes und des zuständigen Arztes... daher. Lauter Sicherheit geht von ihm aus. Langsam geht der Minister durch die Reihen, die ihm zum Empfang den deutschen Gruß entbieten. Aller Augen sind auf ihn gerichtet und nehmen sein Bild ganz auf, um es ja noch lange in der Erinnerung zu bewahren.«
Der Besuch des NS-Heiligen dauert nur wenige Minuten. Die Schwester:
»Es ist wie ein Traum. Erst als das Fragen laut wird: Hast du ihn gesehen?

14. Juli 1933 in Essen: Göring wird im Huyssen-Stift begeistert empfangen.

14. Juli 1933 in Essen. Bilder aus der Festschrift zur Hundertjahrfeier der Kaiserswerther Diakonissen, 1933. Originalbildunterschrift: »Der Preußische Ministerpräsident Göring nach dem Besuch eines verwundeten SA-Mannes im alten Huyssen-Stift in Essen, in dem Kaiserswerther Diakonissen seit 1852 dienen.«

und: Ist er nicht auch dicht an dir vorübergegangen? da weiß man, daß es Wirklichkeit gewesen ist.«

Der letzte Satz über Görings Einzug im Huyssenstift: »Noch oft und gerne erinnern wir uns dieses ereignisreichen Tages, wo es uns vergönnt war, einen der Führer des deutschen Volkes von Angesicht zu Angesicht zu sehen, und etwas wie Stolz regt sich in uns, daß wir dabei sein durften.«

Der Stil erinnert an die Schilderungen von Jüngern, denen der auferstandene Christus erschienen ist. Die Lobgesänge zeigen, daß die Diakonissen den Nationalsozialismus nicht als Knechtschaft, sondern als Erlösung empfinden. Dabei ist der 14. Juli 1933 ein ereignisreicher Tag: An diesem Tag wird z. B. das »Gesetz gegen die Neubildung von Parteien« beschlossen. Die NSDAP ist die einzig zugelassene Partei. Am 14. Juli 1933 wird zudem das »Gesetz zur Verhütung erbkranken Nachwuchses« verkündet.

»Die Soutanenträger sind sehr klein und kriecherisch«
Die ersten Monate des »Dritten Reiches«

1. »...das Bündnis zwischen dem Adel und dem Pöbel«
Die Machtübergabe

1933 geht es – ganz wörtlich zu nehmen – Schlag auf Schlag. Am 30. Januar ernennt Reichspräsident Hindenburg Adolf Hitler zum Reichskanzler. Dem 24. Reichskabinett der Weimarer Republik gehören nur drei Nationalsozialisten an: Hitler, Wilhelm Frick als Innenminister und Hermann Göring als Minister ohne Geschäftsbereich (zugleich preußischer Innenminister). Die anderen, an der Spitze Vizekanzler Franz von Papen, sind deutschnational. Einige der deutschnationalen Minister werden dem NS-Regime viele Jahre dienen, im Einzelfall bis zur Kapitulation im Jahre 1945.[1]

Jochen Klepper, ein protestantischer Schriftsteller, der mit einer jüdischen Frau verheiratet ist, kommentiert die Regierungsbildung in seinem Tagebuch: »Noch einmal ist das verhängnisvollste Bündnis zustandegekommen, das Gustav Freytag die größte deutsche Gefahr nennt: das Bündnis zwischen dem Adel und dem Pöbel.«[2]

Nach der Regierungsbildung folgen Verordnungen und Verhaftungen. Am 4. Februar kommt die »Verordnung des Reichspräsidenten zum Schutze des Deutschen Volkes«, mit der die Versammlungsfreiheit eingeschränkt und das Verbot von »Druckschriften« ermöglicht wird. In Preußen werden sozialdemokratische Regierungs- und Polizeipräsidenten und weitere hohe Beamte abgesetzt. Die ersten Zeitungsverbote ergehen.

Am 27. Februar brennt der Reichstag. Der Brand wird den Kommunisten zur Last gelegt. Einen Tag später folgt die sogenannte Reichstagsbrandverordnung. Unter dem Titel »Verordnung des Reichspräsidenten zum Schutz von Volk und Staat« wird in § 1 verkündet:

»Es sind ... Beschränkungen der persönlichen Freiheit, des Rechts der freien Meinungsäußerung, einschließlich der Pressefreiheit, des Vereins- und Versammlungsrechts, Eingriffe in das Brief-, Post-, Telegraphen- und Fernsprechgeheimnis, Anordnungen von Haussuchungen und von Beschlagnahmen sowie Beschränkungen des Eigentums auch außerhalb der sonst hierfür bestimmten gesetzlichen Grenzen zulässig.«

Die Verfolgung der politischen Gegner hat damit eine gesetzliche Grundlage.

Für den 5. März 1933 steht die Wahl eines neuen Reichstages an. Die Bischöfe rufen das katholische Wählervolk auf, für das Zentrum zu stimmen. Bischof Maximilian Kaller von Ermland (Ostpreußen):

»Wenn auch der Nationalsozialismus sympathische Züge an sich hat und manche berechtigte Forderung erhebt, müssen wir ihn doch ablehnen, solange er noch an den Prinzipien festhält, die von den deutschen Bischöfen als Irrlehre verworfen sind. Wir lehnen aber auch – und die Gerechtig-

keit verlangt, dieses zu betonen – ebenso scharf jeglichen Marxismus, sei
es als Sozialismus, sei es als Bolschewismus, als völlig gottlos und volks-
feindlich ab. Aus meiner innersten Überzeugung sage ich: Die einzige für
uns im gegenwärtigen Kampf in Betracht kommende Partei ist das Zentrum. Jetzt mehr als je!«[3]

> »Wir fordern die Freiheit aller religiösen Bekenntnisse im Staat, so-
> weit sie nicht dessen Bestand gefährden oder gegen das Sittlichkeits-
> und Moralgefühl der germanischen Rasse verstoßen. Die Partei als
> solche vertritt den Standpunkt eines positiven Christentums, ohne
> sich konfessionell an ein bestimmtes Bekenntnis zu binden.«
>
> Artikel 24 des Parteiprogramms der NSDAP

Während des Wahlkampfs werden mehrere Zentrums-Zeitungen – z. B.
die »Germania« – zeitweilig verboten. Nach einer Wahlanalyse der »Basler Nachrichten« haben von den 12,5 Millionen wahlberechtigten Katholiken nur 5,5 Millionen für das Zentrum gestimmt.[4] Das bedeutet: Die
katholischen Wähler sind den Wahlempfehlungen ihrer Bischöfe nicht gefolgt.
Der »Bayerische Kurier« beklagt in seiner Wahlanalyse, daß im vorwiegend katholischen Bayern 70 Prozent der Wähler Parteien gewählt haben, deren Programm von den Bischöfen verurteilt wird. Der Abfall sei
gerade in jenen Gegenden am stärksten, die bisher als besondere Heimat
des katholischen Geistes gegolten hätten.[5] Die »Augsburger Postzeitung«
stellt fest, daß die Hitlerstimmen in den katholischen Oberamtsbezirken
besonders stark angestiegen sind: um 100 bis 200 Prozent![6]
Die NSDAP erhält bei der Märzwahl 44 Prozent der Stimmen. Die Nationalsozialisten brauchen die Deutschnationalen (Kampffront Schwarz-
Weiß-Rot), um eine knappe Mehrheit von 52 Prozent zu erreichen. Die
Kommunisten – die meisten ihrer Reichstagsabgeordneten sind bereits
verhaftet und ihre Wahlpropaganda ist praktisch unterbunden – erhalten
immerhin noch 12 und die Sozialdemokraten 18 Prozent.
Die Bischöfe sehen, daß mit dem Zentrum – zusammen mit der Bayerischen Volkspartei 14 Prozent – kein Staat zu machen ist und beginnen,
sich neu zu orientieren: Am 10. März notiert der Münchener Kardinal
Michael von Faulhaber nach einem Besuch im Vatikan, Pius XI. gefalle
an Hitler, daß er der erste Staatsmann sei, »der gegen den Bolschewismus
gesprochen hat«.[7]
Am 18. März schreibt der Freiburger Erzbischof Dr. Konrad Gröber an
Kardinalsstaatssekretär Eugenio Pacelli (dem späteren Papst Pius XII.),
er suche sich »mit einer gewissen Elastizität« den neueren Verhältnissen

anzupassen, ohne katholische Anschauungen und politische Beziehungen damit preiszugeben. Betrüblich sei, daß auch in seiner Erzdiözese eine größere Anzahl rein katholischer Gemeinden mit fliegenden Fahnen »zu dieser Partei« hinübergezogen seien. Halte die neue Herrschaft allerdings nicht, was sie verspreche, so werde sich in absehbarer Zeit eine Reaktion anmelden, die sich nach dem anderen Extrem bewege.

Gröber wörtlich: »Auch das legt uns deutschen Bischöfen nahe, zwar ohne Feindseligkeit die neuen Verhältnisse zu betrachten, aber doch ihnen gegenüber eine gewisse Distanz zu bewahren, damit nicht bei einem Gegenschlag die Kirche wiederum ihre Verbrüderung mit dem Nationalsozialismus zu büßen hat.«[8]

Noch immer besteht die bischöfliche Verurteilung des Nationalsozialismus (das bischöfliche Ordinariat Mainz hatte zum Beispiel am 30. September 1930 jedem Katholiken verboten, eingeschriebenes Mitglied der NSDAP zu sein und jeden NSDAP-Katholiken von den Sakramenten ausgeschlossen).[9]

Am 20. März, einen Tag vor der Eröffnung des Reichstages, läßt Himmler in Dachau das erste Konzentrationslager errichten. Am 21. März – Frühlingsanfang – wird die Eröffnung des Reichstages des dritten Deutschen Reiches mit einem Staatsakt in der Potsdamer Garnisonskirche feierlich begangen. Die Glocken der Potsdamer Kirchen läuten eine Viertelstunde lang. Für die Katholiken wird in der katholischen Stadtkirche ein Hochamt zelebriert. Viele Nationalsozialisten erscheinen in brauner Uniform. Auch der päpstliche Nuntius Orsenigo ist anwesend. Doch der für den Katholiken Hitler reservierte Stuhl bleibt leer.

Die Begründung ist am nächsten Tag im »Völkischen Beobachter« zu lesen: Die Bischöfe hätten in ihren Erklärungen »Führer und Angehörige der NSDAP als Abtrünnige der Kirche bezeichnet, die nicht in den Genuß der Sakramente kommen dürften. Diese Erklärungen sind bis heute noch nicht widerrufen...«

»...wenn es um Leben und um Sterben der Nation geht, dann muß die staatliche Macht kraftvoll und durchgreifend eingesetzt werden, es sei nach außen oder nach innen. Wir haben von Dr. Martin Luther gelernt, daß die Kirche der rechtmäßigen staatlichen Gewalt nicht in den Arm fallen darf, wenn sie tut, wozu sie berufen ist. Auch dann nicht, wenn sie hart und rücksichtslos schaltet.«

Aus der Predigt des Berliner Generalsuperintendenten Otto Dibelius zur Eröffnung des Reichstages am 21. März 1933.

Am 23. März bringt Hitler das »Gesetz zur Behebung der Not von Volk und Reich«, das sogenannte Ermächtigungsgesetz, im Reichstag ein. In Artikel 1 heißt es: »Reichsgesetze können außer in dem in der Reichsverfassung vorgesehenen Verfahren auch durch die Reichsregierung beschlossen werden.«

Die kommunistischen Reichstagsabgeordneten sind vorher verhaftet worden (für die Inhaftierung politischer Gegner wird in der Provinz Brandenburg das KZ Oranienburg eingerichtet). Als einzige Partei stimmt die SPD gegen das Ermächtigungsgesetz.

Die Kirchen hatte Hitler zuvor in seiner Regierungserklärung geködert: »Die nationale Regierung sieht in beiden christlichen Konfessionen wichtigste Faktoren der Erhaltung unseres Volkstums... Ihre Rechte sollen nicht angetastet werden. Sie erwartet aber und hofft, daß die Arbeit an der nationalen und sittlichen Ertüchtigung unseres Volkes... umgekehrt die gleiche Würdigung erfährt«.

Speziell auf Rom gemünzt, hatte er zudem erklärt, die Reichsregierung lege »den größten Wert darauf, die freundschaftlichen Beziehungen zum Heiligen Stuhle weiter zu pflegen und auszugestalten«.

Besonders schnell reagiert Kardinal Faulhaber. Er schreibt am nächsten Tag, am 24. März, an den bayerischen Episkopat, Hitlers Erklärung habe eine neue Situation geschaffen. Es gelte nach dem, was er an höchster Stelle in Rom erlebt habe, »mehr Toleranz gegen die neue Regierung zu üben«. Der Kardinal, auf seinen Rom-Besuch anspielend: »Man denke sich einmal das Wort des Heiligen Vaters aus, der in einem Konsistorium, ohne den Namen zu nennen, vor aller Welt Adolf Hitler als den Staatsmann bezeichnet, der als erster nach dem Heiligen Vater gegen den Bolschewismus seine Stimme erhoben hätte«.[10]

Die Bischöfe reagieren ungewohnt schnell. Am 28. März verlautbaren sie in einer Kundgebung: »Ohne die in unseren früheren Maßnahmen liegende Verurteilung bestimmter religiös-sittlicher Irrtümer aufzuheben, glaubt... der Episkopat das Vertrauen hegen zu können, daß die vorgezeichneten allgemeinen Verbote und Warnungen nicht mehr als notwendig betrachtet zu werden brauchen.«[11]

2. »...unwahre Berichte über blutige Greueltaten«
Der Judenboykott am 1. April 1933

Die Verfolgung der Juden hatte nach der Wahl am 5. März begonnen. So wird z. B. im oberhessischen Städtchen Lich in der Nacht vom 12. zum 13. März der jüdische Bürger Chambré in einem SA-Lokal »zum lebenslänglichen Krüppel gefoltert«.[12] Kein Tag, da nicht jüdische Bürger verprügelt, Geschäfte boykottiert oder verwüstet werden. Auf dem Berliner

Kurfürstendamm kommt es immer wieder zu Angriffen auf jüdische Passanten. Die Polizei (als Hilfspolizisten werden vor allem SA-Männer verwendet) sieht zu. Die deutschnationalen Mitglieder der Reichsregierung unternehmen nichts. Beide Kirchen schweigen.

Der Präsident des D. E. Kirchenausschusses, D. Dr. Kapler, hat an Rev. D. Cadman-Neuyork, folgendes Telegramm gesandt:
»Presse berichtet über Beteiligung kirchlicher Kreise Amerikas an Protesten gegen angebliche Judenverfolgungen in Deutschland. Erbitte dringend Ihren Einfluß, daß nicht auf falsche Berichte Kundgebungen gegen Deutschland erfolgen, die schweren Schaden auch kirchlicher Zusammenarbeit bringen. Reichsregierung gewährleistet Ordnung und Sicherheit. Unparteiische Augenscheinnahme hiesiger Verhältnisse jederzeit möglich und erwünscht.«
Ferner hat die Deutsche Gruppe des Prot. Weltverbandes an Rev. D. Cadman, Bischof Manning und an das Federal Council of the Churches nachstehendes Telegramm geschickt:
»Wir erklären auf Ehre und Gewissen, daß Judenpogrome nicht erfolgt sind. Wir bitten dringend, bei geplanten Kundgebungen Fälschung der öffentlichen Meinung durch irrtümliche Greuelpropaganda zu verhindern und die christliche Gerechtigkeit und Wahrheitsliebe zu achten.«
Außerdem hat Oberdomprediger D. Burghart-Berlin in seiner Eigenschaft als Präsident der Deutschen Vereinigung des Weltbundes f. intern. Freundschaftsarbeit der Kirchen an die Amerikanische Vereinigung des Weltbundes, an das Federal Council und an das National Lutheran Council telegraphiert:
»Warnen vor entschieden übertriebener und irreführender Greuelpropaganda.« (Warn against horror propaganda decidedly exaggerated and deceitful.)
Der stellvertretende Vorsitzende des Luth. Weltkonvents, Landesbischof D. Ihmels in Dresden, hat an den Vorsitzenden, Prof. D. Morehead in Neuyork, folgendes Telegramm gerichtet: »Bitte, der Lügenpropaganda gegen Deutschland entschieden entgegenzutreten.«

aus: Das Evangelische Deutschland. Kirchliche Rundschau für das Gesamtgebiet des Deutschen Evangelischen Kirchenbundes, Nr. 14, S. 116

Am 25. März druckt die »New York Times« eine Stellungnahme des amerikanischen Federal Council of the Churches gegen die Judenverfolgung. Die deutschen Protestanten verwahren sich umgehend gegen diese »Greuelpropaganda«. Der Reichswart der Christlichen Jungmännerbünde, D. Erich Stange, benutzt z. B. die alljährliche Exekutivtagung des

Jungmännerweltbundes Ende März, um dem Generalsekretär die folgende Erklärung abzugeben:

»Aufs neue geht in diesen Tagen eine Welle von schmutziger Verleumdung über Deutschland durch die Presse weiter Teile der Welt. Aus freier Erfindung oder aus trüben Quellen schöpfend, vergiftet sie in unerhörter Weise das Vertrauen der Völker untereinander. Man verleumdet ein Staatswesen und eine Regierung, zu der sich die evangelischen Kirchen und die evangelische Jugend Deutschlands in öffentlichen Erklärungen dankbar freudig bekannt haben. Trotzdem lassen sich sogar christliche Kreise des Auslandes irreführen, gegen Greuel zu protestieren, die in Deutschland nirgends geschehen sind.«

Der preußische Generalsuperintendent Otto Dibelius schreibt am 26. März im Berliner »Tag«, er lese mit Befremden, daß der anglikanische Bischof von New York, Dr. Manning, zusammen mit Vertretern des amerikanischen Judentums gegen die sogenannte Judenverfolgung zu protestieren gedenke: Wie komme ein anglikanischer Bischof in Amerika dazu, sich zum Schützer des Judentums in Deutschland zu machen?[13]

Während sich protestantische Kirchenvertreter noch gegen die »Greuelpropaganda« des Auslands wehren, beschließt Ende März die Reichsleitung der NSDAP den zentralen Boykott jüdischer Geschäfte am 1. April 1933. Vergeblich telegraphiert die Reichsvertretung deutscher Juden dem Berliner Oberkirchenrat:

»Die deutschen Juden erhoffen gegenüber den gegen sie gerichteten Bedrohungen ein baldiges Wort, das im Namen der Religion von der evangelischen Kirche in Deutschland gesprochen wird, damit unwiederbringlicher Schade auch für Gemeinsames des Glaubens abgewendet werde. Gleiche Depesche an Kardinal Bertram gesendet.«[14]

Am 31. März 1933 sucht auf Empfehlung des Berliner Domkapitulars Lichtenberg der Direktor der Deutschen Bank in Berlin, Oskar Wassermann, Kardinal Bertram in Breslau auf. Wassermann bittet, der Episkopat möchte beim Reichspräsidenten und bei der Reichsregierung intervenieren, um eine Aufhebung des gegen alle jüdischen Geschäfte gerichteten Boykotts zu erreichen.

Bertram schreibt daraufhin am 31. März den deutschen Erzbischöfen, es handle sich »um einen wirtschaftlichen Kampf in einem uns in kirchlicher Hinsicht nicht nahestehenden Interessentenkreise«.[15]

Einen Tag zuvor schon hatte sich der Münchener Kardinal von Faulhaber beim amerikanischen Kardinal Georg William Mundelein beschwert: »Die unwahren Berichte über blutige Greueltaten in Deutschland« und die Angriffe ausländischer Zeitungen gegen die neue Regierung (»wegen ihres Kampfes gegen den Kommunismus«) hätten die Regierung veranlaßt, »Gegenmaßnahmen zu ergreifen und vom 1. April ab den Boykott gegen alle jüdischen Geschäfte mit aller Strenge durchzuführen«.[16]

Aufschluß für die Denkart der Bischöfe ist ein Hirtenbrief des (österreichischen) Bischofs von Linz, Dr. Johannes Maria Gföllner, vom 21. Januar 1931. In diesem verurteilt er den Nationalsozialismus als frivolen
Rassenwahn und den »radikalen *Rassenantisemitismus*«. Aber:
Vom jüdischen Volkstum und von der jüdischen Religion verschieden sei
der jüdische, internationale Weltgeist. Zweifellos übten viele gottent-
fremdete Juden einen überaus schädlichen Einfluß auf fast allen Gebieten
aus. Presse, Theater und Kino – vorwiegend vom Judentum genährt –
vergifteten mit zynischen Tendenzen die christliche Volksseele. Das »ent-
artete Judentum« sei vorwiegend »Begründer und Apostel des Sozialismus und Kommunismus, der Vorboten und Schrittmacher des Bolschewismus«. Diesem schädlichen Einfluß des Judentums zu bekämpfen, sei
»strenge Gewissenspflicht eines jeden überzeugten Christen, und es wäre
nur zu wünschen, daß auf arischer und auf christlicher Seite die Gefahren
und Schädigungen durch den jüdischen Geist noch mehr gewürdigt, noch
nachhaltiger bekämpft« würden.
Des Bischofs Folgerungen: »In früheren Zeiten hat man, namentlich in
italienischen Städten, der jüdischen Bevölkerung ein eigenes Wohnge-
biet, ein sogenanntes Ghetto, angewiesen, um jüdischen Geist und Einfluß tunlichst zu bannen; die moderne Zeit braucht zwar die Juden nicht
des Landes zu verweisen, sollte aber in Gesetzgebung und Verwaltung
einen starken Damm aufrichten gegen all den geistigen Unrat und die
unsittliche Schlammflut, die vorwiegend vom Judentum aus die Welt zu
überschwemmen drohen.«[17]
Der Bischof von Linz verurteilt den »rassischen Antisemitismus« und predigt ihn zugleich.

Am Boykottag werden jüdische Betriebe, Anwaltskanzleien und Arzt-
praxen mit Hetzparalon wie »Juda verrecke« beschmiert. SA-Männer
marschieren auf, verwehren Besuchern den Zutritt, fotografieren sie,
nehmen Personalien auf. Der braune Pöbel demütigt und quält, schleift
jüdische Menschen durch die Straßen, verhöhnt sie.
Am Morgen des Boykottages fahren z. B. in Berliner Krankenhäusern
Lastwagen der SA vor und verschleppen die jüdischen Ärzte in eine ehemalige Kaserne in der General-Pape-Straße. Wie es den Ärzten in dem
»wilden« KZ der SA ergeht, schildert Prof. Erich Simenauer, Chirurg am
Berliner Urban-Krankenhaus:
»Zufällig war einer unserer Bewacher ein ehemaliger Patient von mir,
dem ich kurz zuvor den Blinddarm rausgenommen hatte. Um sich mir
erkenntlich zu zeigen, veranlaßte er, daß auf der Rückseite meines Lauf-
zettels handschriftlich vermerkt wurde: ›Nicht mißhandeln.‹ Als in der
folgenden Nacht die SA-Wachmannschaft eine wilde Prügelorgie veran-
staltete, hielt ich denen, als ich an der Reihe war, meinen Laufzettel mit

dieser Aufschrift entgegen. Darauf befahl mir einer: ›Hinlegen!‹, und ich warf mich zu Boden und wurde verschont. Rechts und links von mir wurden einige Leute mit Knüppeln so lange geschlagen, bis sie tot waren, es war entsetzlich. Wenn sie sie wenigstens erschossen hätten, aber sie haben sie zu Tode geknüppelt! Mir hat dieser Zettel das Leben gerettet.«[18]

Die Leiter der Methodistenkirche in Deutschland richteten folgenden Appell an die gesamten methodistischen Kirchen der Welt:
»Die unterzeichneten Leiter der Methodistenkirche in Deutschland erheben lauten Protest gegen die öffentlichen Veranstaltungen und die Verlautbarungen der Presse in Amerika und England über angebliche Judenverfolgungen und Greueltaten durch die nationale Bewegung in Deutschland.
Sie sehen darin den Versuch, die entsetzliche Greuelpropaganda des Weltkrieges, von der sich die Psyche der Völker kaum befreit hat, neu aufleben zu lassen. Dadurch müssen die Bemühungen um eine Verständigung unter den Nationen aufs schwerste gefährdet werden.
Abgesehen von wenigen Entgleisungen einzelner unverantwortlicher Personen, gegen welche die neue Regierung sofort aufs schärfste eingeschritten ist, waren Ruhe und Ordnung nie gefährdet.
Unsere Kirche war stets führend in allen Bestrebungen, wahren Frieden unter den Völkern herbeizuführen. Die deutschen Methodisten, die in allen Ländern des Deutschen Reiches vertreten sind, richten darum einen dringenden Appell an den gesamten weltweiten Methodismus, aus Gründen der Wahrheit und Gerechtigkeit das verderbliche Treiben dieser Lügenpropaganda gegen Deutschland bekämpfen zu helfen.
Berlin, am 30. März 1933.
Bischof D. Dr. John L. Nuelsen, Dr. F. H. Otto Melle, Direktor des Predigerseminars, die Superintendenten der Methodistenkirche in Deutschland.«

aus: Das Evangelische Deutschland. Kirchliche Rundschau für das Gesamtgebiet des Deutschen Evangelischen Kirchenbundes, Nr. 15, S. 126

Wie schrecklich gewütet wird, schildert auch der Berliner Studentenseelsorger und Dominikanerpater Franziskus Stratmann dem Münchener Kardinal Faulhaber in einem Brief: Was als »Hetz- und Greuelpropaganda« des Auslandes bezeichnet werde, so Stratmann, richte sich wohl zu 80 Prozent gegen wahre Greuel. Jeder Bekannte könne Einzelheiten bezeugen. »Ich selbst habe hier im St. Norbert-Krankenhaus, wo ich Hausgeistlicher bin, den nackten Körper eines jüdischen Kaufmanns ge-

sehen, der die grauenhaftesten Spuren der Mißhandlung aufwies. Man
hat den Herrn... am Boykott-Tage in einem SA-Heim stundenlang
geschlagen, zusammen mit anderen Juden.« Zahlreiche ähnliche Fälle
würden von den glaubwürdigsten Menschen erzählt: »Ein jüdischer
Akademiker sagte mir, er wisse von einigen Ermordungen in seinem Be-
kanntenkreis.«[19]

Auch der Geistliche Alois Wurm, Gründer und Herausgeber der Monatsschrift »Seele«, wendet sich an Faulhaber: In der Zeit der äußersten Haß-
schürung gegen die doch sicher zu mehr als 99 Prozent unschuldigen jüdischen Staatsbürger habe kein katholisches Blatt den Mut gehabt, »die
katholische Katechismuslehre zu verkünden, daß man keinen Menschen
hassen und verfolgen darf – am wenigsten wegen seiner Rasse«.[20]

Faulhabers herrische Antwort an Wurm: »Für die kirchlichen Oberbehör-
den bestehen weit wichtigere Gegenwartsfragen; denn Schule, der Wei-
terbestand der katholischen Vereine, Sterilisierung sind für das Christentum in unserer Heimat noch wichtiger...« Man dürfe annehmen, so der
Münchener Kardinal, daß die Juden sich selber helfen. Es bestehe kein
Anlaß, »der Regierung Grund zu geben, um die Judenhetze in eine Jesu-
itenhetze umzubiegen«.[21]

Die Bischöfe – in der Nachfolge des Juden Jesus von Nazareth – protestieren gegen Erniedrigung jüdischer Menschen nicht. Es gibt aber Proteste
gegen die Proteste. Erzbischof Konrad Gröber von Freiburg namens der
Bischöfe der oberrheinischen Kirchenprovinz in einem Aufruf an die
Gläubigen:

»Verwachsen mit dem deutschen Volke durch Sprache und Blut..., haben die Bischöfe der oberrheinischen Kirchenprovinz die Angriffe überaus bedauert, die man jenseits der deutschen Grenzen gegen unser Volk
verleumderischer Weise erhebt.«[22]

Aus der Sicht protestantischer Kirchenvertreter ist den Juden ganz Recht
geschehen. Der Generalsuperintendent der Kurmark, Otto Dibelius, äußert sich gleich mehrfach. Über den deutschen Kurzwellensender erklärt
er:

»An den Schauernachrichten über grausame und blutige Behandlung der
Kommunisten ist kein wahres Wort. Auf Grund dieser falschen Nachrich-
ten hat nun das Judentum in mehreren Ländern eine Agitation gegen
Deutschland begonnen. Um diesen Boykott zu brechen, haben die deut-
schen Nationalsozialisten nun ihrerseits eine Boykottbewegung gegen das
Judentum in Deutschland eingeleitet.«

Der Boykott habe »zunächst« nur einen einzigen Tag gedauert und sei in
absoluter Ruhe und Ordnung verlaufen. Die christliche Kirche stehe für
Ritterlichkeit und Liebe. Sie habe den dringenden Wunsch, daß bald »die
Gewalt nicht mehr nötig« sei. Das werde aber davon abhängen, ob draußen in der Welt die Agitation gegen Deutschland aufhöre oder nicht. Des-

halb bitte er die christlichen Freunde in Amerika, sich dafür einzusetzen,
»daß keine falschen Nachrichten über Deutschland mehr verbreitet und
geglaubt werden«.[23]
In einem evangelischen Kirchenblatt verharmlost Dibelius, über kleine
Ausschreitungen solle man sich nicht aufregen:»Die Reichsregierung hat
erklärt, daß zwar in den stürmisch bewegten ersten Tagen der großen
Umwälzung auch Übergriffe vorgekommen sind. So etwas kann und wird
in solchen Zeiten niemals ausbleiben...«[24]
Den Pfarrern der Kurmark kann Dibelius schreiben:»Für die letzten Motive, aus denen die völkische Bewegung hervorgegangen ist, werden wir
alle nicht nur Verständnis, sondern volle Sympathie haben. Ich habe mich
trotz des bösen Klanges, den das Wort vielfach angenommen hat, immer
als Antisemiten gewußt. Man kann nicht verkennen, daß bei allen zerset-
zenden Erscheinungen der modernen Zivilisation das Judentum eine führende Rolle spielt. Gott segne uns Christen und unsere Osterverkündi-
gung.«[25]
Die Opfer sind die Täter. Das meint auch die Reformierte Kirchenzeitung:»Es handelt sich in Deutschland nicht um Judenverfolgung, sondern
um eine nur wenige Tage andauernde Notmaßnahme... Daß diese Maß-
regel uns durch das Verhalten der ausländischen jüdischen Presse aufge-
nötigt wurde, kann niemand mehr bedauern als wir Christen in Deutschland selbst, und wir freuen uns, sobald mit dem Aufhören der Lügenhetze
auch der Boykott der Geschäfte unserer jüdischer Mitbürger aufhören
wird.«[26]
Halten wir uns das Ausmaß an Unehrlichkeit und kaum verborgener
Schadenfreude im April 1933 vor Augen, drängt sich der Schluß auf: Die
Verfolgung der Juden ist willkommen und populär. Der protestantische
Theologe Karl Barth zur Situation der evangelischen Kirche:»Wer 1933
nicht an Hitlers Mission glaubte, der war ein verfemter Mann, auch in den
Reihen der Bekennenden Kirche.«[27]
Nur ein selbst Betroffener wie Jochen Klepper erlebt die Zeit anders.
Klepper hatte schon 1932 in seinem Tagebuch geklagt, daß seine Kirche
»gemeinsam mit dem Nationalsozialismus ›aufstrebt‹«. Am 8. März 1933
steht in seinem Tagebuch:»Was uns schon jetzt an Antisemitismus zuge-
mutet wird, ist furchtbar.« Drei Tage später, am 11. März, notiert er:»Was
bringt diese so groß aufgemachte nationale Revolution? Pogromstim-
mung.« Klepper, seit 1931 mit Hanni Stein, der Witwe eines jüdischen
Rechtsanwalts, verheiratet, am 29. März:»Zu der ganzen jüdischen
Boykottangelegenheit habe ich nur eins zu sagen: Ich trauere um die
evangelische Kirche.«[28]

3. »...den herzlichen Dank aller Katholiken verdient«
Die Einführung des Arierparagraphen und das Bekenntnis der
Bischöfe zum neuen Staat

Am 7. April 1933, nur eine Woche nach dem Juden-Boykott, wird das
»Gesetz zur Wiederherstellung des Berufsbeamtentums« verkündet.
Paragraph 3 des Gesetzes: »Beamte, die nicht arischer Abstammung
sind, sind in den Ruhestand zu versetzen...«[29] Mit der Einführung des
Arierparagraphen beginnt die »Ausschaltung« der Juden aus dem öffentlichen Dienst und die Verbannung aus Verbänden und Standesorgani-
sationen.
Am 26. April 1933 besuchen der Osnabrücker Bischof Berning und der
Berliner Generalvikar Steinmann Adolf Hitler. Es ist sein erstes Zusam-
mentreffen mit einem katholischen Bischof. Im »Protokoll der Konferenz der Diözesanvertreter in Berlin« vom 25./26. April heißt es, die
Unterredung habe 1¼ Stunden gedauert und sei »herzlich (!) und sachlich« gewesen. Berning und Steinmann erklären Hitler dem Protokoll
zufolge:
»Die Bischöfe anerkannten freudig, daß durch den neuen Staat das
Christentum gefördert, die Sittlichkeit gehoben und der Kampf gegen
Bolschewismus und Gottlosigkeit mit Energie und Erfolg geführt
wird.« Hitler, der »mit Wärme« spricht und nur anerkennende Worte
über die Bischöfe findet, erwidert: »Die katholische Kirche hat 1500
Jahre lang die Juden als Schädlinge angesehen, sie ins Ghetto gewiesen
usw... Ich gehe zurück auf die Zeit, was man 1500 Jahre lang getan...
Ich sehe die Schädlinge in den Vertretern dieser Rasse für Staat und
Kirche, und vielleicht erweise ich dem Christentum den größten
Dienst«. Die Unterredung verläuft, man muß es wiederholen, »herzlich
und sachlich«.[30]
Vom 30. Mai bis zum 1. Juni 1933 – früher als sonst – tagt die Fuldaer
Bischofskonferenz. Die Bischöfe formulieren einen Hirtenbrief, der auf
den 3. Juni datiert wird. Die katholischen Oberhirten mahnen, daß »eine
Volksgemeinschaft sich nicht nur durch die Blutsgleichheit, sondern
auch durch die Gesinnungsgleichheit verwirklichen läßt, und daß bei der
Zugehörigkeit zu einem Staatswesen die ausschließliche Betonung der
Rasse und des Blutes zu Ungerechtigkeiten führt... Was bisher für jede
Volksgemeinschaft galt, daß die Gerechtigkeit die Grundlage aller
Volkswohlfahrt sei, muß erst recht bei der Neuordnung des deutschen
Volkswesens gelten. Diese Gerechtigkeit darf auch dem bisherigen
Feinde gegenüber nicht versagen, sondern muß, zumal bei seiner Ver-
urteilung und Bestrafung, weniger an die rücksichtslose Ausmerzung
der Menschen, als an ihre Besserung und Wiedergewinnung für die Volks-
familie denken.«[31]

Wenige Wochen nach dem Judenpogrom »verteidigen« die Bischöfe die Verfolgten mit dem Argument, daß die »Feinde« des deutschen Volkes nicht »auszumerzen«, sondern zu »bessern« seien!

Nur Konrad Graf von Preysing[32], der Bischof der kleinsten Diözese (Eichstätt), hatte gewarnt, ein Bekenntnis zum neuen Staat aufzunehmen. Seine Begründung: »Wir sind es dem katholischen Volke schuldig, ihm die Augen zu öffnen über die Gefahren für Glaube und Sitte, die sich aus der nationalsozialistischen Weltanschauung ergeben.« Preysings Warnung: »Wir müssen uns bei einem wahrscheinlich kommenden Konflikt auf diesen Hirtenbrief berufen können.«[33]

Im Hirtenbrief der deutschen Bischöfe vom 3. Juni 1933 – mit der Unterschrift Preysings – heißt es jedoch:

»Zu unserer großen Freude haben die führenden Männer des neuen Staates ausdrücklich erklärt, daß sie sich selbst und ihr Werk auf den Boden des Christentums stellen. Dies ist ein öffentliches, feierliches Bekenntnis, das den herzlichen Dank aller Katholiken verdient. Nicht mehr soll also der Unglaube und die von ihm entfesselte Unsittlichkeit das Mark des deutschen Volkes vergiften, nicht mehr der mörderische Bolschewismus mit seinem satanischen Gotteshaß die deutsche Volksseele bedrohen und verwüsten.«[34]

Goebbels' Kommentar: »Die Soutanenträger sind sehr klein und kriecherisch.«[35]

Wie eine Illustration des Goebbelsschen Kommentars wirkt zum Beispiel eine Ansprache des Trierer Bischofs Franz Rudolph Bornewasser. Er erklärt am 25. Juni auf einer Versammlung katholischer Studenten in Bonn:

»Es ist ein großes Verdienst der Reichsregierung und besonders des Herrn Reichskanzlers, daß dem würdelosen Treiben der Gottlosen energisch Halt geboten, daß der geistigen Entartung der Völker, dem Bolschewismus ein Ende bereitet wurde. Niemand von uns darf je die Regierung in diesem schweren Kampfe im Stich lassen.«[36]

Noch Monate später verkündet Bornewasser in einer Ansprache an die katholische Jugend im Dom zu Trier: »Aufrechten Hauptes und festen Schrittes sind wir eingetreten in das neue Reich und sind bereit, ihm zu dienen... Wir tun es nicht nur aus äußerem Gehorsam gegen die kirchliche und staatliche Autorität, nicht nur aus Dankbarkeit wegen des Guten, das der neue Staat mit allen Mitteln seiner Macht gegen den gottlosen Bolschewismus, gegen die Irrlehren des Marxismus und gegen soviel Schmutz und Schund im öffentlichen Leben und für die stärkere Einigung des Reiches getan hat. Wir tun es, weil unser katholisches Gewissen es uns gebietet...«[37]

Walter Adolph, Leiter der Fachschaft der katholisch-kirchlichen Presse in der Reichspressekammer, 1937 in einem Rückblick: »Eine spätere

Geschichtsforschung wird zwecks Feststellung der Verantwortung für die unglückliche Entwicklung auf religiösem Gebiet genau klarlegen müssen, ein wie hohes Maß von gutem Willen und beglückter Hoffnung der katholische Volksteil dem neuen Regime zur Verfügung stellte.«[38]

»Soldaten der dienenden Liebe«
Diakonissen schwärmen für Hitler

Hundertjahrfeier in Kaiserswerth. Der Festzug kommt am Stammhaus vorbei.

1. »Es kommt gar nicht darauf an, ob der Einzelne lebt...«
Die Hundertjahrfeier in Kaiserswerth

Am 17. September 1933 feiert die Diakonissen-Anstalt in Düsseldorf-Kaiserswerth ihr hundertjähriges Bestehen. Die Jubelfeier wäre zwar erst 1936 fällig, aber das Diakonissen-Mutterhaus möchte 1933 beim Feiern dabeisein. Ein Anlaß ist schnell gefunden: Am 17. September 1833 hatte Theodor Fliedner, der Gründer der Einrichtung, den ersten »Pflegling« in seinem Gartenhäuschen untergebracht. So wird die Geburtsfeier um drei Jahre vorverlegt.

Kaiserswerth ist das Stammhaus aller Diakonissen. Allein dem Kaiserswerther Mutterhaus gehören 1933 über 1900 Schwestern an. Von hier sind mittelbar oder unmittelbar 108 Mutterhäuser ausgegangen: 69 deutsche und 39 außerdeutsche mit 35000 Schwestern.[1] Wahrlich: stolze Zahlen.

Reichspräsident von Hindenburg übernimmt die Schirmherrschaft (»Sehr geehrte Herren« lautet die Anrede in seinem Schreiben[2]). Des großen Andrangs wegen wird an zwei verschiedenen Terminen gefeiert. Am 17. September 1933 trifft sich die Gemeinde, die Festveranstaltung am 31. August hat dagegen offiziellen Charakter. Geladen sind die Vertreter der 108 Mutterhäuser, die Vertreter der Kirche und der Behörden. Der im Exil lebende Kaiser Wilhelm II. sendet »herzliche Grüße«, Reichskanzler Hitler die »besten Wünsche«. Die Festversammlung antwortet mit einem dreifachen »Sieg Heil!«, singt »Deutschland über alles« und »Die Fahne hoch!«

Pastor Walter Jeep vom Central-Ausschuß der Inneren Mission spricht zeitgemäß über den »Totalitätsanspruch Jesu« und verkündet, »rechte evangelische Menschen« seien eigentlich die, »die den Totalitätsanspruch dieses neuen Deutschen Reiches nicht nur am besten verstehen können, sondern auch am echtesten, treuesten zu verwirklichen fähig sind«.

Bewegte Worte findet auch der Ortsgruppenleiter der NSDAP, Wagner. Er spricht im Namen der Gauleitung, da viele führende Parteimänner auf dem gleichzeitig stattfindenden Nürnberger Parteitag sind. Wagner überbringt die »besten Wünsche« und lobt die Diakonissen:

»In der Zeit, als es verpönt war, Nationalsozialist zu sein, hat es eine Anzahl Schwestern gegeben hier in der Anstalt, die es verstanden haben, uns in herzerfrischender Weise zu erquicken, wenn wir starke Ebbe in der Kasse hatten.«

Die Verbindung zur Partei ist in Kaiserswerth 1933 so gut, daß bei der zweiten Feier, am 17. September 1933, sogar einer »SA-Mannschaft« das Festzelt »zur treuen Bewachung übergeben« wird.

Die totale Begeisterung des Jahres 1933 zeigt der Bericht einer Diakonisse über eine »Fahnenweihe im Kindergarten«, in dem die Begeisterung von über hundert kleinen »Vaterlands- und Hitleranhängern« geschildert

»Fahnenweihe«. Die »Hitlerfahnen« werden im Kaiserswerther Kindergarten eingeführt

»Propagandamarsch« (Originaltext!) des Kaiserswerther Kindergartens

ist. Hakenkreuzfähnchen schwenkend und »Die Fahne hoch!« singend,
marschiert der Kindergarten des Diakonissen-Stammhauses durch Kaiserswerth:
»Das Herz konnte einem aufgehen bei dem lieblichen Bild und der hellen
Begeisterung von Deutschlands jüngster Zukunft. Gleich an der ersten
Straßenecke begegneten wir einem SA-Führer. Der Mann grüßte freund-
lich, und mit todernsten Gesichtchen streckten sich über 100 Ärmchen
zum Gegengruß!«[3]
Wie sehr das Diakonissen-Mutterhaus 1933 dem Gedankengut der Nationalsozialisten verfallen ist, zeigt der Bericht, den die Anstaltsleitung nach
der Hundertjahrfeier herausgibt. Darin heißt es: »Es kommt gar nicht
darauf an, ob der Einzelne lebt... Es gibt keinen Einzigen, der ein Recht
hat auf Leben, Gut oder Blut, Schutz oder Schonung, wenn es die Gemeinschaft gilt, der wir unser Dasein verdanken.«[4]
In der Bibel, im 15. Kapitel des Lukas-Evangeliums, steht dagegen: »Welcher Mensch unter euch, der hundert Schafe hat und eins von ihnen verliert, läßt nicht die 99 in der Wüste zurück und geht dem verlornen nach,
bis er es findet? Und wenn er es gefunden hat, legt er es voll Freude auf
seine Schultern... Ich sage euch: So wird im Himmel mehr Freude sein
über *einen* Sünder, der Buße tut, als über 99 Gerechte, die der Buße nicht
bedürfen.«
Die Nachfolge Jesu ist zur Nachfolge Hitlers verkommen.

2. »...indem ich mich der Juden erwehre, kämpfe ich für das Werk des Herrn«
Ein Referat auf der Tagung der leitenden Schwestern des
Zehlendorfer Verbandes am Reformationsfest 1933

Am 31. Oktober 1933, dem Reformationstag, findet eine Tagung der
leitenden Schwestern des Zehlendorfer Verbandes für ev. Diakonie statt
(15 Mutterhäuser mit rd. 6000 Schwestern). Schwester Dora Gerhardt
hält das Referat »Die nationalpolitische Erziehung der Schwestern«.
»National«, sagt sie, »nicht wahr, das waren wir doch alle!« Der Begriff sei
vor allem den Älteren gleichbedeutend mit »Patriotismus und Liebe zum
Kaiserhaus«. Stolz seien sie gewesen, deutsch zu sein. 1914 – bei Aus-
bruch des Ersten Weltkriegs – habe sie das Gefühl beseelt, »*ein Volk* zu
sein«. Dann seien die »entsetzlichen« Jahre nach dem Krieg gekommen.
Doch nun ist Hitler da, der seine Worte »als zündendes Feuer in Millionen
Herzen gießt«.
Der Messias ist also da. Da stellt sich die Frage, ob seine Jünger(innen)
auch bereit sind. Schwester Dora Gerhardt: »...Sind wir wohl alle schon
die Menschen geworden, welche Hitler zum Aufbau seines Dritten Rei-

Kaiserswerth 1933. Grundsteinlegung für einen Kindergarten

Kinderfest in Kaiserswerth am 29. Juni 1933

ches gebrauchen kann? Bausteine, die sich gut einfügen lassen in sein
Gebäude, die nicht durch Ecken und Kanten und Unebenheiten die Arbeit des Meisters hindern?«

Mit »Meister« reden die Jünger im Neuen Testament Jesus an. Das
»Dritte Reich« wird zum Reich Gottes.

Die Schwester nennt einige Gründe, die so manche Schwester bisher abgehalten habe, sich mit dem Nationalsozialismus zu beschäftigen. Der
erste Grund: die Behandlung der Juden. Die Referentin im Stile einer
Heiligenlegende:

»Zuerst möchte ich auf die Judenfrage eingehen, zu der ich eine kleine
Begebenheit erzählen will, die vor 14 Tagen eine unserer Schwestern aus
Partenkirchen mitbrachte. Sie war dort mit einer Schwester der Evangelischen Frauenhilfe zusammen, und diese verirrte sich an einem regneri-
schen Tage in den Bergen. Es begann dämmrig zu werden, als sie endlich
einen Mann, anscheinend einen Einheimischen, trifft. Er hat den Hut tief
ins Gesicht gezogen und den Kragen der Joppe hochgeschlagen. Den bittet sie, ihr zu helfen, und er erbietet sich, sie auf den richtigen Weg zu
bringen. Als sie aufschaut, ihm ins Gesicht sieht, ist es Adolf Hitler! Unterwegs fragt er sie, wie denn die Schwestern über den Nationalsozialismus dächten und sie sagt: Ach, die Jüngeren sind hellbegeistert, aber die
Älteren stoßen sich daran, daß Sie so scharf gegen die Juden vorgehen!
Da hat ihr der Reichskanzler geantwortet: ›Ja, Schwester, das wird auch
nur derjenige verstehen, der wie ich die Juden in Wien kennengelernt hat.
Ich habe erkannt, daß es *keine* andere Möglichkeit zum Gesundwerden
unseres Volkes gibt, als sie und ihre Ideenwelt auszumerzen!‹«

Die Folgerung der Referentin aus dieser Erzählung: »Gerade in der Judenfrage müssen wir uns vor Sentimentalität hüten.«

Die Schwestern sollten nicht vergessen, daß der »jüdische Außenminister
Rathenau« öffentlich behauptet habe, wenn der deutsche Kaiser gesiegt
hätte, hätte die Weltgeschichte ihren Sinn verloren. Unbeanstandet hätten (jüdische) Zeitungen den Soldaten, den Verteidiger des Vaterlandes,
einen »professionellen Mörder« genannt und das Heldenideal als das
»dümmste aller Ideale« bezeichnet. Jüdische Politiker seien es gewesen,
die in den Akten des Reiches nach Beweisen für Deutschlands Kriegs-
schuld gesucht hätten.

Die Schwester dazu unbarmherzig: »Daß für den einzelnen Juden das
Ergebnis dieser Erkenntnisse tragische Folgen hat, können wir bedauern.
Aber keine Revolution ist ohne Härte, und heute geht es nicht um Einzel-
existenzen, sondern um die Fortdauer von Millionen. Hitler sagt: ›So
glaube ich im Sinne des allmächtigen Schöpfers zu handeln, indem ich
mich der Juden erwehre, kämpfe ich für das Werk des Herrn.‹«

Ein anderer Grund, der den Nationalsozialismus in Mißkredit bringe,
sieht Schwester Dora Gerhardt »in der Unfähigkeit, den Mißgriffen, den

Hundertjahrfeier in Kaiserswerth: Der Festzug auf der Clemensbrücke

Entgleisungen vieler Unterführer«. Doch nie sei die Idee des Nationalsozialismus daran schuld, sondern immer ihre Träger. Die Schwestern sollten daran denken, daß der Beginn des Dritten Reiches gerade den »kleinen Führern« zu danken sei: »Sie haben den Freiheitskampf an der Front
mitgekämpft, sie sind mit die ersten gewesen, die Hitlers Ruf nach Menschen mit Opfersinn und Mut, mit Tapferkeit, Treue und Glauben nachgekommen sind!«
Als letzten Grund, der Schwestern dem Nationalsozialismus noch fern
halte, sieht die Referentin in der Tatsache, »daß es Menschen gibt, die
lieber in einem marxistischen Staat«, gemeint ist die Weimarer Republik,
»in Freiheit, als in einem nationalsozialistischen in Gebundenheit leben
wollen«. Doch die Schwestern sollten sich nicht täuschen: Der Weimarer
Staat sei nur »die Stille vor dem Sturm« gewesen. Sowie die kommunisti-
sche Revolution die Ideen des Marxismus in die Tat umgesetzt hätte, wäre
alle »christliche Liebestätigkeit« der Zerstörung preisgegeben worden.
Die Referentin: »Schauen wir auf den Führer des heutigen Deutschland,
so sehen wir dieses Sich-Hingeben an die ihm von Gott gestellte Aufgabe
in menschenmöglicher Vollendung! Kennen Sie folgende, so bezeich-
nende kleine Begebenheit? Hitler trifft in der Nähe des Klosters Chorin

eine Diakonisse und diese fragt ihn: ›Herr Reichskanzler, woher nehmen
Sie nur die Kraft für Ihr schweres Werk?‹ Da zieht er ein Neues Testament
aus seiner Rocktasche und sagt: ›Hier Schwester!‹«

Kommentar von Schwester Dora Gerhardt: »Uns Schwestern ist es so
leicht gemacht, im neuen Staate mitzuarbeiten. Ein richtig aufgefaßter
Schwesternberuf ist überhaupt schon Nationalsozialismus.«

Zum Schluß kommt Schwester Dora auf den Hitler-Gruß: »Denken, denken wir doch! Welch eine Schutzmauer könnten wir um den Retter
Deutschlands vor Bolschewismus und Marxismus aufrichten, wenn wir
jedesmal aus tiefstem Herzen ihm mit unserem ›Heil Hitler!‹ einen fürbit-
tenden und dankbaren Gedanken sendeten.«[5]

Hitler ist zur Anbetung freigegeben.

3. »...unendliche Treue und Liebe strömte dem Führer entgegen«
Diakonissen begegnen Hitler

Im Oktober 1933 schließen sich die verschiedenen und konkurrierenden
Diakonissen-Verbände zur »Diakoniegemeinschaft« zusammen, die etwa
50 000 Schwestern umfaßt.[6]

Am 15. November 1933 tritt die Diakoniegemeinschaft mit einer Kundgebung im Berliner Lehrervereinshaus zum ersten Male an die Öffentlichkeit. In einem Buch aus dem Jahre 1948 über die Geschichte des Central-
Ausschusses der Inneren Mission heißt es über die Diakoniegemeinschaft: »Durch das überzeugende Ethos ihres Dienstes verkörperte sie
eine Macht, der gegenüber alle Angriffe von gegnerischer Seite sich als
wirkungslos erwiesen.«[7]

Angriffe? Die »Blätter aus dem Evangelischen Diakonieverein« berichten 1933 vom »großen Schwesterntag« mit über tausend Schwestern,
daß die über 150 geladenen Ehrengäste fast vollständig erschienen sind.
Das Tagungsfoto zeigt überdimensional statt eines Kreuzes das Hakenkreuz. Der stellvertretende Gauleiter von Groß-Berlin, Staatsrat Görlit-
zer, lobt als Vertreter von Goebbels die Diakonissen: »Eine große
Freude würde es dem Reichspropagandaminister Dr. Goebbels sein, zu
sehen, wie sich die Diakoniegemeinschaft Groß-Berlins zu Adolf Hitler
bekennt.«

Die Diakonissen-Zeitung: »D. Karow, der Bischof von Berlin, grüßte mit
folgenden Worten: ›... Wir haben eben so kraftvolle Worte vom Nationalsozialismus gehört. Gestatten Sie mir, die Schwestern in der Kirche mit
der SA zu vergleichen.‹«

Angriffe der Nationalsozialisten sind gar nicht nötig, da sich die Versammlung selbst als ein Teil der Bewegung begreift. Pastor Großmann,
der Vorsitzende des Zehlendorfer Verbandes, im Schlußwort über die

15. November 1933: In Berlin treffen sich über 1000 Diakonissen unter dem Hakenkreuz. Der Bischof von Berlin: »Gestatten Sie mir, die Schwestern mit der SA zu vergleichen.«

evangelische Diakonie: »Als Adolf Hitler die Macht ergriff, ging ein Aufatmen durch ihre Reihen. Sie dankt unserm Führer, daß sie im neuen Staat mitarbeiten darf... Wenn die SA die politischen Soldaten des Reiches sind, so sind unsere Schwestern die Soldaten der Kirche, die Soldaten ihrer dienenden Liebe.«
Die Versammlung schließt mit Grußbotschaften an den Reichspräsidenten und an den Reichskanzler, worauf ein dreifaches »Sieg Heil!« auf den Führer folgt.[8]

Sind es nur Lippenbekenntnisse in der Euphorie des Augenblickes? Bald drei Jahre später berichtet eine Schwester über die Wahl zum Reichstag (»Reichstagswahl für Ehre, Freiheit und Frieden«) am 29. März 1936. Sie ist zum »Wahlvorsteher« im Krankenhaus bestimmt und schreibt: »... diesmal durfte doch keine Stimme fehlen, galt es doch, dem Ausland zu zeigen, daß wir als eine geschlossene Einheit hinter dem Führer stehen.« Stolz kann sie vermelden: 99,5 Prozent haben für den »Führer« gestimmt, ein halbes Prozent mehr als im Reichsdurchschnitt.[9]
Auch sonst wird die christliche Krankenpflege zur Propaganda mißbraucht. Schwester Hertha Klimant in einem Vortrag »Aufgaben und

Verantwortung der Schwestern in der Volksgemeinschaft« am 16. November 1937: »Der deutsche Mensch soll wissen, und es in unseren Häusern erfahren, daß man auch als Nationalsozialist Christ sein kann. Ferner gilt es mitzuhelfen, das nationalsozialistische Gedankengut in unser Volk hineinzubringen und zu befestigen... Wir wissen es alle, daß der Mensch in Zeiten der Krankheit besonders aufgeschlossen ist, und so finden wir für unsere Aufgaben einen sehr günstigen Boden.«

Besonders pietätvoll ist es wohl nicht, Kranke und Leidende mit der NS-Lehre von der Ausmerzung lebensunwerten Lebens zu traktieren, aber Schwester Hertha empfiehlt: »Dort, wo man kein Verständnis für rasse- und bevölkerungspolitische Maßnahmen der Regierung hat, werden wir dieses wecken und von der Notwendigkeit derselben überzeugen.«[10]

Es gibt etliche Berichte von Schwestern, die »den Führer selbst sehen und sprechen hören durften«.[11] Im Jahresbericht 1934-36 zitiert die Stiftung Tannenhof eine Diakonisse: »Wir hatten unseren Führer gesehen und gehört und Deutschland erlebt.« Weiter heißt es: »Auch in Berchtesgaden erfüllte sich der Wunsch mehrerer unserer Schwestern, den Führer hören und sehen zu dürfen, eine von ihnen begrüßte Hitler persönlich und gab ihr die Hand.«[12]

Andere Schwestern dürfen an Reichsparteitagen teilnehmen. Im November 1936 heißt es in den »Blättern aus dem Evangelischen Diakonieverein«: »Wie im letzten Blatt berichtet wurde, ist in diesem Jahr vom Vorstand mehreren Schwestern die Teilnahme am Reichsparteitag ermöglicht worden. Andere hatten von sich aus Urlaub zu dieser Freude erbeten.«[13] Es folgen Berichte von Schwestern, die sich am 8. September 1936 morgens 9 Uhr in Danzig-Langfuhr einschiffen, um ein Uhr nachts in Swinemünde in einen Sonderzug umsteigen und nach 33stündiger Zugfahrt Nürnberg erreichen.

Eine der Schwestern schreibt über den Reichsparteitag: »Wir hatten großes Glück, fanden durch Zufall einen prachtvollen Platz auf der Haupttribüne, von wo aus wir den Führer prachtvoll sehen konnten. Nach dem Vorbeimarsch sämtlicher Gaue (45000 Mann) fand ein erhebendes Weihespiel des Arbeitsdienstes statt, bei dem wohl kein Auge trocken blieb... Die Männer mit entblößtem braunen Oberkörper und geschultertem Spaten standen wie gemeißelt.«

Über das Treffen der NS-Frauenschaft und eine Ansprache Hitlers berichtet sie: »...Eine Welle von unendlicher Treue und Liebe strömte aus unseren Herzen dem Führer entgegen.« Die HJ-Kundgebung »war wohl mit das Köstlichste... Mir schien der Anblick dieser braunen Scharen wie eine Offenbarung für Deutschlands Zukunft.« Und über Hitler schwärmt sie: »Gott selber hat ihn ausgerüstet, darum können wir uns getrost seinem Wege anvertrauen.«

Eine andere Schwester über ihr »größtes Erlebnis: die Vorführungen der

Liegehalle im Park des Mutterhauses der Stiftung Tannenhof, Oktober 1933

Wehrmacht auf der Zeppelinwiese«: »Gleichzeitig zog ruhig und sicher ein riesiges, aus 17 Flugzeugen gebildetes Hakenkreuz durch den Äther. Es war ein grandioses Bild – die Größe des Augenblickes wollte einem fast die Brust sprengen: Unser Führer, und sein deutsches Volk – und ich auch eine Deutsche.«

Die totale Begeisterung über den Hitler-Heiland ist in allen Schilderungen deutlich. Ein letzter, nicht minder schwärmerischer Bericht: »Es ist noch früher Morgen. Ich erwache und denke beglückt: ›Ich bin ja in Nürnberg!‹ Mit einem Sprung bin ich aus dem Bett. Ankleiden, Fertigmachen, das alles geht so schnell, getrieben von der Freude, bald wieder den Führer zu sehen und zu hören. Ich jage die Treppe hinunter. Da steht auch schon meine Freundin, und los geht's in den erwachenden Morgen hinein, über Straßen und Gäßchen, unter wehenden Fahnen, flatternden Fähnlein dahin, an den langen Ketten absperrender SS-Leute vorbei. Weiter, nur weiter! Je näher wir dem ›Deutschen Hof‹ kommen, desto dichter wird die Menschenmenge. Sie stehen da, Mann an Mann, regungslos. Die Gesichter strahlen. Die Augen spähen, suchen angespannt, daß ihnen nichts entgehe. Wir stürmen weiter. Die Menschenketten werden dichter. Nur ein schmaler Gang bleibt frei. Wir zwängen uns hindurch. Endlich stehen wir vor dem Balkon des Führers. Schnell steht unser Klappstuhl an der Erde. Meine Freundin steht schon darauf, nun ich auch. Ein Bein schwebt in der Luft. Es muß auch so gehen. Jetzt erst kommt man zur Besinnung. Wir sind so froh und glücklich. Wir sind eins mit der Menschenmasse, in der wir stehen. Jetzt sehen wir auch die breite Front der Arbeitsmänner, die dort angetreten sind. Kaum hat unser Auge alles erfaßt, da ertönt ein tausendfaches ›Heil, Heil, Heil!!!‹ Der große Augenblick ist da: der Führer zeigt sich auf dem Balkon. Wir stehen gerade gegenüber, sehen ihn aus nächster Nähe. Er grüßt, grüßt immer wieder. Neue Heilrufe dringen hinauf. Der Blick läßt nicht von der Gestalt dort oben, meint, sie sich auf ewig einprägen zu müssen. Einmal noch grüßt der Führer, und dann verschwindet er. Die allgemeine Spannung löst sich. Freudig bewegte Menschen schauen sich an. Wildfremde Leute erzählen sich leuchtenden Auges ihre Erlebnisse.«

Es ist schon merkwürdig, wie schnell Schwestern, deren Leben Gott geweiht ist, ihre Bibellektüre vergessen haben. Denn in der Apostelgeschichte (4,12) steht klar und deutlich über Jesus aus Nazareth: »...Es ist in keinem andern das Heil; denn es ist auch kein anderer Name unter dem Himmel für die Menschen gegeben, durch den wir gerettet werden.«

Diese Schwester hat offenbar einen neuen Erlöser gefunden. Ihr Bericht steigert sich noch einmal: »Heilrufe! Da kommt der Führer wieder, um die Arbeitsmänner zu begrüßen. Nichtendenwollende Heilrufe brausen dem Führer entgegen. Er schreitet die Front der Arbeitsmänner ab. Wie stolz und freudig mögen sie sein! Aber niemand neidet's ihnen. Alle freuen sich mit... Wie bin ich beglückt, ihn so lange und nahe zu sehen! Sein Blick ruht auf jedem der Arbeitsmänner. Ab und an spricht er mit einem. Nun ist er am Ende der Reihe angekommen. Ein Schutzmann bahnt einen Weg durch die Masse der Arbeitsmänner. Der Führer schreitet mehrere Reihen weiter nach hinten noch einmal zwischen ihnen hindurch. Wieder sehe ich ihn lange und nahe. Man ist besorgt, ihn nur nicht aus dem Auge zu verlieren oder im entscheidenden Augenblick mit dem leichten Stühlchen umzukippen. Einer klammert sich an den andern. Da kommt er ganz nahe an uns vorbei. Man ist außer sich vor Freude. Man greift um sich, drückt die Hände der Nebenstehenden. Irgendwie muß man sich entladen. Der Führer kommt immer näher. Zuletzt geht er gerade an uns vorüber. Wir fühlen den Blick seiner Augen. Es ist einem so, als sähe er einem bis auf den Grund der Seele. Die Menschenmasse hält den Atem an, wagt nicht, sich zu rühren. Als alle Reihen abgeschritten sind, wendet sich der Führer und geht zurück ins Hotel. Die Masse jubelt und jauchzt – man muß seine Freude hinausschreien! Ich möchte den sehen, der da ruhig bleiben könnte!«

Es sind sicher nicht alle Diakonissen dem braunen Heiland aufgesessen. Aber in diesem Stil haben sie sich der Öffentlichkeit präsentiert.

Das deutsche Volk liebt wieder Ordnung, Zucht und Sitte,
das danken wir dem Führer!

Von Ordnung, Zucht und Sitte im Schwesternkreis unsern Schwestern zur Mahnung und Ausrichtung im neuen Jahr!

Schwesternkleid ist Ehrenkleid!
Wir haben in freiwilligem Gehorsam zu Schwesternregeln und Tracht-
geboten freudig ‚Ja' gesagt. ⤙
Jede Schwester ist die Schwesternschaft!
Schwesterntracht ist Uniform,

sie erfordert Einheitlichkeit,
ihre Schönheit liegt in Ordnung und Frische,
sie verträgt keine zivilen Abwandlungen,
schon der zierliche Schuh paßt nicht dazu.

Zur Schwester gehört Freundlichkeit als Pflicht,
Güte als Geschenk. ⤙

Unser Gruß ist Heil Hitler!

Wir entbieten einen freudigen Gruß!
Nicht nur Patienten und Mitarbeiter, auch Unbekannte in der Anstalt
warten auf unsern Gruß.
Schwestern der Reichsfachschaft grüßen wir zuerst. ⤙

Schwesterntracht will Ruhe und Haltung!
Rennst du auf Station und wirfst die Tür ins Schloß,
Nie wird das Vertrauen deiner Kranken groß. ⤙

Sind wir in Gruppen, so ordnen wir uns von selbst in Dreier-Reihen
und draußen marschieren wir nicht,
wir schreiten. ⤙

Blätter aus dem Evangelischen Diakonieverein, Januar 1937

Zum 50. Geburtstag des Führers
am 20. April 1939

Adolf Hitler:

Wer Glauben im Herzen hat, der hat die stärkste Kraft der Welt!

Ein Feuer brennt im deutschen Land, und der's gezündet, schürt;
und die der Flamme Schein gebannt, die sind von ihm gekürt.

Sie tragen selbst den Feuerbrand im Herzen stark und rein;
sie stehn für Volk und Vaterland zum Opferdienst bereit.

Und der die Flamme hat entfacht, der hält die Schwertwach auch;
er steht beim Feuer Tag und Nacht nach altem Heldenbrauch.

Ein Volk zum Herrgott hebt die Hand: Herr, segne Flamm und Schwert!
Du hast sie segnend uns gesandt, mach uns der Flamme wert!

Ihn, der das Feuer hat entfacht, laß, Herr, gesegnet sein;
sei mit ihm, wenn er hält die Wacht, erhalt die Flamme rein!

Ein Feuer brennt im deutschen Land, der Stärkste hat's entfacht.
Hat, Deutscher, dich ihr Schein gebannt, halt mit am Feuer Wacht!

Schw.G.R.

Blätter aus dem Evangelischen Diakonieverein, April 1939

4. »... wir haben uns nicht gegen das Dritte Reich verbittern lassen«
Ein Nachtrag – 1945

Im April 1945, kurz vor Kriegsende, muß sich der Direktor des Deutschen-Gemeinschafts-Diakonieverbandes (DGD) in Marburg gegenüber der amerikanischen Besatzungsmacht rechtfertigen.[14]

Auch in Marburg hatten die (freikirchlichen) Diakonissen 1933 das 25jährige Bestehen des Mutterhauses »Hebron« zusammen mit SA, Hitlerjugend der NS-Mädchengruppe gefeiert. Die Festpredigt hielt Pastor Ernst Modersohn, Vorsitzender des Thüringischen Gemeinschaftsverbandes und Herausgeber des Gemeinschaftsblattes »Heilig dem Herrn«. Seine Predigt begann mit den Worten: »Das 25jährige Jubiläum des Mutterhauses ›Hebron‹, liebe Freunde, fällt in eine große Zeit. Welch eine Wendung durch Gottes Fügung haben wir miteinander erlebt!«

Der damalige Leiter des DGD, Pfarrer Theophil Krawielitzki, im Schlußwort der Jubiläumsfeier: »Liebe Seele, hast du schon den Anfang im Christentum, eine Bekehrung, eine Wiedergeburt erlebt? Es ist so schön, wenn man den Anfang in der SA oder SS gemacht hat. Nehmt die Gelegenheit noch wahr bis zum 5. November, damit ihr nicht zu spät kommt! Mit der Nachfolge Jesu kann heute der Anfang gemacht werden...«[15]

Der Direktor des Deutschen Gemeinschafts-Diakonieverbandes, Pfarrer A. Haun, begründet am 19. April 1945 die Haltung des Verbandes während der NS-Herrschaft ganz gottesfürchtig: »Der DGD ist dem Dritten Reich untertan gewesen nach Röm. 13. Einzelne Glieder des DGD haben sich im Vertrauen auf Punkt 24 des Parteiprogramms der Partei bzw. ihren Gliederungen zur Mitarbeit zur Verfügung gestellt. Als die Schulungen und Maßnahmen der Partei dann immer mehr einen gegenchristlichen Charakter annahmen, blieben sie in der Partei, um, solange es möglich blieb, das Licht des Evangeliums von Christus in die Herzen dieser verblendeten Volksgenossen leuchten zu lassen...«[16]

Am 16. Mai weiß der Direktor des Gemeinschafts-Diakonieverbandes noch eine Begründung. Der DGD sei selbst Angriffen der Nationalsozialisten ausgesetzt gewesen:

»Durch alle diese Angriffe gegen unsern Dienst für Jesus haben wir uns aber nicht gegen das Dritte Reich verbittern oder zu einer Gegenwehr verleiten lassen...«[17]

»...die SA Jesu Christi und die SS der Kirche«
Die männliche Diakonie im völkischen Aufbruch

Zwei Gruppenfotos vom Diakonentag 1933 in Hamburg. Auf dem unteren Foto wurde nach dem Krieg das Hakenkreuz geschwärzt. Vergangenheitsbewältigung? Nur die SA-Uniformen (in der 2. Reihe) waren nicht zu tilgen.

1. Das »Braune Haus« in Hamburg
Die Hundertjahrfeier des Rauhen Hauses und
der 9. Deutsche Diakonentag

Unter dem Hakenkreuz und im Banne des Nationalsozialismus feiert im
September 1933 eine berühmte evangelische Einrichtung ihren Geburtstag: das Rauhe Haus in Hamburg. Johann Hinrich Wichern, der Begründer der Inneren Mission, hatte es hundert Jahre zuvor als »Rettungshaus«
für verwahrloste Kinder aufgemacht. Im Rauhen Haus waren die ersten
Diakone eingesetzt worden. Das alles ist Anlaß, eine Woche lang, vom 9.
bis zum 16. September 1933, die »100-Jahrfeier des Rauhen Hauses und
der männlichen Diakonie« zu begehen.
Das Wort »Diakonie« stammt aus dem Griechischen und heißt übersetzt
»Dienst«, Diakone sind dem Wortsinne nach »Dienende«. In einer »Geschichte der männlichen Diakonie« von 1925 heißt es unter Berufung auf
Jesus von Nazareth: »Unsere Losung: ›Auch der Menschensohn ist nicht
gekommen, um sich dienen zu lassen, sondern um zu dienen...‹«[1]
Wichern hatte zunächst von Gehilfen oder Mitarbeitern, später von Brüdern gesprochen. Der erste »Gehilfe« kommt 1834 ins Rauhe Haus. Es
dauert viele Jahre, bis sich Wicherns Idee durchsetzt, neben den »Dienern des Wortes«, den Pastoren, einen eigenen evangelischen Berufs-
stand einzurichten: die Diakone. Die Aufnahmebedingungen sind streng
und auf Unterordnung unter den »Vorsteher«, stets ein Pastor, ausgerichtet:
»Der Bewerber muß neben christlicher Gesinnung und ›einigen Schul-
kenntnissen‹ (!) die Befähigung zu einem Handwerk oder zum Landbau
aufweisen. Er darf weder verlobt noch verheiratet sein und muß sich verpflichten, unverlobt zu bleiben, bis er in einem Amte steht, das ihn in den
Stand setzt, den mit einem Verlöbnis verbundenen Verpflichtungen nach-
zukommen. Ferner muß er sich zu ›unbedingtem Gehorsam gegen die
Hausordnung‹... verpflichten.«[2]
Erst zehn Jahre nach der Gründung des Rauhen Hauses kommt es zur
Gründung einer »Brüderanstalt« in Duisburg. Weitere »Diakonenanstalten« folgen in den nächsten Jahren. Die Diakone werden vor allem – dem
Beispiel des Rauhen Hauses folgend – in der »Armenerziehung« einge-
setzt. Als weitere Aufgabengebiete kommen die »Siechen«-, »Blöden«-
und »Irrenpflege« hinzu. Doch die Anerkennung ist gering, selbst inner-
halb der eigenen Kirche. Als im September 1923 in Wittenberg das 75jäh-
rige Jubiläum der Inneren Mission gefeiert wird, steht auch die männliche
Diakonie zur Diskussion. Das »Jahrbuch für männliche Diakonie« skiz-
ziert die Situation der damals knapp dreitausend Diakone:
»Die Nachkriegszeit und die Geldentwertung hatten viele Diakone ihrer
Stellung beraubt oder in außerordentliche Nöte hineingeführt. So war es

den Brüderhausvorstehern höchst erwünscht, die Aufmerksamkeit der führenden Männer der Inneren Mission darauf hinzulenken. Es zeigte sich auch in diesem Kreise, daß die Kenntnis der männlichen Diakonie weit weniger verbreitet ist, als der weiblichen. Kein Wunder! Die Zahl der Diakonen ist im Verhältnis zur Zahl der Diakonissen gering. Jede Diakonisse fällt durch ihre Tracht in die Augen. Der Diakon geht unerkannt durch die Welt.«[3]

Der verlorene Erste Weltkrieg macht die anerkennungsbedürftigen Diakone heimatlos. Der Diakon Peter Sutter: »Preußisch monarchistische Erziehungsziele und die daraus abgeleiteten Erziehungsmethoden vertrugen sich nicht mit den demokratischen Vorstellungen der Weimarer Zeit. In fast allen christlichen Erziehungseinrichtungen kam es zu scharfen Auseinandersetzungen, zu Gerichtsprozessen, Entlassungen, Schließungen von Heimen; die Brüder verloren ihren Arbeitsplatz ... Diakone wurden verurteilt, versetzt und verstanden die Welt nicht mehr ... Es herrschte Umbruchs- und Untergangsstimmung.«[4]

1932 tagt die »Konferenz der Brüderhausvorsteher« vom 3. bis 5. April in der Diakonenanstalt zu Moritzburg bei Dresden. Pastor Hermann Büchsel, der Vorsitzende der Konferenz, referiert über die Frage: »Wie halten wir unsere Diakonenanstalten innerlich und äußerlich in dieser schweren Notzeit durch?« Das Sitzungsprotokoll zeigt, daß die Schuld beim Weimarer Staat gesucht wird: »Der Staat hat seit dem Umsturz auf dem Gebiete des Erziehungswesens völlig versagt, er hat durch übertriebene Anforderungen an Personal und Leitungen unsere Anstalten innerlich zermürbt und äußerlich an den Rand des Zusammenbruches gebracht.«

Der Geschäftsführer der Diakonenschaft, der Diakon Fritz Weigt, referiert laut Protokoll »über das soeben erschienene Blatt der Hitler-Jugend ›Soziale Arbeit‹.« In der Aussprache »ist man sich einig, daß die Verbindung, wo sie gewünscht wird, mit den Nationalsozialisten aufzunehmen ist.« Der Betheler Pastor Tegtmeyer und der ostpreußische Pastor Dembowski (Diakonenanstalt Carlshof) »betonen aber ausdrücklich, daß das vom Evangelium her geschehen muß«.[5] Der brutale Terror der Nationalsozialisten, der vor politischem Mord nicht zurückschreckt, schreckt die Vorsteher der Diakonenanstalten offenbar nicht.

Als das Rauhe Haus September 1933 das 100jährige Bestehen feiert, ist es bereits ein »Braunes Haus«. Der Erziehungsinspektor, der Schuldirektor und der Verwaltungsleiter sind im März 1933 der NSDAP beigetreten. Am 30. August 1933 hatte der Verwaltungsrat von sich aus vier Nationalsozialisten in seine Reihen berufen: Ortsgruppenleiter Zuschlag, Kreisleiter Spordel, Schulungsleiter Maas sowie den Gauobmann der Deutschen Christen, Oberkirchenrat Tügel, der im März 1934 zum Hamburger Landesbischof aufsteigt. Die Herren nehmen die Wahl an, erscheinen je-

Hundertjahrfeier im Rauhen Haus in Hamburg: Senator von Allwörden mit Hitler-Gruß beim Festakt

doch – mit Ausnahme Tügels – nur ein einziges Mal. Franz Tügel wird 1937 zum stellvertretenden Vorsitzenden des Verwaltungsrats gewählt werden.[6]

Die Festwoche zur Hundertjahrfeier des Rauhen Hauses beginnt am Samstag, dem 9. September, mit der »Brüderhausvorsteherkonferenz«. Das ist die Konferenz jener Pfarrer, die den verschiedenen »Brüderhäusern« (Diakonenanstalten) als Leiter vorstehen. Ihre erste Amtshandlung: Der bisherige Vorsitzende, Pastor Hermann Büchsel aus Neinstedt (Harz), wird zum Rücktritt gezwungen und durch den genehmeren Pastor Wilhelm Philipps aus dem Johannesstift in Berlin-Spandau ersetzt.[7]

Am Sonntag, dem 10. September 1933, finden zur Feier des Jubiläums mehr als vierzig Gottesdienste in Hamburger Kirchen statt. Die Festpredigt hält der Vorsteher des Rauhen Hauses, Pastor Fritz Engelke, der Ende 1934 als Vertreter des nationalsozialistischen Reichsbischofs Müller nach Berlin übersiedeln wird.[8]

Am Montag, dem 11. September, tagt der Centralausschuß (CA) der Inneren Mission. Der amtierende Präsident des Central-Ausschusses für Innere Mission, Generalsuperintendent Emil Karow, spricht nur ein

»Grußwort«. Den Festvortrag hält ein Vertreter der Deutschen Christen, der Berliner »Sozialpfarrer« Karl Themel. Er war im Juni dem CA bereits einmal als Präsident aufgezwungen worden und wird Karow auch bald wieder ablösen.[9] Themels Thema: »Die Innere Mission im Aufbruch der Nation.«

»Die Wortverkündigung, die in dieser Stunde nottut«, so der designierte Präsident des CA, müsse »blutwarm, bodennah sein und Erdgeruch an sich tragen, sie muß deutsch, konkret und derb, kraft- und eindrucksvoll sein.« Der kämpferische Mensch brauche eine kämpferische Verkündigung: »Die männlichen Züge der Botschaft Jesu müssen klar herauskommen.« Es gehe nicht an, »die Innere Mission nur auf die Arbeit an Kranken, Siechen und Unheilbaren zu beschränken ... Die Pflege der Kranken darf nicht die Pflege des Gesunden unmöglich machen. Die Erkenntnisse von Blut und Rasse und Vererbung müssen zukünftig in der Arbeit am Volk berücksichtigt werden.«[10]

Am Dienstag, dem 12. September, wird die Hundertjahrfeier mit einem Festakt begangen. Ein Grußwort des Reichspräsidenten von Hindenburg (»Mögen dem Rauhen Hause auch weiterhin gesegnete Erziehungsarbeit an der deutschen Jugend und erfolgreiche Tätigkeit in der Diakonie zur Wohlfahrt unseres Vaterlandes beschieden sein.«) wird stehend gehört und mit einem dreifachen »Sieg-Heil« und dem Gesang des Deutschland-Liedes beantwortet.

Auch der abgedankte Kaiser Wilhelm II. schickt aus dem holländischen Exil Grüße: »Zur Erinnerung an den bedeutsamen Tag verleihe Ich mit der Kaiserin der Anstalt Unser Bildnis!« Reichskanzler Hitler schickt das kürzeste Grußtelegramm: »Für Ihre freundliche Grüße und für die mir in Ihrer Zuschrift zum Ausdruck gebrachte treue Gesinnung spreche ich Ihnen meinen aufrichtigen Dank aus.«

Am 13. September 1933 wird in Hamburg der 9. Deutsche Diakonentag gefeiert. Rund tausend von 4200 Diakonen haben sich versammelt. Etliche tragen SA-Uniform. Auch den Diakonen schickt Hindenburg ein Telegramm, das mit einem dreifachen »Sieg-Heil« und dem Absingen des Deutschland-Liedes sowie des Horst-Wessel-Liedes (»SA marschiert ...«) beantwortet wird.

An Hitler schicken sie einen »Huldigungsgruß«: »Dem Führer unseres Volkes und Retter unseres Vaterlandes vor dem Untergang im Bolschewismus senden 1000 Diakone ... namens der gesamten Deutschen Diakonenschaft das Gelöbnis alter deutscher Mannestreue und des Einsatzes aller ihrer Kräfte für den Aufbau und die Vollendung des Dritten Reiches.«

Der Berliner Landesbischof und designierte Reichsbischof (Wahl am 27. September) Ludwig Müller redet dreiviertel Stunden lang und verkündet, er werde dafür sorgen, »daß in Zukunft keiner auf die Kanzel

kommt, der nicht das Volk verstehen gelernt hat, der im Arbeitsdienst oder in der SA oder bei den Soldaten wieder gelernt hat, sich äußerlich und innerlich zusammenzureißen.«
Die Diakone danken wieder mit einem dreifachen »Sieg-Heil«.

Das Horst-Wessel-Lied

Die Fahne hoch! Die Reihen dicht geschlossen!
SA marschiert mit ruhig festem Schritt.
Kameraden, die Rotfront und Reaktion erschossen,
Marschier'n im Geist in unsern Reihen mit.

Die Straße frei den braunen Bataillonen!
Die Straße frei dem Sturmabteilungsmann!
Es schau'n aufs Hakenkreuz voll Hoffnung schon Millionen,
Der Tag für Freiheit und für Brot bricht an.

Zum letzten Mal wird nun Appell geblasen,
Zum Kampfe stehn wir alle schon bereit.
Bald flattern Hitlerfahnen über allen Straßen,
Die Knechtschaft dauert nur noch kurze Zeit!

Der Berliner Oberkonsistorialrat und spätere sächsische Bischof Friedrich Peter steht nicht nach und ruft den Diakonen zu: »Die kämpfende Kirche braucht Führungsauslese. *Diakonie muß*, wie die SA das Soldatentum des Dritten Reiches ist, *das Soldatentum der Kirche sein.*«
In der Arbeitsgemeinschaft für Wohlfahrtspflege referiert an diesem Tag der Glückstädter Pastor Bestmann. Bestmann stellt Leitsätze zum Thema »Wohlfahrtspflege und christliche Liebestätigkeit im neuen Reich« auf. Sein erster Leitsatz: »Die Schäden einer verkehrten Ideologie des bisherigen Systems« hätten sich gezeigt in der Erfolglosigkeit der Maßnahmen (»anwachsendes Elend, fortschreitende Entsittlichung, Unverfrorenheit des Verbrechertums«) und in den leeren Kassen der Kommunen. Ein Neuaufbau, heißt es unter Punkt 2, sei nur möglich durch klares Erkennen der Fehlerquelle. Das führt ihn zum 3. Leitsatz:
»Verwirrung der Wohlfahrtspflege im marxistischen Zeitalter kam 1. aus einer *verkehrten Lebensauffassung*: Großmöglichstes Glück der großmöglichsten Zahl. *Folgerung*: Erhöhte Ansprüche in der äußeren Lebenshaltung, Anstaltspaläste, modernste Inneneinrichtung, Milieu weit über dem Lebensstandard der meisten Insassen. *Ergebnis*: Simulantentum, Rentenjäger, Unzufriedenheit; 2. aus einer *verkehrten Staatsauffassung*: der Wohlfahrtsstaat. *Folgerung*: der Staat die melkende Kuh (sic!), von der möglichst viele Vorteil haben wollen. *Ergebnis*: Die Kranken er-

drücken die Gesunden, die Arbeitslosen die Erwerbstätigen; 3. aus einer *verkehrten Auffassung vom Menschen*: das Ideal der freien, ungebundenen Persönlichkeit. Der Mensch ist gut, nur die Verhältnisse machen ihn schlecht. *Folgerung*: Abschaffung von Strafe und Zwang, Untergrabung der Autorität des Erziehers, Kameradschaftlichkeit, Selbstverwaltung, Abschaffung alles christlichen Einflusses, Nachgeben gegenüber den natürlichen triebhaften Anlagen. *Ergebnis:* Revolte im Erziehungshaus, Auslieferung des Erziehers an die Zöglinge, des Zöglings an sein Triebleben, der Gesellschaft an den Verbrecher und Minderwertigen.«

Deshalb, so der nächste Leitsatz, sei eine Neubesinnung nötig: »Grundlage aller Wohlfahrtspflege ist nicht Humanität (entleertes Christentum oder sentimentale Philosophie), sondern vom *Staat* aus gesehen vor allen Dingen die der *Ordnung* des Volkslebens...«

Ein entscheidendes Merkmal christlichen Glaubens, der Schutz der Armen und Kranken, wird auf der Hundertjahrfeier des Rauhen Hauses unter dem Beifall der Diakone dem Nationalsozialismus geopfert. Schlimmer noch: Es wird geradezu zur Hatz auf die Bedrängten aufgerufen.

Den Festvortrag auf dem Diakonentag 1933 hält der ostpreußische Pfarrer und designierte Direktor des CA, Horst Schirmacher, Parteimitglied seit 1932.[11] Sein Vortrag trägt den Titel: »Diakonie als Angriff.« Für ihn sind alle Kämpfer. Die Schwester, welche einen Kranken zur Operation vorbereite und all ihr Können, ihre Erfahrung, ihr Pflichtbewußtsein einsetze, um im demütigen Dienst dem Tode ein Opfer abzuringen, leiste einen im stillen und verborgenen ausgefochtenen Kampf. Im »entschlossenen Angriffskrieg« stehe dagegen die Gemeindeschwester, »welche oft ein ganzes Heer von Mitkämpfern zusammentrommelt, organisiert, um den Kampf gegen das Elend siegreich zu bestehen«.

Aber auch die männliche Diakonie stehe an Mut und Kampfesgeist nicht zurück. Ganz besonders müsse man »die Diakone nennen, welche in den letzten Jahren unter marxistischer Herrschaft einen geradezu übermenschlichen Kampf haben bestehen müssen: Die *Erzieher in den Fürsorgeanstalten*... Wie heulte das ganze marxistische Deutschland auf, wenn ein Bengel einmal eine erfrischende Ohrfeige erhielt, oft die einzige Rettung, um krampfartige Seelenzustände zu lösen. Wie wurden diese Männer beschimpft, wenn sie straffen, militärischen Preußengeist in der Art der Erziehung der alten Kadettenkorps und Unteroffiziersschulen in ihre Erziehungsarbeit hinübernahmen.«

Schirmacher weiter: »Dies alles ist evangelische Diakonie: Dienst und Kampf. *Wir grüßen Euch alle als die SA Jesu Christi und die SS der Kirche, ihr wackeren Sturmabteilungen und Schutzstaffeln im Angriff gegen Not, Elend, Verzweiflung und Verwahrlosung, Sünde und Verderben.«*

Auch wenn es manche noch nicht ganz verständen, vielleicht auch von

Direktor Horst Schirmacher und Präsident Karl Themel

den verehrten Gästen aus dem Ausland, müsse als richtunggebend für die Zukunft deutlich gesagt werden: »*Evangelische Diakonie und Nationalsozialismus gehören in Deutschland zusammen... Der echte Nationalsozialist ist Protestant, und der echte deutsche Protestant ist Nationalsozialist.*«

Schirmachers Forderung: *Diakonie in die Arbeitslager, Diakonie in die NSBO*« (Nationalsozialistische Betriebszellenorganisation).

Zum Ende seiner Rede steht ein Aufruf: »Im besonderen wende ich mich jetzt an Euch, Ihr lieben Brüder. Bemüht Euch in allerkürzester Frist, in ein *kameradschaftliches Verhältnis zur SA, SS, NSBO und Stahlhelm* zu kommen. Volksmission in diesen herrlichen Bewegungen und Organisationen kann nur auf kameradschaftlicher Grundlage treiben. Die Seele des SA-Mannes versteht nur der SA-Mann selbst. Ich wünschte, daß unsere jungen Brüder in den Diakonenanstalten sämtlich SA-Männer werden. Der alte Bodelschwingh hat für die Diakonie die Ausbildung mit der blauen Schürze verlangt. Das soll auch bleiben. *Aber zu der blauen Schürze gehört das braune Hemd!*«

Schirmachers Schlußworte: »Großes wird von Euch allen erwartet. Ein weites Feld der Arbeit und des Kampfes hat sich vor uns aufgetan... Diakonie, frisch auf, zum Angriff! Sieg Heil!«

Im Festbericht heißt es, daß die versammelten Diakone Schirmachers Thesen »allseitig voll und ganz zustimmen«. Der Vortrag habe sie »zu häufigem Beifall« fortgerissen.

Am 14. September 1933 fordert der Geschäftsführer des Diakonen-Verbandes, Diakon Fritz Weigt, »die Anpassung unserer Brüderausbildung an die neue Zeit (Eintritt der Jungbrüderschaft in die SA...)«. Die Diakone wählen ihn anschließend »mit großer Einmütigkeit und Freude« zum »Reichsführer der Deutschen Diakonenschaft«. Nachdem der Name »Deutscher Diakonen-Verband« in »Deutsche Diakonenschaft« geändert ist, nehmen die rund tausend in Hamburg versammelten Diakone folgende Entschließung an:

»Die an der Geburtsstätte des erneuerten Diakonenamtes, dem Rauhen Hause, zum 9. Deutschen Diakonentage versammelten 1000 deutschen Diakone versichern der Reichsleitung der Glaubensbewegung ›Deutsche Christen‹ ihre Treue und stellen sich geschlossen und vorbehaltlos hinter ihre Führung. Sie erwarten, daß diejenigen Diakone, die sich dieser Bewegung noch nicht angeschlossen haben, ihren organisatorischen Beitritt unverzüglich erklären. Wir begrüßen den nationalsozialistischen Aufbruch unseres Volkes als eine Gnade Gottes und nehmen mit unserem ganzen Sein, Denken, Fühlen und Wollen daran teil, hoffend, daß nun Volk und Kirche eine lebendige Gemeinschaft werde...«

Die Versammlung bringt auf Hitler und das Dritte Reich ein »Sieg-Heil«

aus, singt »Deutschland, Deutschland über alles...« und das Horst-Wessel-Lied.
Die Diener Gottes dienern nun Hitler.

P. S.: Horst Schirmacher, der den Auftrag hatte, den Centralausschuß der Inneren Mission gleichzuschalten, und dafür mitverantwortlich ist, daß die Diakone zur SA marschierten, konnte nach dem Kriege bis zu seiner Pensionierung im Jahre 1954 weiterhin als Pfarrer arbeiten.[12]

»Der gesamten Inneren Mission wünsche ich zum Volkstag der Inneren Mission gutes Gelingen und Gottes Segen. Wir haben viel freundliche Förderung erfahren, nicht nur von seiten der Kirche, sondern auch von staats- und parteiamtlichen Stellen.
Das Vertrauen, das zur Inneren Mission weiterhin herrscht, gilt es nun zu erhalten und auszubauen. Ich gestatte mir, auf folgendes dringend hinzuweisen:
1. Nachdem in den staatlichen und kirchlichen Behörden der Deutsche Gruß amtlich eingeführt ist, halte ich es für selbstverständlich, daß auch in den Anstalten, Verbänden und Einrichtungen der Inneren Mission der Deutsche Gruß angewendet wird. Der Deutsche Gruß heißt: Heil Hitler! Gegenüber Ausländern ist er nicht anzuwenden. Wir wollen mit der Einführung dieses Grußes der Verbundenheit der Inneren Mission mit unserem deutschen Volk Ausdruck geben. Dasselbe gilt auch für den brieflichen Verkehr.
2. An den Staatsfeiertagen sind neben den Kirchen- oder Inneren Missionsflaggen die Flaggen des Reiches (Schwarz-weiß-rot und Hakenkreuzfahne) zu hissen.
3. Für die Ansprachen des Führers ist in allen Verbänden, Anstalten und Einrichtungen Rundfunkgerät bereitzustellen, wo es noch nicht geschehen sein sollte. Bei solchen Übertragungen sind alle Mitarbeiter und Insassen, soweit wie möglich, als Hörergemeinschaft heranzuziehen.
4. Nachdem das Abkommen über die Bildung der Arbeitsgemeinschaft mit der NSV. abgeschlossen ist, empfehle ich den Angehörigen der Inneren Mission allgemein den Beitritt zur NSV., damit überall ein persönliches Vertrauensverhältnis zwischen NSV. und Innerer Mission hergestellt wird. Der kirchliche Auftrag und Dienst in der Inneren Mission wird nach Erklärung der Reichsleitung der NSV. durch den Beitritt nicht berührt.
5. Der Sommer 1934 muß in der gesamten Inneren Mission dazu benutzt werden, um die gesamte Mitarbeiterschaft in der nationalsozialistischen Weltanschauung zu schulen. Verbunden wird mit dieser

Schulung eine Einführung in den Aufgabenkreis der Deutschen Evangelischen Kirche im Dritten Reich sein. Ich werde in kurzer Zeit genaue Anweisungen darüber an die Herren Landes- und Provinzialgeschäftsführer ergehen lassen, die mir dafür verantwortlich sind, daß alle Berufskräfte der Inneren Mission von dieser Schulung erfaßt werden.«

Aufruf des Präsidenten des Centralausschusses der Inneren Mission, Themel, in: Junge Kirche vom 5. Mai 1934, Heft 9.

Er hat sich selbst als Mann des Widerstandes dargestellt. Sein Eintritt in die NSDAP sei »aus lauteren evangelischen Motiven« geschehen. Eigentlich hätten alle so handeln müssen: »Eine überwiegend christlich eingestellte Mitgliedschaft der NSDAP hätte nicht als Instrument politische(r) Machtgelüste mißbraucht werden können. Wie ein starker Hemmschuh sind nachher schon die vereinzelten überzeugten Christen innerhalb der NSDAP bis zum Schluß gewesen, die innerhalb dieser Partei das Evangelium nicht verleugnet haben, sondern ein Widerstand waren, der einmal auch von der gesamten Christenheit gewürdigt werden wird.«[13]
Auch über Themel wußte Schirmacher Gutes zu berichten: »Er wollte die Innere Mission auf jeden Fall gegen alle ›wilden Männer‹ der DC wie auch der Partei verteidigen und war sich mit mir darüber einig. So übernahm ich den Auftrag... als eine Fügung und als Auftrag vom *Herrn* der Kirche, um der Inneren Mission zu dienen...«[14]

2. »Landesverein für Innere Mission, Abteilung Konzentrationslager Kuhlen«
Das KZ der Inneren Mission

Auf der Hundertjahrfeier des Rauhen Hauses im September 1933 hatte der Präsident des CA der Inneren Mission gefordert: »Diakonie in die Arbeitslager.« Die Ricklinger Anstalten im Kreis Segeberg waren zu diesem Zeitpunkt schon einen Schritt weitergegangen: Sie betreiben 1933 ein eigenes kleines KZ.
Wie alle anderen weinte auch der Vorsteher der Ricklinger Diakone, Pastor Carl Barharn, dem Weimarer Staat keine Träne nach: Vierzehn Jahre lang, hatte er im Juni 1933 geschrieben, habe die Diakonie »unter fremdem Geist in babylonischer Gefangenschaft« gelebt. So gesehen, atme man nun »die Luft der Freiheit«. Befreit erklärt er seinen Diakonen, nun sei »Schluß mit allem Parlamentarismus«.[15]
Im Juli 1933 übernehmen die Ricklinger Anstalten von der SA vorübergehend ein Konzentrationslager.[16] Es ist eines dieser vielen kleinen La-

Ricklinger Diakone beim sogenannten Brüderunterricht

ger, die 1933 überall im Reich aufgemacht (und später wieder geschlossen) werden, um die Opfer der Massenverhaftungen unterzubringen. Oft sind es nur einzelne Gebäude, die vorübergehend zur Inhaftierung von Kommunisten, Sozialdemokraten und anderen politischen Gegnern dienen. In Rickling ist es eine große Baracke auf dem nahe gelegenen Gut Kuhlen. Die offizielle Anschrift: »Landesverein für Innere Mission, Abteilung Konzentrationslager Kuhlen.«

Der Lagerkommandant ist beim Landesverein für Innere Mission beschäftigt: Othmar Walchensteiner, ein ehemaliger Diakonenschüler des Rauhen Hauses. Schon 1925 der NSDAP beigetreten, hat Walchensteiner die äußerst niedrige Parteinummer 1083[17] erhalten. Als (nebenamtlicher) Verwaltungsleiter des KZs fungiert der Ricklinger Diakon Franz Schuba. Die Bewachung der Häftlinge (Kommunisten und Sozialdemokraten, Kommunalpolitiker und Arbeiter aus der Umgebung) ist SA-Leuten übertragen. Sie werden aus der Kasse des Landesvereins für Innere Mission bezahlt.[18]

Zwischen Juli 1933 bis zur Schließung des Lagers Ende Oktober werden in Kuhlen insgesamt 189 Gegner des Nationalsozialismus als KZ-Häftlinge eingesperrt – unter dem Namen der Inneren Mission Schleswig Holstein.

Verhaftungsgründe sind z. B.: »Führender Funktionär der KPD« – »Er hat sich besonders gegen die SA hervorgetan.« – »Wüster Hetzer gegen die nationale Bewegung« – »Verteiler illegaler Druckschriften« – »Gegen die nationale Regierung eingestellt« – »Hetzer gegen die NSDAP«. Oder: »Kann sich noch nicht auf die heutige Zeit einstellen.«[19]

Auf kirchlichem Boden und unter Verwaltung der Inneren Mission der Evangelischen Kirche werden Gegner des Nationalsozialismus gequält und geschunden. Sie werden mit Gewehrkolben zur (Feld-)Arbeit getrieben, manche mit Gummiknüppeln bewußtlos geschlagen. Unter den in Kuhlen Inhaftierten ist Reinhold Jürgensen, Reichstagsabgeordneter der KPD (Elmshorn), der bekannteste. Er soll – wie alle anderen – im KZ Kuhlen »umerzogen« werden. Jürgensen wird 1934 im KZ Fuhlsbüttel von der SS totgeschlagen werden. Heute ist in Elmshorn ein Platz nach ihm benannt.

Die Namensliste der bei der Inneren Mission Inhaftierten enthält dreimal den Namen Zabel: Vater Adolf Zabel und seine Söhne Herbert und Christian, alle drei von nationaler Gesinnung. Der Grund ihrer Verhaftung: SS-Leute hatten der Familie die Fensterscheiben eingeworfen. Als sich die Zabels beschwerten, wurden sie ins KZ Kuhlen abtransportiert.

Christian Zabel, Angehöriger der Deutschen Burschenschaft und des Stahlhelm-Studentenringes »Langemarck«, wandte sich nach seiner Entlassung – vergeblich – sogar an Adolf Hitler. In seinem Beschwerdebrief (vom 2. Dezember 1933) heißt es:

»Die Behandlung im Lager war sehr schlecht. In einem Raum von 40 Kubikmeter Inhalt mußten 10 Menschen schlafen, ohne Rücksicht darauf, ob sie gesund oder krank waren. Eine ärztliche Untersuchung und Behandlung gab es nicht. Die Parole des Lagerkommandanten lautete: ›Alle sind krank und keiner will verrecken.‹ Am 8. 9. wurde ich ... vor den Augen des ganzen Lagers schwer mißhandelt. Darauf wurde ich in das Kommandantenzimmer durch den SA-Mann Havemeister gebracht, der mich unterwegs mit Fußtritten und Faustschlägen bearbeitete. Im Kommandantenzimmer wurde ich von dem Lagerkommandanten und dem SA-Mann Havemeister mit Gummiknüppeln geschlagen. Ich erhielt Schläge auf den Rücken, Nieren und auf den Kopf, durch die ich das Bewußtsein verlor.«[20]

Unter den bei der Inneren Mission Eingesperrten war auch Albert Stange. Er berichtete 1988 – 81jährig – zum erstenmal öffentlich von seiner Verfolgung. Stange, von 1945 bis 1988 ehrenamtlicher Bürgermeister der Gemeinde Agethorst im Kreis Segeberg, bezeichnet sich heute noch als deutsch-national. Wahrscheinlich sei er ins KZ gekommen, weil man ihn für einen Juden hielt.

Stange über seinen Aufenthalt im KZ der Inneren Mission: »Wir wurden als Menschen minderer Klasse betrachtet. Wir wurden einfach nicht mehr behandelt als Menschen, sondern als Vieh.«[21]

Als das KZ Ende Oktober geschlossen wird, kommen die Häftlinge in die
Emslandlager nach Papenburg. Die SA-Wachtmänner erhalten von der
Inneren Mission ein Dienstzeugnis, das stets gleich formuliert ist:

»Wir bescheinigen hiermit, daß Herr... vom 18. Juli bis 28. Oktober 1933
in unserem Konzentrationslager als Wachtbeamter tätig gewesen ist. Der
Herr Landrat des Kreises Segeberg in Bad Segeberg betont in seinem
Bericht vom 17. 10. 1933: ›Im übrigen möchte ich nicht unterlassen, Ihnen
[das heißt: dem Landesverein für Innere Mission, E. K.] sowie den
Wachtmännern meine Anerkennung der Ihnen gestellten, sicher nicht
leichten Aufgabe auszusprechen und Ihnen für die Zukunft das Beste zu
wünschen‹.
                    Landesverein für Innere Mission
                    Abteilung Konzentrationslager Kuhlen.«

Von dem Standardtext abweichend, heißt es in einem anderen Schreiben:
»Kröger ist SA-Mann, der schon seit dem Jahre 1932 der Bewegung angehört, der es wohl verdient, daß man ihn in eine passende Stellung unter-
bringt.
                    Landesverein für Innere Mission
                    Abteilung Konzentrationslager Kuhlen.«[22]

Der Landesverein für Innere Mission kassierte für jeden Häftling. Unter
dem Namen »Landesverein für Innere Mission, Abtl. Konzentrationslager Kuhlen« gehen die Rechnungen über die Unterbringungskosten hinaus. Rechnungen bekommen z. B. das Landratsamt Bad Segeberg, die
Bürgermeister (»als Ortspolizeibehörde«) von Bad Segeberg, Elmshorn,
Bad Oldesloe, Pinneberg und sogar der Insel Helgoland. Bezahlt werden
die Beträge von der Regierungs-Hauptkasse des Regierungs-Präsidenten
Schleswig. Der Landesverein ist nach Auflösung des Lagers noch mona-
telang damit beschäftigt, die Außenstände einzutreiben.
1936 wird Pastor Albert Burgdorf Brüderhausvorsteher in Rickling. Am
8. Januar 1936 schreibt er in einem von ihm verfaßten »Brüderbrief«,
Gott möge helfen, »daß auch die Ricklinger Brüderschaft eine zuverläs-
sige und erfolgreiche Mitarbeit leiste an Volk und Vaterland in getreuer
Gefolgschaft unseres Führers Adolf Hitler«.[23] Im Oktober 1936 wird den
Diakonen von der Leitung der Brüderschaft verordnet:
»Es ist selbstverständlich, daß alle Brüder und Brüderanwärter... Glied
irgendeiner nationalsozialistischen Organisation sind.«[24]
Die Diakone tun, was ihnen verordnet. Im Mai 1939 wird im Brüderbrief
eine Aufstellung abgedruckt, die zeigt, daß die 45 Ricklinger Diakone
meist mehreren NS-Organisationen angehören[25]:

Der Landrat
des Kreises Segeberg

Bad Segeberg, Kreishaus, Hamburger Straße 30

Eingangs- und Bearbeitungsvermerk:

An

den Landesverein für Innere
Mission ,
Abteilung Konzentrationslager Kuhlen

in

K u h l e n
Neumünster Land.

Geschäftszeichen und Tag Ihres Schreibens: Geschäftszeichen und Tag meines Schreibens:
Aktz, 7, 2 - 2. 12. 1933 -

Betrifft:

Das Schreiben vom 28. v. Mts. an den Bürgermeister als
Ortspolizeibehörde in Bad Segeberg, betreffend Einzahlung
des Rechnungsbetrages für Schutzhäftlinge für die Monate
September und Oktober im Gesamtbetrage von 145,80 RM, ist
an mich zur Erledigung abgegeben worden. Hierauf teile ich
Ihnen mit, daß der Rechnungsbetrag von 71,55 RM für September
nicht zur Zahlung angewiesen worden ist. Es handelte sich
hierbei um die Schutzhäftlinge ████ und ██████ aus Bad
Segeberg. Die Kosten für diese Schutzhäftlinge waren bereits auf der durch mich dem Herrn Regierungs=Präsidenten
vorgelegten Rechnung angefordert. In diesem Fall lag also
eine doppelte Anforderung vor.
Ob der Betrag von 74,25 RM für Oktober zur Zahlung angewiesen ist, kann von hier nicht festgestellt werden, weil
die gesamten Unterlagen sich in Schleswig befinden. Zur
Nachprüfung dieser Angelegenheit bedarf es noch der Angabe
der Schutzhäftlinge, um die es sich handelt, und um Angabe
der Gesamtsumme der an mich für den Monat Oktober eingereich-
ten Rechnung.

                                    I.V.
                                    gez. Jensen

.... Anlagen   Drahtwort: Fernruf: 381
                        Landrat   außerhalb der
                                          Dienststunden 380

Parteigenossen:	32
Träger des goldenen Ehrenzeichens:	1
Mitglieder der Partei vor dem 30.1.33:	4
Hoheitsträger der Partei:	4
Mitglieder der SA:	16
NSKK (Kraftfahrerkorps):	1
NSFK (Fliegerkorps):	1
DAF (Deutsche Arbeitsfront):	43
RDB (Deutsche Beamte):	5
NS-Opferring:	1
NSV (Volkswohlfahrt):	34

Daß die Innere Mission in Schleswig-Holstein in eigener Regie ein Konzentrationslager betrieb, wurde jahrzehntelang verschwiegen. Es war ein Ricklinger Diakon, Peter Sutter, der in langwieriger Arbeit alles, was noch an Dokumenten erreichbar war, zusammengetragen hat. Seine Erfahrung bei der Recherche: »Ich wurde sofort, fast spontan, immer als Nestbeschmutzer bezeichnet.«[26]
Peter Sutters Arbeit über Rickling in den Jahren 1933 bis 1945 ist 1986 im Selbstverlag erschienen. Eine nachhaltige Reaktion der Inneren Mission blieb jedoch aus. Die gab es erst, als das KZ des Landesvereins der Inneren Mission im Fernsehmagazin »Report« vorgestellt wurde. Noch 1975 hatte es in der Festschrift zum hundertjährigen Bestehen des Landesvereins der Inneren Mission geheißen, das KZ sei ein »Konzentrationslager der NSDAP« gewesen.[27]
Diese Behauptung verwundert nicht, wenn man den Autor der Festschrift kennt: Dr. Oskar Epha, während der NS-Herrschaft Direktor des Landesvereins und Mitglied der Reiter-SA.[28]

3. »Luthers Glaube und Hitlers Kampf«
Diakone des Stephansstiftes Hannover als KZ-Personal

Zu den Einrichtungen, die den Nationalsozialismus begrüßen, gehört auch das Stephansstift in Hannover. Pastor Johannes Wolff, Vorsteher der Diakonenanstalt und zugleich »Landesführer« der Inneren Mission, berichtet im Sommer 1933 in der Hauszeitung »Der Monatsbote aus dem Stephansstift«, die Jungens im Erziehungs- und Lehrlingsheim hätten »mit Sehnsucht und Ungeduld darauf gewartet, daß der Nationalsozialismus zum Siege gelangen würde; die Begeisterung war groß, als dann seit dem 30. Januar der Volkskanzler die Führung der Regierung übernahm. 34 unserer Jungen äußerten sofort den Wunsch, in die SA einzutreten.«

Weiter heißt es: »Auf Grund von Verhandlungen, die mit der zuständigen Stelle geführt wurden, konnten 3 Jungen sofort Aufnahme finden; inzwischen hat sich die Zahl auf 9 erhöht, und wir freuen uns dessen, daß auch aus den Reihen unserer Jungen so viele würdig befunden worden sind, mit zu marschieren und mitzubauen am neuen Deutschland. Wir hoffen, daß diese Zahl noch größer werden wird, und daß gerade auch unsere schulentlassenen Jungen sich gern immer wieder dazu hinführen lassen, zu begreifen, daß wir alle, die wir deutsche Männer sein und werden wollen, unser ganzes Sein und unsere ganze Kraft Volk und Vaterland schuldig sind. Ich habe die Überzeugung, . . . wir begreifen wieder, daß Zucht und Ordnung herrschen muß, und daß die Erziehung zu deutscher Mannhaftigkeit entscheidend wichtig ist.«[29]

Am 21. Oktober 1933 läßt Pastor Johannes Wolff, Vorsteher von 460 Diakonen und Diakonenschülern, einen Aufruf drucken. Darin heißt es:

»Meine lieben jungen Brüder!
Aus einem besonderen Grunde fühle ich mich veranlaßt, heute an Sie alle einen Gruß zu senden. Es wird auch Ihnen wohl bekannt geworden sein, daß demnächst vom 1. bis 5. November d. Js. noch einmal die Gelegenheit besteht, die Mitgliedschaft in der SA zu erwerben. Aus diesem Anlaß möchte ich Ihnen als Vorsteher des Brüderhauses und als Führer der Brüderschaft aussprechen, daß ich Ihnen allen dringend empfehle, die Eingliederung in die SA, soweit es bisher noch nicht geschehen ist, nunmehr zu vollziehen.
Wenn es auch eine freiwillige und persönliche Angelegenheit des Einzelnen ist, ob er dieser empfehlenden Aufforderung Folge leisten will, wie ich ausdrücklich bemerke, so möchte ich doch meinerseits aussprechen, daß ich es im Interesse von Volk und Vaterland für geraten halte, daß gerade auch christliche junge Männer sich für den Dienst zur Verfügung stellen, welcher durch die SA dargestellt wird... so wollen wir auch in der heutigen Zeit beweisen, daß wir, wenn das junge Deutschland marschiert, nicht als Zuschauer zur Seite stehen, sondern mannhaft und treu unsere Pflicht tun. Ich bitte also jeden jungen Bruder, die Eingliederung zur SA rechtzeitig zu vollziehen.
Wie das im einzelnen gemacht werden muß, werden Sie, die Sie außerhalb des Stephansstiftes arbeiten, an den zuständigen Stellen leicht erfahren können. Was die jungen Brüder, die im Stift selbst anwesend sind, anbetrifft, so habe ich die Absicht, für diese gemeinsam die Anmeldung vorzunehmen – meine Aufforderung richtet sich also in erster Linie an alle diejenigen, welche auswärts und außerhalb des Stephansstifts tätig sind.«[30]

Im April 1934 berichtet »Der Monatsbote aus dem Stephansstift«, der sich im Untertitel als »Ein Monatsblatt für Innere Mission im Sinne der lutherischen Kirche« ausweist:

»...Das eine ist sicher: Wir sind als Wohlfahrtsschule einer evangelischen Diakonenanstalt, die ihre Schüler als echte Nationalsozialisten und gehorsame Untertanen des Dritten Reiches und zugleich als ernste evangelisch-lutherische Christen erziehen will, in der erfreulichen Lage, daß hier grundsätzlich kein Mißklang vorliegt. Luthers Glaube und Hitlers Kampf finden sich in der Erkenntnis, daß ein Volk nur bestehen kann, wenn es antiliberal und organisch handelt in den Ordnungen, die Gott uns als seine Gabe und Aufgabe gegeben hat.«[31]

Ein paar Seiten weiter informiert ein Artikel: »Ein großer Vertrauensbeweis war es uns, als kürzlich von der Kommandantur der staatlichen Konzentrationslager in Papenburg an das Brüderhaus die Bitte gerichtet wurde, mehrere Brüder, die zugleich SA-Männer sind, als Wachmannschaften zu entsenden. Wir sind dieser Bitte sofort nachgekommen und die betr. Brüder haben ihren Dienst inzwischen angetreten. Als ich einem Freunde davon erzählte, antwortete er mit der Frage: ›Wollen Sie Diakone zu Polizisten machen?‹ Ich erwiderte ihm: ›Nein, aber ich will Polizisten zu Diakonen machen!‹ Indem ich das ausspreche, wird denen, die etwas mit der Geschichte der Inneren Mission Bescheid wissen, deutlich, daß wir hier an ursprüngliche Gedanken Johann Hinrich Wicherns anknüpfen, der seinerzeit auch auf dem Standpunkt stand, daß zur Bewahrung und Erziehung derer, denen der Staat die Freiheit nehmen muß (!), eigentlich nur solche Männer tauglich sind, die auch von Seelsorge und Erziehung etwas verstehen.«[32]

Hätte Pastor Wolff recht, wären in Dachau Diakone und im Frauen-KZ Ravensbrück Diakonissen das geeignete Personal.

Die insgesamt sieben Emslandlager, 1923 von der preußischen Justizverwaltung als Strafgefangenenlager eingerichtet, stellten im System des NS-Terrors eine Besonderheit dar. Die Kommandantur in Papenburg unterstand dem preußischen Justizministerium. Das Schutzhaftlager Esterwegen[33] – neben Dachau bis 1936 das größte Lager – war dagegen dem preußischen Innenminister Göring unterstellt. Esterwegen galt als nationalsozialistisches Musterlager. Häftlinge waren u. a. der Publizist und Friedensnobelpreisträger Carl von Ossietzky, der SPD-Politiker Julius Leber, der hessische Innenminister und Gewerkschaftsführer Wilhelm Leuschner und der preußische Wohlfahrtsminister und Zentrumspolitiker Heinrich Hirtsiefer. – In der sadistischen Mißhandlung der Häftlinge unterschieden sich die Emslandlager von anderen Konzentrationslagern nicht.[34]

Von einem der in die Emsland-Lager gesandten Diakone habe ich Unter-

Gruppenfotos von Lehrgängen der Deutschen Diakonenschaft. »Reichsdiakonen-führer« Weigt auf dem Foto oben, vorn ganz links; auf dem unteren Foto in der Mitte

lagen einsehen können.[35] In dem Ordner befindet sich ein Zeugnis. Pastor Wolff hatte es seinem Diakon ausgestellt, der eine Zeitlang »auch den Wehrsportunterricht im Stephansstift« leitete: »Nach Ansicht des Stephansstiftes würde Herr... durchaus geeignet sein, in einem Konzentrationslager in dem Geist und Sinne mitzuarbeiten, wie es von der Kommandantur erwartet werden muß.«

Der Diakon, der zugleich SA-Mann war, traf am 3. April 1934 an seinem neuen »Arbeitsplatz« ein.[36] Am 8. April 1934 schreibt er seinem Vorsteher aus dem Lager Brual-Rhede. Er ist wenig begeistert, denn er schläft mit 30 Mann auf einer Stube. Und die Aussicht, weiter zu kommen, Werkmeister oder ähnliches zu werden, sieht er für sich und die anderen jungen Stephansstiftler auch nicht, weil sie keine »alten Kämpfer« sind. »Wenn Sie schon die Gesichter unserer Kameraden sehen würden«, heißt es in dem Brief, »könnten Sie ungefähr erraten, welche Qualitäten ein Wachmann haben muß.« »Mit herzlichen Grüßen« möchte der neue Diakonen-Wachtmann von seinem Vorsteher wissen, »welches die Beweggründe zu unserer Anforderung waren.«

Wolff antwortet umgehend am 11. April (mit »herzlichen Grüßen und Heil Hitler!«). Die Antwort kommt wahrscheinlich deshalb so prompt, weil einer der vier SA-Diakone gleich nach der Ankunft im Lager wieder nach Hannover zurückgefahren ist. Wolff hat dessen Bericht gehört und ist sich im unklaren, ob der Bruder »die Flinte nicht reichlich schnell ins Korn geworfen« hat. Wolff meint, daß er sich die Sache »doch auch etwas anders vorgestellt hatte«, ermuntert den jungen Diakon jedoch: »Man muß auch einmal durch den Dreck hindurch!«

Der Lager-Diakon versteht und antwortet schon am 14. April 1934: »So ganz schnell bauen wir ja nun nicht ab. Je rauher und härter das Leben einen packt, umso größer wird der Blick für das Wissen um die Dinge des Lebens.«

Diesmal unterschreibt er nicht mit herzlichen Grüßen, sondern nur noch mit »Heil Hitler!«

Am 27. Mai 1934 berichtet der Diakon sehr ausführlich über seinen Dienst und über die Wachmannschaften: »Unsere Kameraden, da sind die Jungen aus Ostfriesland, denen ja hier immerhin eine Erwerbsmöglichkeit geboten wird, wie sie sie als Knecht beim Bauern nicht haben. Sie trinken ihr Bier, rauchen ihre Pfeife und sind zufrieden, daß sie nicht körperlich zu arbeiten brauchen. Die anderen sind neuerdings Brandenburger SS-Männer, Landsknechte. An ihnen offenbart sich so recht das Schicksal unserer Generation. In einer Zeit politischer Kämpfe und Arbeitslosigkeit groß geworden, setzten sie sich ein für den Nationalsozialismus. Schlugen sich auf den Straßen, in Versammlungen. Schufen die Möglichkeit zum Aufbau und wurden rauhe Kerle. Die Früchte ihres Einsatzes ernten andere. Heute stecken sie hier im Moor – oder in den Arbeitslägern – und schaffen Land, helfen aufbauen. Wenn sie einmal im Mannesalter sind, ist's Zeit für den nächsten Krieg, dann werden sie verbluten. Das ist Schicksal unserer Generation, kann man sie nicht verstehen, diese Jungen? Ich schweife ab, verzeihen Sie, ... und draußen schimmert der [Stachel-]Draht. Wie leicht, wie leicht kann man doch dahinter kommen. Unser Dienst hier ist nichts als eine ›militärisch aufgezogene Wach- und Schließgesellschaft‹.«

Im April hatte Wolff den Lesern des »Monatsboten« erläutert, er wolle aus Polizisten Diakone machen. Doch aus den Diakonen sind Polizisten geworden.

»Wir sind als Wachmannschaft in 3 Drittel geteilt. Der Dienst wechselt um. Das 1. Drittel hat Exerzieren, dann hat das 2. Drittel Lagerwache, d. h. von 13 bis 13 Uhr muß das Lager von Posten umstellt werden, diese werden alle 2 Stunden abgelöst. Da steht man nun seine 8 Stunden Tag und Nacht, bei Sonnenschein und Regen, bei Vollmond und pechschwarzer Nacht, bei Sturm und Nebel. Immer ist der [Stachel-]Draht da, und nächtens dahinter die 1000 Männer, 1000 Schicksale. Der Lauf vom Gewehr ist kühl. 5 Schuß sind drin. Neulich nachts hat einer seinen Leichtsinn mit dem Leben bezahlt. Es darf nämlich nach 9 Uhr niemand in die Nähe des Drahtes kommen. Nun, da es geknallt hat, steckt auch keiner mehr nach 9 Uhr den Kopf aus dem Fenster. Das 3. Drittel endlich hat Arbeitsdienst, d. h. die Posten beaufsichtigen die Arbeitskommandos. Von morgens ½ 7 bis abends ½ 5 steht dann der Wachtmann ohne Pause in 50 bis 60 m Entfernung von den ›Garibaldis‹ und wartet, daß es einmal einem einfällt, auszureißen. Das ist unser Dienst, Herr Pastor, stehen und warten, daß man einmal auf einen Menschen schießen darf. Sind wir darum Diakone?«

Den Diakonie-Wachtmännern ist jede Unterhaltung mit den Häftlingen streng verboten. Der junge Diakon macht sich Gedanken:

»Psychologisch ist es allenfalls interessant, die Wachmannschaft bis hinauf zum Lagerleiter zu beobachten. Die, welche die wenigsten sittlich-menschlichen Qualitäten aufzuweisen haben, maßen sich am meisten an, über die Gefangenen zu richten und sie fast sadistisch zu quälen. In Wirklichkeit stehen diese Kerle ja weit unter denen hinterm Draht. Nur schlimm, daß auch Vorgesetzte von dieser Art sind. Ich bin gewiß von Gefühlsduselei weit entfernt ... Nur, meine ich, ist keiner so verkommen, daß er nicht mehr als Mensch gewertet (werden) kann.«

Am Schluß des langen Briefes heißt es: »Nun gestatten Sie mir ein offenes Wort. Wenn Sie der Meinung sind, daß durch unser Hiersein für das St. [Stephansstift] irgend ein Vorteil herauskommt, sei es ... auch nur des Renommees wegen, so bin ich bereit, hier noch einige Zeit auszuharren.«

Am 3. August 1934 berichtet der Diakon »trotz der anfänglichen etwas lächerlichen Geringschätzung« von einer Wende: Er selbst hat nun die

»Menagebuchführung sowie die Führung der Gehaltsliste«. Der zweite Diakon besorgt die Wäscherei (»so eine Art Werkmeister«). Der dritte Diakon ist auf dem Büro der Strafgefangenenabteilung (»unzweifelhaft das interessanteste Gebiet, da er ja Einblick in sämtliche Akten hat«).
Die Wachtmänner aus dem Stephansstift sind vom Stacheldraht weg. Der junge Diakon hofft, »daß in absehbarer Zeit das geistige und religiöse Leben der Gefangenen in irgendeiner Form angeregt wird«. Vorsorglich bittet er seinen Vorsteher, ihm eine Bibel (»ich denke an ein Taschenformat«) schicken zu lassen. Zufrieden schreibt er:
»So hätten wir die erste Stufe erklommen. Wissen Sie, Herr Pastor, es kommt mir immer vor wie ein Einnisten unsererseits, nicht im schlechten Sinne, wohlverstanden; wir sind eben nur da, tun unsere Pflicht, es weiß so recht kein Mensch von uns. Aber wenn es einmal sein sollt(e), dann können wir auch rufen: ›Wir sind schon da‹!«

Der Diakon und SA-Scharführer[37] verläßt das Lager am 15. Oktober 1934. Die Lagerleitung schreibt ihm zum Abschied ins Zeugnis: »Seine Dienstobliegenheiten erledigte er in mustergültiger Weise.«
In einem Brief von Wolff an den Landesrat Koepchen heißt es am 23. November 1934: »Er hat die ganze Ausbildung des Stephansstifts durchgemacht und ist dann von mir wegen seiner ausgezeichneten Eigenschaften als Wachtmann in das Konzentrationslager Papenburg entsandt worden, wo er seit Ostern gearbeitet hat; er hat sich dort so ausgezeichnet, daß er schon im Juli zum Unteroffizier befördert worden ist.«

Braune Theologenschule. Die Hannoversche Landeskirche hat auf Veranlassung ihres geistlichen Vizepräsidenten in Bevensen bei Uelzen eine Theologenschule errichtet, die in Anwesenheit des Landesbischofs D. Marahrens und zahlreicher Ehrengäste eröffnet wurde. Vizepräsident Hahn von der Hannoverschen Kirchenregierung äußerte sich über die Gründe, die zur Errichtung dieser Schule geführt haben: »Es darf«, so erklärte er, »um des Volkes und um der Kirche willen nicht mehr möglich sein, daß Geistliche dem jungen Deutschen, der im Braunhemd marschiert, verständnislos oder gleichgültig gegenüberstehen. Für die Kirche im Nationalsozialistischen Deutschland ergibt sich deshalb die Forderung: die Diener der Kirche, die nationalsozialistischen Gemeinden und einer nationalsozialistischen Jugend dienen wollen, müssen Nationalsozialisten sein.« Demgemäß sollen die Lehrgänge der Theologenschule unter Leitung eines bewährten SA-Führers stehen.

aus: »Junge Kirche«, 20. Januar 1934, Heft 2.

Der Muster-Diakon geht seinen Weg: Er nimmt an einem Landjahr-Führerlager teil, übernimmt die Leitung eines Landschulheims und bekommt die Möglichkeit, wegen all seiner Vorzüge als Lehrer in den Volksschuldienst überzutreten. Er ist am 19. Januar 1939 aus dem Brüderhaus Stephansstift auf eigenen Wunsch ausgeschieden. Zu dieser Zeit ist der letzte SA-Diakon des Stephansstiftes noch immer in Papenburg.[38]

Dreißig Jahre später, im Jahre 1969, gibt das Stephansstift aus Anlaß des hundertjährigen Bestehens eine Festschrift heraus. Darin heißt es über die NS-Zeit:
»Das Dritte Reich begann, der Kirchenkampf setzte ein. Schritt für Schritt gingen die Machthaber des Staates und der Partei gegen die Einrichtungen der Inneren Mission vor... Entgegen der ideologischen Beeinflussung bemühte sich das Stephansstift, eine im Glauben verbundene Gemeinschaft auf der Grundlage des evangelisch-lutherischen Bekenntnisses zu sein und zu bleiben.«
Daß Vorsteher Wolff den Nationalsozialismus begrüßt und seine Diakone zur SA geschickt hatte, und daß viele Diakone des Stephansstiftes bei der SA mitmarschiert waren, verschwieg man. Statt dessen erfuhr die Leserschaft, Pastor Wolff habe das Evangelium »männlich« auszulegen vermocht – was immer das heißen mag.
Wolff hatte Ende 1960 sein Amt als Vorsteher niedergelegt. Landesbischof D. Dr. Lilje würdigte ihn: »Das Lebenswerk dieses Mannes hat eine Fülle und Reichweite aufzuweisen, die man im Rückblick nur beglückend nennen kann.« Ausdrücklich gelobt wurde auch seine »Wendigkeit in dem Erfassen neuer Situationen«. Wendig war er, 1933 wie 1945. 1964 überreicht ihm Ministerpräsident Dr. Diederichs – in Anwesenheit von Landesbischof Lilje – das Große Verdienstkreuz des Niedersächsischen Verdienstordens.
Die Festschrift enthält einen kleinen Hinweis: »Nach dem Ausscheiden von Schulrat Steinfatt übernahm 1935 Assessor Fratzscher die Leitung der Wohlfahrtspflegerschule; ihm folgte 1946 Landesrat Dr. Andreae.«
Dr. jur. Georg Andreae, ab 1934 Verwaltungsdezernent der Heil- und Pflegeanstalten in der Provinzialverwaltung Hannover, war nach dem Krieg von der Militärregierung entlassen worden. Er hatte bei der »Euthanasie«, dem Massenmord an Kranken und Behinderten, als Verwaltungsmann mitgewirkt, weil er einem »Führerbefehl« nicht widerstehen konnte. Dies war nach 1945 der geeignete Mann, die Leitung der Wohlfahrtspflegerschule zu übernehmen.[39]

4. »Heiligenstürme«
Die Entwicklung bis zum Treysaer Schuldbekenntnis

Die Deutsche Diakonenschaft war 1933, angeführt von ihren Vorstehern, ins »Dritte Reich« aufgebrochen. 1933/34 melden die insgesamt 20 Brüderhäuser, daß die Diakone, die scherzhaft »Himmelsstürmer« genannt werden, in Scharen in die SA eintreten. Einzelne Einrichtungen stellen sogar einen eigenen SA-Sturm – scherzhaft als »Heiligensturm« bezeichnet.
Mit dieser Torheit stehen sie allerdings nicht allein. Bei der »Nationalsynode« am 27. September 1933 in Wittenberg – auf der Ludwig Müller, der ehemalige Wehrkreispfarrer von Königsberg, zum ersten deutschen Reichsbischof gewählt wurde – hatte ein »Theologensturm« den Festgottesdienst verziert: Theologiestudenten des sächsischen Landesbischofs Friedrich Coch in feldgrauer Uniform, ein lila Kreuz und SS-Runen auf dem Arm und auf dem Rücken schweres Feldgepäck.[40] Und auch der katholische Theologie-Professor Karl Eschweiler hat aus Theologen der Braunsberger Universität (Ostpreußen) einen SA-Sturm gebildet.[41]
Doch keine Gruppe marschiert so geschlossen in der SA wie die Diakone. So meldet 1933 das Johannesstift in Berlin-Spandau, »daß wir uns entschlossen haben, den Brüdern, die in der theoretischen Ausbildung stehen (nicht den Brüdern im Pflege- und Erziehungsdienst), sowie den übrigen Stiftsangestellten den Eintritt in die SA zu empfehlen. Davon ist fast restlos Gebrauch gemacht worden, so daß der nächst gelegene Sturm z. Zt. 80 Leute aus dem Johannesstift umfaßt.«[42]
Im Januar 1934 heißt es in der »Monatsschrift der Moritzburger Diakone«, die Brüderhausleitung sei zu der Erkenntnis gekommen, daß der Diakon im Dritten Reich nur in engster Volksverbundenheit erfolgreich wirken könne. Deshalb seien »sämtliche« in der Ausbildung stehende Hilfsdiakone aufgefordert worden, »ihre enge Verbundenheit mit dem Staate durch *Eintritt in die SA* unter Beweis zu stellen. Dieser Erwartung haben sämtliche in Frage kommenden Brüder entsprochen; auch einige ältere Diakone haben sich angeschlossen. Es ist bereits erwogen worden, in Zukunft die Ausbildung in der SA zur Voraussetzung für die Aufnahme in das Brüderhaus zu machen.«[43]
Am 1. Februar 1934 schreibt Bruder Schmoll im »Karlshöher Brüderboten«: »Im Interesse unseres Volkes und im Zeichen der Volksverbundenheit ist es wohl durchaus nötig, grundsätzlich dem Eintritt unserer Brüder in die SA völlig zuzustimmen... Ich denke, es wird allmählich so selbstverständlich, der SA anzugehören, wie es war, Soldat zu sein.« Diakon Schmolls Argument: »Sollen wir nicht seine Boten sein auch bei der SA?«[44] Ein Karlshöher Diakon: »Es wurde ein eigener SA-Trupp gebildet mit Bruder Friedrich als Führer.«[45]

Der Appell, die Brüder in der SA marschieren zu lassen, wird allgemein befolgt. Doch nicht alle Vorsteher und Diakone tragen im nachhinein den Hamburger Beschluß, der alle Diakone zum Beitritt zu den Deutschen Christen auffordert. Ihr Protest gilt der zwangsweisen Gleichschaltung, nicht dem NS-Staat. Diese Haltung wird z. B. bei Pastor Fritz Happich deutlich. Der Vorsteher der Diakonenanstalt Hephata am 4. Dezember 1933 auf dem Hessischen Brüdertag:

»Eine Entschließung des Diakonentages habe ich sehr bedauert. Es ist die Entschließung, in der die 1000 in Hamburg versammelten Diakonen der Reichsleitung der Glaubensbewegung ›Deutsche Christen‹ ihre Treue versichern (Ich persönlich bin Mitglied der Deutschen Christen; das habe ich mit meinem Gewissen auszumachen.). Aber es geht unmöglich, in einer Massenversammlung eine solche Entschließung anzunehmen, durch die manches Gewissen vergewaltigt wird. Weiter heißt es in der Entschließung, daß sich die Diakone ›geschlossen und *vorbehaltlos*‹ der Führung der Reichsleitung unterstellen. Diese Formulierung grenzt fast schon an Gotteslästerung; denn ›vorbehaltlos‹ kann ich mich als Christ nur der Führung Gottes... unterstellen.«

Happichs Kritik am Hamburger DC-Beschluß gilt indessen nicht der Aufforderung, der SA beizutreten: »Anfang November konnten wir endlich auch das Problem *Eintritt von Ausbildungsbrüdern in die SA* lösen. Nicht möglich war, daß wir wahllos jedem jungen Bruder den Eintritt in die SA freistellen, da sich das nicht mit dem Dienst in der Anstalt verträgt. Nach Verhandlungen mit dem Sturmführer, Sturmbannführer und Standartenführer und mir vereinbarten wir, daß wir die 1. Diakonenklasse und die Erzieherschule als Berufsschulen bei der SA anmelden.«[46]

»Mit immer größerer Beklemmung fühlten wir den bolschewistischen Umsturz, das allgemeine Chaos, den völligen Zusammenbruch unseres Volkes näher und näher kommen. Da kam auf dem Höhepunkt der Gefahr... die Berufung Hitlers in das Amt des Reichskanzlers, die Bildung der nationalen Front und der Sieg der nationalen Revolution. Großes haben wir seit dem 30. Januar erlebt und wir danken Gott aus tiefster Seele. Mit ganzer Kraft stellen wir uns hinter die neue Regierung, nicht aus irgendwelchen taktischen Erwägungen, nicht als Konjunkturpolitiker, sondern aus innerster Überzeugung.«

Pastor Fritz Happich: Bericht für den außerordentlichen Brüdertag am 15. Juni 1933 in Treysa.

Auch in der Stiftung Tannenhof bei Remscheid-Lüttringhausen war im März 1933 großer Jubel ausgebrochen, als die NSDAP als Wahlsieger

bekannt wurde. Schon am Wahltag war in der Evangelischen Heil- und
Pflegeanstalt die Hakenkreuzfahne gehißt worden.[47]
Vom Brüdertag am 24. Oktober 1933 berichtet die Stiftsleitung: »Sämt-
liche Brüder ließen sich in die Deutsche Arbeitsfront eingliedern. Der
Wunsch zahlreicher Brüder nach Eintritt in die SA konnte leider nur
teilweise erfüllt werden, da die gesamte Pflegearbeit, die ja Tag- und
Nachtdienst umfaßt, nicht notleiden darf... Die meisten Brüder und
Angestellten meldeten sich auch freudig als fördernde Mitglieder der SS
an.«[48]
Besonders hervorgehoben wird eine Lehrerin, die im Unterricht die These
vertritt, Jesus sei nicht Jude, sondern Arier gewesen[49]: »Die für unser
Mutterhaus hauptamtlich angestellte Lehrerin, Frl. Rielandt, verstand es
meisterhaft, ihre Schülerinnen in die nationalsozialistischen Gedanken-
gänge einzuführen und sie für die Forderungen der Neuzeit zu erwärmen.
Wir erlaubten ihr, soweit es ihr Dienst zuläßt, sich für die Mitarbeit in den
Frauenschaften und für die NSV zur Verfügung zu stellen... Auch wurde
sie zur Leiterin der Lüttringhausener NS-Frauenschaft und zur Kreiswalte-
rin der NSV berufen. Unsere Ärztin, Frl. Dr. Christ, auch ein älteres
Parteimitglied, ist Kreisleiterin für die NS-Frauenschaften.«[50]

Der Kirchenkampf, der ab Ende 1933 die evangelische Kirche zu spalten
beginnt, macht natürlich auch vor den Toren der Diakonen-Anstalten
nicht halt. Das ändert jedoch nichts an der Tatsache, daß »nichtarische«
Diakone schon früh vor die Tür gesetzt werden. Hierzu die »Brüderhausvorsteherkonferenz« im Mai 1934: »In einzelnen Fällen hat sich bereits
die Durchführung des Arierparagraphen notwendig gemacht. Die Aufnahmebedingungen sollen künftig den Nachweis der arischen Abstammung [im Original steht: »Abstimmung«! E. K.] mit Rücksicht auf die
sich Meldenden fordern.«[51]
Eine heuchlerische Formulierung: Geht es doch nicht um Rücksicht gegenüber den »Judenchristen«, sondern um das Ansehen der Anstalten,
das von einigen getauften »Juden« befleckt werden könnte.
Das Bekenntnis zum NS-Staat verstummt nicht. Auf dem 10. Diakonentag, der vom 19. bis 26. Juni 1938 in Bethel stattfindet, bekennen die
Diakone:
»Die Deutsche Diakonenschaft hat seit jeher aus ihrer inneren Einstellung heraus den Geist der Gottlosigkeit und des Marxismus bekämpft.
Deshalb konnte sie freudig und voll bejahend 1933 den nationalen Um-
bruch begrüßen. Sie hat seitdem in allen ihren Gliederungen an dem Aufbau des Dritten Reiches mitgearbeitet, wo immer ihr dazu Gelegenheit
gegeben wurde. Es ist ihr darum nicht nur eine Pflicht, sondern auch eine
Freude, sich... erneut zum Führer und Volk zu bekennen und treue Mitarbeit beim Aufbau des großdeutschen Reiches zu geloben.«[52]

10. Deutscher Diakonentag 1938 in Bethel. Foto oben: Die Pforte der v. Bodelschwinghschen Anstalten, mit Hakenkreuz-Fahnen beflaggt. Foto unten: Festsit-
zung im »Asapheum«, dem Festsaal.

Deutsches Diakonen-Blatt

ZEITSCHRIFT FÜR MÄNNLICHE DIAKONIE

Organ der Deutschen Diakonenschaft

Einer ist euer Meister, Christus, ihr aber seid alle Brüder.

| 26. Jahrgang | April 1939 | Nr. 4 |

Heil dem Führer aller Deutschen!

1939 sind etwa 25 Prozent aller deutschen Diakone Mitglied der NSDAP. »Ein großer Prozentsatz gehört weiterhn zur SA.«[53] Doch alle NS-Bekenntnisse bringen der Diakonenschaft nichts ein. Die Zahl junger Männer, die Diakon werden wollen, geht ab 1933 kontinuierlich zurück. Einer der Gründe: Der so umworbene Staat hat die evangelische Jugendarbeit zerschlagen – und aus ihr rekrutierte sich schließlich der Diakonennachwuchs.

Die Diakone und ihre Vorsteher hatten geglaubt und gehofft, vom NS-Staat gebraucht zu werden. Doch sie hatten nur freiwillig als Steigbügelhalter gedient und damit auch ausgedient.

Die Erkenntnis kommt in aller Bitterkeit sehr spät. Am 3. und 4. September 1946 versammelt sich im hessischen Brüderhaus in Treysa die »Arbeitsgemeinschaft der Männlichen Diakonie«. Die Diakone und ihre Vorsteher treffen sich zum erstenmal nach dem verlorenen Krieg im nun geteilten Deutschland. Die Arbeitsgemeinschaft verfaßt am 4. September eine vierseitige »Erklärung zur Lage der Männlichen Diakonie«. Es ist ein Schuldbekenntnis:

»Als im September 1933 in Hamburg die Männliche Diakonie ihr 100jähriges Bestehen feierte, wurden diese Tage zum Anfang einer tiefen Zerstörung unserer Sache. Wir hörten auf die Stimme der Fremden, anstatt auf das Wort des Herrn Christus. Darum gaben wir dem Geist der weltlichen Verblendung und der kirchlichen Verwirrung Raum. Wir wählten wilde Schwärmerei für schlichten Gehorsam. Wir wollten die Größe der Welt gegen die Niedrigkeit Jesu eintauschen. So öffneten wir selber die Tore der Männlichen Diakonie für die Mächte der Zersetzung und für die Geister der Verführung.

Wir bekennen, daß diese Haltung im Jahre 1933 nicht nur falsch und taktisch unklug gewesen ist, sondern daß sie auch eine schwere Versündigung gegen Gott und seine Kirche war.

Wir bitten daher unsere Mitbrüder, mit uns gemeinsam die begangene Sünde zuzugeben und in bußfertigem Glauben den Herrn der Diakonie um Vergebung anzuflehen ... Wir bitten unsere Mitbrüder, daß auch sie der Erkenntnis dieser Tatsache Raum geben, allen eigenen und falschen Entschuldigungen entsagen und sich vom Geist Gottes strafen lassen.«[54]

Einen Monat später, am 8. Oktober 1946, faßt der Brüdertag des Hessischen Brüderhauses zu Treysa eine Entschließung. Die hessischen Diakone bekennen sich dazu, der Sünde nicht genug Widerstand geleistet zu haben, warnen jedoch:

»Die Brüderschaft des Hessischen Brüderhauses hat aber ernste und begründete Bedenken gegen den Wortlaut der Erklärung der ›Arbeitsgemeinschaft‹ vom 4. September 1946, *wenn* er über den Kreis der Glieder der Deutschen Diakonenschaft hinaus verbreitet wird. Sie bittet ihren

Die männliche Diakonie ganz im Zeichen der NS-Symbole. Bild oben: Das Kreuz ist verdrängt durch das Hakenkreuz. Bild unten: Diakone beim »Reichsberufswettkampf« 1939. Bildunterschrift im Deutschen Diakonen-Blatt, Juni 1939: »Unsere Gausieger beim Reichsentscheid in Köln.« Stehend die Prüfer Weigt und Bratke. Sitzend von links die Diakone, die Gausieger wurden. 1. Reihe: Obkricat-Berlin, Schinkel-Magdeburg, 2. Reihe: Meir-Chemnitz, Sallge-Berlin, 3. Reihe: Junginger-Wildbad, Kohlstädt-Rickling. Reichssieger wurde der Moritzburger Diakon Ernst Meier, der von Baldur v. Schirach geehrt wurde.

Vorsteher ganz dringend, dahin zu wirken, daß das verhindert wird und daß der Wortlaut der Erklärung auch nicht den Leitungen der ›Evangelischen Kirche in Deutschland‹ und der Landes- und Provinzialkirchen zugeleitet wird. Der Wortlaut der Erklärung vom 4. September 1946 muß als nur für die Glieder der Deutschen Diakonenschaft und ihrer Vorsteher bestimmt angesehen und behandelt werden.«[55]

Soweit bekannt, wurde dem Vorschlag entsprechend gehandelt. Es blieb ein internes Schuldbekenntnis. Und sicher waren die hessischen Diakone nicht ganz im Unrecht, wenn sie meinten, das Schuldbekenntnis gehe vor allem die an, die Schuld auf sich geladen, z. B. die Diakone zum Eintritt in die SA getrieben hatten. Die Diakone argwöhnten wohl, ihre Vorsteher – Pastoren – wollten ihre Verantwortung in einer Kollektivschuld-Erklärung verstecken.

Pastor Wolff, der Vorsteher des Stephansstiftes, fand einen Schuldigen. Er schrieb bereits im Februar 1946 dem ehemaligen Reichsdiakonenführer Weigt, der jenseits der Grenze im sowjetisch besetzten Teil Deutschlands von der Entwicklung im Westen abgeschnitten war:

»Nach meiner Ansicht müssen alle diejenigen, die irgendwie durch die Entwicklung der Jahre 1933–1945 belastet sind, ihren Posten zur Verfügung stellen ... Sie brauchen nicht sofort zu verzichten. Ich bin auch nicht bevollmächtigt, dies von Ihnen zu erbitten; aber ich kenne die Stimmung, die mir vorgetragen worden ist und deshalb spreche ich Ihnen offen aus, daß Sie nach meiner Ansicht und nach Ansicht vieler anderer der Sache einen Dienst tun würden, wenn Sie die Bahn dazu freimachen würden, daß wir wieder eine geistliche, kirchliche Leitung in der männlichen Diakonie bekommen.«[56]

Pastor Johannes Wolff, der die jungen Diakone bedrängt hatte, der SA beizutreten und vier seiner Diakone zu KZ-Wachmännern gemacht hatte, trat nicht zurück. Er dachte wohl gar nicht daran. So gesehen, wird die Haltung der Diakone verständlich. Sie sollten ihr Haupt bußfertig beugen, wo einer ihrer Vorgesetzten sein Haupt schon wieder stolz erhob.

»...im Gehorsam gegen Gott die Eliminierung an anderen Leibern vollziehen«
Die Kirchen im Kampf gegen die »Minderwertigen«

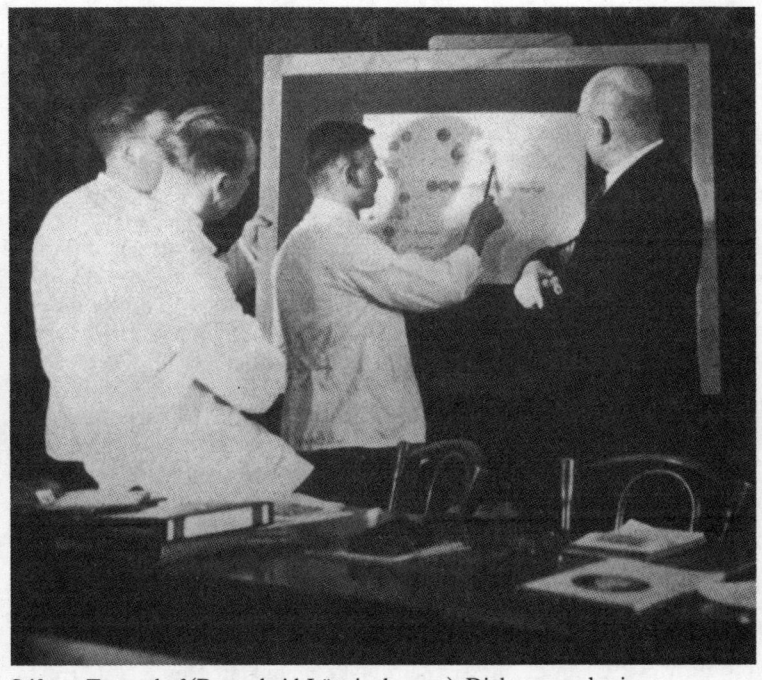

Stiftung Tannenhof (Remscheid-Lüttringhausen): Diakone werden in »Rassenkunde« unterrichtet.

1. »Warum macht man sie nicht unschädlich?«
Der evangelische Ausschuß für Rassenhygiene und Rassenpflege
vor der »Machtergreifung«

Am 29. April *1931* verschickt Hans Harmsen, Leiter des Referats Gesundheitsfürsorge beim Central-Ausschuß (CA) für die Innere Mission der Deutschen Evangelischen Kirche, eine »Einladung zur Teilnahme an der ersten Arbeitstagung der Fachkonferenz für Eugenik«. Kranke, Behinderte, Fürsorgebedürftige werden darin schlichtweg als minderwertig oder asozial abgehandelt. Das Anschreiben beginnt:
»Auf dem Gebiet der Fürsorge für Minderwertige und Asoziale tritt immer bedrohlicher das Problem des Ansteigens bzw. der stärkeren Vermehrung des minderwertigen Bevölkerungsteils gegenüber dem gesunden in Erscheinung und erfordert eine grundsätzliche Besinnung und Stellungnahme von unserer Seite. Wir brauchen nicht nur eine bevölkerungspolitische Neuorientierung unserer gesundheitsfürsorgerischen Maßnahmen..., sondern eine eugenische Neuorientierung unserer Wohlfahrtspflege. Die übertriebenen Schutzmaßnahmen für Asoziale und Minderwertige, aus einer falsch gerichteten Humanität entstanden, führen zu einer immer stärkeren Vermehrung der asozialen Bevölkerungsgruppen. Dabei wird die bisherige eugenische Wirkung unserer asylierenden Anstaltsunterbringung durch die zunehmende Auflockerung – frühzeitige Entlassung Haltloser und Minderwertiger, offene Geisteskrankenfürsorge – praktisch aufgehoben... Je stärker die wirtschaftliche Verelendung der gesunden Teile der Bevölkerung in Erscheinung tritt, um so eher gewinnen die radikalen Forderungen auf Beseitigung alles krankhaften Lebens an Bedeutung.«[1]
Die »Fachkonferenz für Eugenik« – der Name wird sich im Laufe der Jahre den politischen Umständen entsprechend wandeln – tagt vom 18. bis 20. Mai 1931 in der hessischen Diakonenanstalt Hephata in Treysa. Acht Ärzte und zehn Anstaltsleiter sind der Einladung gefolgt. Die Teilnehmer vereinbaren strenge Vertraulichkeit.[2]
Die Notwendigkeit, über Verhinderung oder Beseitigung »krankhaften Lebens« zu diskutieren, begründet Direktor Karl Todt von der Anstalt Scheuern: »Den Eltern und Besuchern unserer Anstalten gegenüber haben wir es nötig, eine klare Stellungnahme zum Ausdruck zu bringen. ›Warum läßt man die leben? Warum entläßt man sie nicht? Warum macht man sie nicht unschädlich?‹ Diesen Fragen gegenüber müssen wir vorbereitet sein.«
In der Diskussion »über Vernichtung lebensunwerten Lebens« (so der Protokolltext) meint Harmsen: »Könnten wir eine Kommission anerkennen, die über das Leben von Menschen zu entscheiden hätte? Dem Staat geben wir das Recht, Menschenleben zu vernichten – Verbrecher und im

Kriege. Weshalb verwehren wir ihm das Recht zur Vernichtung der lästigsten Existenzen?«

Das Protokoll enthält keinen Hinweis, daß einer der zehn Anstaltsleiter eine solche Frage unter Christenmenschen für gotteslästerlich hält. Direktor Todt, Scheuern, sieht das Problem ganz praktisch: »Selbstverständlich hängt die Ausführung vom Einverständnis der Eltern ab... Niemals würden die betreffenden Eltern ja sagen.« Der Grund: »Viele hängen an diesen Schwachen ganz besonders, auch in den ärmsten Familien.«

Carl Schneider, Chefarzt der v. Bodelschwinghschen Anstalten in Bethel, spricht sich gegen die Vernichtung aus. Er gibt zu bedenken: »Muß dabei ein Arzt verpflichtet sein, ein solches Todesurteil zu vollziehen, oder muß der Staat es auf sich nehmen, den Arzt zu zwingen, oder ist der Staat bereit, einen besonderen Henkersstand zu schaffen, der diese Dinge ausführt? Dies müßte man den öffentlichen Stellen energisch vorhalten. Es würde heißen, daß man einen Teil der Ärzte zwangsweise damit betrauen müßte. Der ärztliche Beruf wäre dann nicht nur ein Helfer-, sondern auch Henkerstand.«

Neun Jahre später wird Schneider – als Professor an der Uniklinik in Heidelberg – freiwillig dem Henkersstand angehören: Er wird als Gutachter bei der »Vernichtung lebensunwerten Lebens« mitmachen und die Opfer vor der medizinischen Hinrichtung noch qualvollen Untersuchungen aussetzen (»Euthanasieforschung«).[3]

In der Treysaer Diskussionsrunde nimmt immer wieder der Vertreter des Centralausschusses gegen die Pfleglinge der Inneren Mission Partei. Es sei fraglich, meint Harmsen, ob »wir mit einem ungeheuren Kostenaufwand die Lebenswahrscheinlichkeit der in unseren Anstalten befindlichen Pfleglinge über das Maß der freien Außenwelt zu kultivieren haben«. Und er fügt hinzu: »Die Sterblichkeit in unseren Anstalten ist wesentlich günstiger (!) als draußen.«

Ein Vertreter der Inneren Mission, der sich mit der günstigen Sterblichkeit der Pfleglinge brüstet, und Anstaltsleiter, die jammern, die Behinderten hätten zu gute Pflege, das ist das traurige Bild der Treysaer Diskussion.

Dr. Albert Gmelin von den Anstalten in Stetten: »Nach Grippe tritt häufig Lungenentzündung und eitrige Rippenfellentzündung auf. In solchen Fällen ist uns die Entscheidung übertragen, was wir mit dem Kranken machen. Wir fragen uns, ist es ein Kranker, der so blöde ist, daß es sich nicht lohnt, ihn zu operieren, oder daß er noch soviel Freude am Leben hat, daß man sein Leben erhalten möchte? Sollte man die Entscheidung nicht danach treffen können?«

Pastor Richter von den Neinstedter Anstalten hatte schon vorher vorgetragen: »Bei uns war ein Junge mit Darmreizung. Der Arzt hielt die Ope-

ration für notwendig, er kam also ins nächste Krankenhaus. Die Für-
sorgeerziehungsbehörde trägt in diesem Fall die Kosten. Wäre es einer
von den anderen Pfleglingen, z. B. von den Idioten, gewesen, dann
hätten wir die Kosten tragen müssen, und ich würde mir die Überwei-
sung sehr überlegt haben. Die Aufbringung der Kosten in solcher
Höhe weist da vielleicht auf die Antwort hin, ob sie berechtigt sind
oder nicht.«

Pastor Lensch von den Alsterdorfer Anstalten in Hamburg: »Wenn der
Arzt rein individuell helfen soll, so ist das Problem: Hat der Arzt nur die
Verpflichtung dem Individuum gegenüber oder dem Volk? Also man
müßte Staatsärzte anstellen, die die Interessen des Staates wahrnehmen
und gegen den individuellen Arzt Entscheidungen treffen. Staatliche
Stellen oder Ärzte müssen die nicht leichte Last auf sich nehmen, in diesen Fällen zu entscheiden.«

Harmsen darauf: »Würde nicht schon dadurch die Frage gelöst sein, daß
wir für diese ganzen Gruppen auf ärztliche Hilfe verzichten?«

Pastor Friedrich v. Bodelschwingh, Leiter der größten deutschen Anstalt,
greift den Gedanken auf:»Mit großem inneren Zagen stehe ich vor dieser
Frage. Ein Rezept für die Lösung wird sich nicht ergeben. Ich würde mich
auf den Grundsatz stellen, die uns zur Verfügung stehenden Mittel ohne
Unterschied und ohne Taxierung von wert oder unwert anzuwenden.
Aber wir haben die Grenzen der zur Verfügung stehenden Mittel zu
beachten. Ich werde, wenn die Mittel zur Verfügung stehen, prüfen, ob
ich einen Chirurgen anstellen kann. Dadurch kann man Kranken das
Leben erhalten. Da wird man nach vorhandenen Mitteln tun, was möglich ist... Man wird das Leben eines Kindes nicht um jeden Preis er-
zwingen, da man oft erlebt, wie es zu einem Fluch für die Eltern und das
Kind selbst sich auswirkt. Man wird auch die naturgegebenen Schranken
als von Gott gegeben ansehen und sie nicht in jedem Fall überspringen
wollen.«

Am Ende der Diskussion meldet sich Pastor Sommerer von den Neuendettelsauer Anstalten mit einem Beispiel: »Ein Kind war schwer krank.
Der Arzt gab es auf, die Mutter betete darum, und es wurde gesund. 10
Jahre später kam der Junge auf die Laufbahn des Verbrechers. Wir müssen auf dem Gebiet der natürlichen Gottesordnung nicht immer meinen,
eingreifen zu müssen. Ich verstehe vollkommen, daß ein Arzt so handeln
muß. Die Lösung liegt vielleicht in der Richtung, Patienten in Anstalten
ohne Ärzte zu legen.«

Die Geschichte ist etwas wirr stenografiert. Vielleicht hat es dem Stenographen die Sprache verschlagen, daß auf dem Gebet einer Mutter soviel
Unsegen liegen soll, und daß Ärzte und Pastoren der Inneren Mission sich
so heillose Gedanken machen, dem Sterben ihrer Pfleglinge nachzuhel-
fen. 1931, zwei Jahre vor den Nazis.

Am nächsten Tag, dem 19. Mai 1931, steht die Sterilisation auf dem Ta-
gungsprogramm. Das Eröffnungsreferat hält Dr. Otmar v. Verschuer
vom Kaiser-Wilhelm-Institut für Anthropologie in Berlin. Verschuers be-
kanntester Assistent wurde später Dr. Josef Mengele, der in Auschwitz
Zwillinge und »Zwerge« (Kleinwüchsige) mit Menschenversuchen fol-
terte und die Augen der Getöteten an das Berliner Institut schickte.[4] Ein
Zeitgenosse hat Verschuer so beschrieben: »Er war eine gläubige Natur... So glaubte er an Gott und dessen Statthalter, den Führer.«[5]
Im Jahre 1931 befürwortet Verschuer in seinem Vortrag »Die gegenwärtigen erbbiologischen Grundlagen für die Beurteilung der Unfruchtbarmachung« die *freiwillige* Sterilisierung – aus Nächstenliebe: »Es wird von
uns als Christen, dem Vorbild unseres Meisters folgend, verlangt, daß wir
bereit sind, unser Leben zu opfern im Dienst der Nächstenliebe. Die
Nächstenliebe dehnt sich aus auf die Kinder, die geboren werden. Wir
sind deshalb verpflichtet, den Kreis der Menschen auszudehnen auf die
noch nicht Geborenen, und ich halte es für berechtigt, von Menschen ein
geringeres Opfer zu verlangen, als Opferung des Lebens, nämlich auf
Nachkommenschaft zu verzichten, aus Liebe für die Kinder, die als krank
zu erwarten sind, so daß aus christlicher Nächstenliebe heraus die Sterilisierung als gerechtfertigt angesehen werden muß.«
Der Haken bei dieser biblischen Begründung rassenhygienischer Maßnahmen: Der »erbkranke« Nächste wird nicht geliebt, sondern geopfert.
Das zweite Referat hält Carl Schneider, der später der »Vernichtung lebensunwerten Lebens« zuarbeiten wird. 1931, in Treysa, äußert er sich
eher skeptisch: »Die Sterilisierung wird Mode ohne klare Unterlagen.«
Schneider bezweifelt, »ob wir auf diesem Wege die Schizophrenie-Er-
krankungen der Durchschnittsbevölkerung wesentlich vermindern. Eine
völkische Zielsetzung würde doch nur Sinn haben, wenn wir die Erbgesundheit unseres Volkes bessern können. Das ist mir zweifelhaft.« Im
Gegenteil: Bei Manisch-Depressiven werde »ein so hohes Maß sozialer
Tüchtigkeit vererbt«, daß es unmöglich sei, »aus rein medizinischen Ge-
sichtspunkten zu sterilisieren«. Schneiders Urteil: »Wir wissen darüber
nichts, folgern nur aus Versuchen mit Tieren und Pflanzen.«
Der Betheler Chefarzt hält es für einen Irrtum zu glauben, das biologisch
Wertvolle sei auch das geistig Wertvolle. Die Behauptung, die Zahl der
Minderwertigen nehme zu, sei unerwiesen: »Ich will nicht der Tatenlosig-
keit das Wort reden, aber solche Eingriffe wie die Sterilisierung sind für
das Handeln im Einzelfall vielleicht zulässig, aber im allgemeinen abzu-
lehnen.«
Obgleich Schneider in der folgenden Diskussion nochmals warnend ein-
greift und von Verschuer unterstützt wird (»Über die Ursache der Erb-
krankheiten wissen wir so gut wie nichts«), sind vor allem die Pastoren

fürs Sterilisieren. So meint z. B. Bodelschwingh (zitiert wird buchstaben-
getreu aus dem Protokoll):
»Im Dienst des Königreichs Gottes haben wir unseren Leib bekommen... ›Das Auge, das mich zum Bösen führt usw.‹[6] zeigt, daß die von
Gott gegebenen Funktionen des Leibes in absolutem Gehorsam zu stehen
haben, wenn sie zum Bösen führen und zur Zerstörung des Königreiches
Gottes in diesem oder jenem Glied, daß dann die Möglichkeit oder Pflicht
besteht, daß eine Eliminierung stattfindet. Deshalb würde es mich ängst-
lich stimmen, wenn die Sterilisierung nur aus einer Notlage heraus anerkannt würde. Ich möchte es als Pflicht und mit dem Willen Jesu konform
ansehen. Ich würde den Mut haben, vorausgesetzt, daß alle Bedingungen
gegeben und Schranken gezogen sind, hier im Gehorsam gegen Gott die
Eliminierung an anderen Leibern zu vollziehen, wenn ich für diesen Leib
verantwortlich bin.«
Harmsen und Bodelschwingh setzen sich in Treysa durch. In einer Ab-
schlußerklärung lehnt die Fachkonferenz die »Vernichtung lebensunwerten Lebens« »mit allem Nachdruck« ab. Ein Hintertürchen läßt man sich
freilich offen: »Die künstliche Fortschleppung erlöschenden Lebens kann
aber ebenso ein Eingriff in den göttlichen Schöpferwillen sein wie die
Euthanasie.«
Zwei Jahre vor den Nazis fordern evangelische Ärzte und Pfarrer die Sterilisierung: »Träger erblicher Anlagen, die Ursache sozialer (!) Minder-
wertigkeit und Fürsorgebedürftigkeit sind, sollten tunlichst von der Fortpflanzung ausgeschlossen werden.«[7]

Die letzte Tagung vor der »Machtergreifung« findet am 24. November
1932 in Berlin statt. Die evangelischen Erbgesundheitsapostel tagen diesmal unter dem Firmenschild »Ständiger Ausschuß für eugenetische Fragen«. Hans Harmsen, der die Anstalten der Inneren Mission zu »Zentren
der biologischen Sanierung« machen möchte,[8] trägt »Leitsätze« vor. Titel
seines Vortrags: »Die Notwendigkeit eugenetischer Maßnahmen, ihre
Grenzen und Möglichkeiten.«[9]
Harmsen schließt nicht aus, daß »auch körperlich und geistig Gebrech-
liche sittlich und sozial hochwertige Menschen sein können«. Die »Vernichtung lebensunwerten Lebens« lehnt er ab. Doch ansonsten marschiert er gedanklich schon vor der »Machtergreifung« in den Reihen der
Nationalsozialisten: Er meint, die aus »gesunden Instinkten aufbre-
chende Ablehnung einer überspannten Fürsorge« richte sich deutlich
»gegen ein Christentum, das bewußt das Gesunde, Kraftvolle und Natür-
liche ablehnt, den nationalen Geist und den Willen der Selbstbehauptung
zerstört (Pazifismus, Kriegsdienstweigerung) und im wesentlichen nur
die Pflege des Kranken, Elenden und Lebensunwerten zum Inhalt
hat«.

Harmsen: »Die fortschreitenden Erkenntnisse der Vererbungswissenschaft erneuern das Wissen von der ›natürlichen Ungleichartigkeit der Menschen‹.«

Solche Vertreter der Inneren Mission müssen von den Nationalsozialisten nicht gleichgeschaltet werden. Sie sind – was ihr rassenideologisches Gedankengebäude angeht – bereits gleichgeschaltet.

2. »Vaterländisches Opfer«
Das Sterilisierungsgesetz

Am 14. Juli 1933 wird das »Gesetz zur Verhütung erbkranken Nachwuchses« verkündet. Es soll mit Beginn des Jahres 1934 in Kraft treten. Unter das Gesetz fallen vor allem Schwachsinnige (wozu auch politische Gegner gerechnet werden), psychisch Kranke, Epileptiker, Blinde und Taube, Menschen mit schweren Körperbehinderungen sowie Alkoholiker. Etwa 400 000 Menschen werden dem Gesetz bis 1945 zum Opfer fallen.

Wenige Wochen nach Verkündung des Sterilisierungsgesetzes, am 10. August 1933, trifft sich der Ausschuß für eugenetische Fragen. Nun, da das Gesetz da ist, das man herbeigeredet hat, gibt es zunächst lange Gesichter: Alle im Gesetz genannten Behinderten sind zwangsweise zu sterilisieren. Im Tagungs-Protokoll heißt es deshalb:

»In *keinem Fall* sollte die zwangsweise Durchführung der Unfruchtbarmachung erfolgen, ehe nicht alle Wege erschöpft sind, die diesen zwangsweisen Eingriff zu vermeiden geeignet sind.« Die Tagungsteilnehmer – unter ihnen Professor Verschuer – bitten, »*für alle Fälle einer zwangsweisen* Vornahme des Eingriffs evangelische Anstalten der Kirche oder Inneren Mission nicht zu benutzen. Die Durchführung eines solchen Verfahrens wird wohl in der Regel nur in Staats- und Polizeikrankenhäusern vorgenommen werden können.«[10]

Am 6. November 1933 versammeln sich die Fachmänner der Inneren Mission zu einem weiteren Treffen. Sie nennen sich nun zeitgemäß »Ständiger Ausschuß für Fragen der Rassenhygiene und Rassenpflege«.[11] Der Direktor des CA der Inneren Mission, Horst Schirmacher, eröffnet die Tagung. Man müsse der Kirche »die Waffen geben für den Kampf um die Reinheit des Evangeliums und auch für den Kampf zum Wohl des deutschen Volkes«. Der Inneren Mission komme dabei die »Aufgabe des Wächters auf der Zinne« zu.

Diskutiert werden die Sterilisierung und die »Euthanasie«.

Superintendent Klaer von den Pfeifferschen Anstalten in Magdeburg-Cracau glaubt noch daran, »dem Dritten Reich einen ungeheuren Dienst« tun zu können, wenn man ihn vorm Abgleiten in den Materialismus warne: »Hier liegt nämlich eine ungeheure Gefahr für den National-

sozialismus vor, das Abgleiten in den Materialismus; das nimmt ihm einen
großen Teil seiner inneren Kraft. Wir müssen ihn darin bestärken..., daß
er nicht aus fiskalischen Gründen Gesetze macht.«
Die Versammlung wirkt hilflos. Den Teilnehmern ist klar, daß mit der
Verkündung des Sterilisierungsgesetzes der Weg zur »Vernichtung lebensunwerten Lebens« beschritten ist. Helmuth Schreiner, zuvor Leiter
des Berliner Johannesstiftes und nun Professor für praktische Theologie
in Rostock: »Wie wollen wir das begründen, daß durch Euthanasie und
Vernichtung lebensunwerten Lebens dem Volk geschadet wird?«
Pastor Paul Werner von der Stiftung Tannenhof, Remscheid-Lüttring-
hausen: »Es wird schwer sein, die betreffenden Stellen zu überzeugen,
daß sie einen Weg gehen, der für das Volk schädlich ist.«
Pastor Staats vom Evangelischen Verein für Innere Mission im Lande
Braunschweig: »Wir schaffen Verwirrung der Gefühle, wenn ein Kranker
in die Anstalt eingeliefert wird und wir ihn als Leiche zurückgeben.«
Pastor Behr vom Thüringischen Marienstift Arnstadt: »Ich möchte die
Regierung ernstlich bitten, solche weiteren Gedanken zurückzuhalten.
Was sollen die Diakonissen machen, wenn der Patient denkt, er wird jeden Augenblick vergiftet.«
Pastor Werner berichtet von der Beunruhigung der Bewohner seiner eigenen Anstalt. Dem Stenographen muß es wieder mal die Sprache verschlagen haben, denn er protokolliert: »...Wenn Sie wüßten, wie unsere Kranken in Unruhe geraten würden im Zusammenhang mit den Maßnahmen
gegen Nicht-Arier, als sie wußten, daß unsere Ärzte sich zum Nationalsozialismus bekannten.«
Pastor Klaer: »Bei einer früheren Reichstagswahl wurde von seiten der
Sozialdemokraten gesagt, ›wenn der Nationalsozialismus ans Ruder
kommt, dann werdet ihr alle umgebracht‹. Das gab solchen Aufruhr, daß
der Schaden kaum wieder zu reparieren war. Wie soll das werden, wenn
nun tatsächlich ein solches Gesetz kommt.«
Nun meint Schirmacher, NSDAP-Mitglied, Deutscher Christ und Direktor des CA, beruhigend eingreifen zu müssen: »Nach dem neuen Gesetz
über Erbgesundheit, Gesundheitszeugnisse usw. unter Zuhilfenahme des
Sterilisierungsgesetzes ist es zu erwarten, daß solch unwertes Leben überhaupt nicht mehr vorkommen kann. In der zweiten Generation kann der
Überstrom an solchem Leben richtig eingedämmt werden. Wir haben
hier nur ein Übergangsstadium.«
Daraufhin melden sich noch einmal die skeptisch Eingestellten zu Wort.
Dr. Anthes von der Heilerziehungs- und Pflegeanstalt Scheuern: »Die
Ungewißheit, ob der Staat etwas vorhat, sollte uns ermuntern, uns recht-
zeitig zu melden, damit solche Pläne verschwinden, bevor Unheil ange-
richtet wird.«
Pfarrer Dietrich aus Bethel: »Über die Aufgabe der Kirche im gegenwär-

tigen Stadium ist zu sagen: Ihr wißt verzweifelt wenig. Zieht nicht Schlüsse, die hinterher viel mehr verderben als nützen.«

Pastor Sommerer aus Neuendettelsau: »Gerade von den Predigerseminaren habe ich oft die Frage gehört, warum man diese Leute am Leben hält.« Sommerers Fazit: Das Verantwortungsgefühl »bröckelt schon ab«.

Dr. Depuhl vom Evangelischen Landeswohlfahrtsdienst Hannover: »Bei akuten Notständen, z. B. im Krieg oder beim Boykott des Auslandes hat der Staat dann unter Umständen das Recht, an uns bestimmte Forderungen zu stellen. Wird dann die Theologie standhalten und sagen: Das Volk muß seine Alten und Schwachsinnigen ernähren, auch wenn es etwas früher dabei kaputt geht.« Depuhl am Ende seines Votums: »Ich möchte nicht erleben, daß wir jetzt sagen: nein, nein und hinterher eine tadellose theologische Begründung kommt. Ich möchte wissen, ob da der Punkt ist, wo auf jeden Fall nein gesagt wird.«

Depuhls Skepsis ist berechtigt. Die evangelische Kirche wird nie den Punkt finden, wo auf jeden Fall nein gesagt wird, selbst dann nicht, als man die eigenen Schützlinge in die Vergasungs-Anstalten abtransportiert.

Die Teilnehmer der November-Tagung 1933 sind verstört, daß sie die (freiwillige) Sterilisierung gefordert und nun vom NS-Staat als unerbittliche Zwangsmaßnahme die Massensterilisierung bekommen haben. Sie begreifen aber nicht, daß sie selbst es waren, die ihre »Pfleglinge« ständig als minderwertig und lebensunwert verunglimpft hatten. Doch die kritischen Fragen werden bald verdrängt.

Die Männer der Inneren Mission wenden sich der Praxis zu, der Sterilisierungspraxis: Am 13. Juli 1934 tauscht der ständige Ausschuß erste Erfahrungen mit der Sterilisation aus.[12] Dr. Behnsen von den Ricklinger Anstalten: »Wir haben schon eine Reihe von Mädchen sterilisiert. Ein halbes Dutzend schon vor dem Gesetz.« Vorbildlich sei die persönliche Einwirkung der Schwestern: »Sie haben den Mädchen vorgestellt, seht mal, ihr seid nun hier, dasselbe Unglück werden wahrscheinlich eure Kinder haben, und ihr wißt, daß ihr haltlos seid.«

Pfarrer Sommerer aus Neuendettelsau: »Bei uns in Bayern ist noch alles in Vorbereitung.« Der Grund, warum die Behörden keine Eile haben: »Man weiß, daß bei uns keiner aus den Anstalten herauskommt.«

Kritisches weiß allerdings Harmsen aus Berlin: »Bei uns sind die Zustände schwierig, bei den Anträgen, die von städtischen Behörden gestellt werden.« Man habe »reihenweise, nur weil der Mann räsoniert hat, die Leute zur Anzeige gebracht. Bei uns z. B. eine ganze Straße.«

Einen großen Auftritt hat der neue Chefarzt von Bethel, Prof. Werner Villinger: »Von den rund 3000 Pfleglingen in Bethel haben wir etwa 1700 zur Anzeige gebracht.« Das bedeute aber nicht, daß auch alle sterilisiert werden, »weil viele Dauerpatienten sind, die verwahrt bleiben«. Die einzige Möglichkeit, der Sterilisierung zu entgehen, ist kaum weniger unmenschlich als die Verstümmelung: Die Menschen müssen in einer geschlossenen Anstalt ständig verwahrt bleiben.

Villinger berichtet, daß in Bethel die Patienten propagandistisch auf ihre Sterilisierung vorbereitet werden. In der Bethel-Zeitung »Aufwärts« seien »entsprechende Artikel erschienen. Das hat ganz günstig den Boden gelockert.« Man macht den Opfern weis, bei der Operation handele es sich um ein »vaterländisches Opfer«. Auch Ausländer, die ein vaterländisches Opfer allerdings nicht bringen können, werden sterilisiert. Villinger: »Wir haben im einen Fall eine Ausnahme gemacht, ein österreichischer Junge aus Braunau, dem Geburtsort Hitlers... Die übrigen haben wir so behandelt wie die Inländer.«

Villinger hat eine Sorge: »Kollegen haben uns verdächtigt und gesagt, Bethel sabotiert natürlich das Gesetz. Dagegen habe ich mich zur Wehr gesetzt.« Der Betheler Sterilisierungs-Alltag belegt, daß er recht hat: »Unser Krankenhaus kann zur Zeit mit den Sterilisierungen nicht ganz nachkommen. Wir haben nur einmal in der Woche Sterilisierungstag, wo nur eine beschränkte Zahl erledigt werden kann. Es geht dann auf Hauen und Stechen.«

Am 16. November 1934 tagt der »Ständige Ausschuß für Fragen der Rassenhygiene und Rassenpflege« in Berlin.[13] Ein Tagungsordnungspunkt betrifft »die Durchführung des Gesetzes bei Schwestern«. Pfarrer Paul Werner von der Anstalt Tannenhof berühren die Ängste seiner Diakonissen nicht. Völlig ungerührt berichtet er:

»Man muß vielleicht etwas taktvoll vorgehen, aber ich glaube, die Schwesternschaft wird verstehen, daß diese sich unterordnen müssen. Ich habe nicht das geringste Bedenken gegen die Durchführung der Sterilisierung bei den Schwestern. Wir schicken unsere Patienten doch auf Spaziergänge. Wenn einer durchbrennt und sich sittlich vergeht, tragen wir die volle Verantwortung. Wir sind sogar strafrechtlich verantwortlich. Das ist ebenso bei den Schwestern. Wenn sie geisteskrank sind, kann alles mögliche passieren, gerade wenn man ihnen wieder eine gewisse Freiheit gibt... Ist die Schwester etwas anormal geworden, so sind die sittlichen Gefahren groß. Am schlimmsten empfinden sie es, wenn wir ihnen die Tracht wegnehmen müssen. Wenn sie asozial werden, müssen wir auch das durchführen. Das ist eine furchtbare Prozedur, fast so schlimm, wie wenn man einem Offizier die Epauletten [Schulterstück mit Rangabzeichen an Uniformen, E. K.] wegnimmt. Da ist die Sterilisierung gar nicht so schlimm, zumal die Schwestern sich zur Ehelosigkeit und Keuschheit verpflichtet haben.«

Ein Wort an die erbkranken evangelischen Taubstummen.

Die Obrigkeit hat befohlen: Wer erbkrank ist, soll in Zukunft keine Kinder mehr bekommen. Denn unser deutsches Vaterland braucht gesunde und tüchtige Menschen.

Viele Menschen haben von Geburt an ein schweres Gebrechen oder Leiden. Die einen haben keine gesunden Hände, Arme oder Füße. Die anderen sind am Geiste so schwach, daß sie die Schule nicht besuchen konnten. Wieder andere sind blind. — Und Du selbst, lieber Freund, leidest an Taubheit. Wie schwer ist das doch! Du bist oft traurig darüber. Du hast wohl oft gefragt: „Warum muß ich taub sein?" Und wie traurig sind wohl auch Deine Eltern gewesen, als sie merkten, daß Du nicht hören konntest!

Es gibt taubstumme Kinder, deren Vater oder Mutter auch taubstumm ist. Es gibt auch Taubstumme, deren Großeltern ebenfalls taubstumm waren. Sie haben das Gebrechen erbt. Sie sind erbkrank.

Zu diesen Menschen sagt die Obrigkeit: Du darfst Dein Gebrechen nicht noch weiter auf Kinder oder Großkinder vererben; Du mußt ohne Kinder bleiben.

Wenn Du an ererbter Taubheit leidest, bekommst Du wohl eine Vorladung vor das Erbgesundheitsgericht. Da geht es um die Frage, ob Du auch niemals Kinder haben sollst. — Vor allem eins: Nichtwahr, Du wirst die Wahrheit sagen, wenn Du gefragt wirst. Denn so will es Gott von Dir! Du wirst die Wahrheit sagen auch dann, wenn das unangenehm ist.

Vielleicht bestimmt das Erbgesundheitsgericht: Du sollst durch eine Operation unfruchtbar gemacht werden. Du wirst traurig. Du denkst: „Das möchte ich nicht. Ich möchte heiraten und Kinder haben. Denn ich habe Kinder lieb." Aber nun überlege einmal: Möchtest Du schuld daran sein, daß die Taubheit noch weiter vererbt wird? Würdest Du nicht sehr traurig werden, wenn Du sehen müßtest, daß Deine Kinder oder Enkelkinder auch wieder taub sind? Müßtest Du Dir dann nicht selber schwere Vorwürfe machen? Nein, das möchtest Du doch wohl nicht. Die Verantwortung ist zu groß.

Sieh, da will die Obrigkeit Dir helfen. Sie will Dich bewahren vor Vererbung Deines Gebrechens.

Aber, sagst Du, unangenehm, sehr unangenehm ist das doch. Denn die Menschen klatschen darüber, wenn ich unfruchtbar gemacht bin. Sie verachten mich. — Nein, so mußt Du nicht denken. Die Obrigkeit hat befohlen: Niemand darf über die Unfruchtbarmachung sprechen. Du selbst auch nicht. Merke wohl: Du darfst zu keinem Menschen darüber sprechen! Auch deine Angehörigen nicht! Und der Arzt, der Richter, sie alle müssen darüber schweigen!

Gehorche der Obrigkeit! Gehorche ihr auch, wenn es Dir schwer wird! Denke an die Zukunft Deines Volkes und bringe ihr dieses Opfer, das von Dir gefordert wird! Vertraue auf Gott und vergiß nicht das Bibelwort: „Wir wissen, daß denen, die Gott lieben, alle Dinge zum Besten dienen."

Reichsverband
der evang. Taubst.-Seelsorger Deutschlands.

Pfarrer Werner merkt in seiner Gefühlskälte nicht, daß es nicht die Operation ist, die die Opfer in erster Linie ängstigt, sondern die Degradierung vom Menschen zum sozialen »Ausschuß«. Sogar Harmsen nimmt Werners Ausführungen »sehr verwundert« zur Kenntnis. Und Villinger berichtet von einem »melancholischen Pfarrer, der in der Rekonvaleszenz sterilisiert werden soll, sich aber aus Gewissensgründen weigert. Er sagt . . . es ist für mich eine Entwürdigung. Ich lehne auch sonst das Gesetz ab, erspart mir dieses. Wir sind bisher innerlich nicht zu einem Entschluß gekommen.«

Während die »einfachen« erbkranken Christen mit Eifer erfaßt, angezeigt und sterilisiert werden, erwirkt der CA der Inneren Mission für die Diakonie eine Sonderregelung (ebenso der Caritasverband für Priester und Ordenspersonen). In einem Rundschreiben der »Auskunftsstelle des Central-Ausschusses für Innere Mission betr. Gesetz zur Verhütung erbkranken Nachwuchses« heißt es [14] »vertraulich«:

»Mit besonderer Dankbarkeit können wir Ihnen heute von einer Regelung Kenntnis geben, die seitens des Herrn *Reichs- und Preußischen Ministers des Innern* im Hinblick auf die *Mutterhausdiakonie* ergangen ist.

Gesetz zur Verhütung erbkranken Nachwuchses;
Regelung für Mutterhausschwestern,
katholische Priester und Ordenspersonen

Der Herr *Reichs- und Preußische Minister des Innern* hat unter dem 6. Februar 1935 (Nr. IV f 218/1079) folgenden Erlaß an die Landesregierungen, die Herren Ober- und Regierungspräsidenten und die Herren Kreisärzte herausgegeben:
Der *Centralausschuß für die Innere Mission der Deutschen Evangelischen Kirche* hat darum gebeten, daß in den Fällen, in denen ein Verfahren auf Unfruchtbarmachung gegen Mutterhausschwestern anhängig wird, von den beamteten Ärzten zunächst der Mutterhausvorstand hiervon in Kenntnis gesetzt wird. Der Mutterhausvorstand werde alsdann entweder die Unterbringung in einer geschlossenen Anstalt veranlassen oder für die freiwillige Asylierung etwa in der Form sorgen, daß die Schwestern in einer geschlossenen Anstalt beschäftigt werden. Vom Präsidenten des *Deutschen Caritasverbandes* ist für Priester und Ordenspersonen, die ein Keuschheitsgelübde abgelegt haben, ein ähnliches Verfahren gewünscht worden. Es solle in diesen Fällen der Bischof bzw. Ordensobere von dem beamteten Arzt benachrichtigt werden. Auf Grund des besonderen engen Verhältnisses, in dem die genannten Personen zu dem Mutterhausvorstand bzw. dem Bischof und ihrem Ordensoberen stehen, halte ich durch eine solche Mitteilung eine unbefugte Verletzung der ärztlichen Schweigepflicht nicht für gegeben. Ich ersuche daher, in solchen Fällen entsprechend zu verfahren. Die beamteten Ärzte werden die Mutter-

hausvorstände, Bischöfe und Ordensoberen um Mitteilung zu ersuchen
haben, in welche geschlossene Anstalt der Erbkranke aufgenommen worden ist. Der für die Anstalt zuständige Amtsarzt ist alsdann von der Aufnahme in Kenntnis zu setzen. Er hat sich davon zu überzeugen, daß die
Anstalt für ein Unterbleiben der Fortpflanzung volle Gewähr bietet, und
hat, wenn in dieser Beziehung keine Bedenken bestehen, dem Vorstand
der Anstalt die Innehaltung der im Art. 1 Abs. 2 der Verordnung vom
5. Dezember 1933 gegebenen Vorschriften zur besonderen Pflicht zu machen. Die vorschriftsmäßige Unterbringung ist von dem zuständigen
Amtsarzt im Benehmen mit der Ortspolizeibehörde laufend zu über-
wachen. Über jede derartige Unterbringung ist außer der zuständigen
Ortspolizeibehörde auf dem Verwaltungswege auch mir zu berichten.
Amtsarzt und Ortspolizeibehörde haben über diese Unterbringungsfälle
besondere Listen zu führen.‹«

Während sonst die Sterilisierung der »Minderwertigen« gepredigt wird,
wird der eigene Stand in Schutz genommen. Ein Beispiel: Am 7. März
1936 soll in Nürnberg vor dem Erbgesundheitsgericht in zweiter Instanz
die Sterilisierung eines bayerischen Pfarrers verhandelt werden. Am
20. Februar schreibt der Evangelisch-Lutherische Landeskirchenrat in
München dem Verteidiger des Pfarrers. Dem Schreiben zufolge hatte der
Pfarrer drei Jahre zuvor eine »besonders schwere Nervendepression«.
Dies lasse es aber kaum verständlich erscheinen, »daß aus seinem damaligen Verhalten solch schwerwiegende Folgerungen wie die Verurteilung
zur Unfruchtbarmachung gezogen werden sollen. Ein solches Urteil
müßte ihn wohl aufs neue in schlimmste Depressionen zurückwerfen und
vieles, wenn nicht alles, zerstören, was in den letzten 3 Jahren sich so
erfreulich in ihm neu entfaltet hat.«
Nach dem Persönlichkeitsbild des Pfarrers seien die Voraussetzungen für
eine so einschneidende Maßnahme nicht gegeben: »Wir fürchten davon
im Gegenteil eine neue, vielleicht vernichtende Erschütterung der Persönlichkeit... Wir müssen es auch für verhängnisvoll ansehen, wenn in
eine innere Entwicklung, die unter den Kräften des Gebetes, des Wortes
Gottes und des hl. Geistes steht, auf Grund einer medizinischen Indika-
tion von außen eingegriffen wird. Wir geben endlich zu bedenken, daß
sich die geplante Maßnahme bei einem geistig hochstehenden und cha-
raktervollen Menschen wie Pfarrer... ganz anders auswirken muß als bei
irgend einem Schwachsinnigen oder Hemmungslosen.«[15]
Während das bayerische Landeskirchenamt 1936 einen Pfarrer vor der
Sterilisierung zu bewahren sucht, fordert Medizinalrat Dr. Buurmann in
der Zeitschrift »Die Diakonisse« die Pfarrer auf, die Unfruchtbarmachung den Betroffenen als eine Maßnahme des Erbarmens beizubringen.
Die Seelsorger sollten sich nicht zum Anwalt ihrer erbkranken Seelsorge-

fälle machen. Buurmann schlägt allen Ernstes vor, die Pfarrer sollten die Kranken, die in ihrer Angst (Buurmann nennt es Uneinsichtigkeit) zu ihnen kommen, hintergehen und ohne deren Wissen zur Sterilisierung anzeigen:

»Ich weiß nicht, inwieweit die Zeit, in der wir leben, jedem einzelnen von uns eine Verantwortung vor den kommenden Geschlechtern ins Gewissen gehämmert hat, inwieweit wir in der Lage sind, in Anbetracht der drohenden biologischen Zerfallszeichen in unserem Volke die Sorge um die Träger offen zutage tretender oder verborgener Krankheitskeime höher zu stellen, als das Ringen um die biologische Gesundung unseres Volkes. Ist der evangelische Pfarrer mit mir davon überzeugt, daß wir die Herrschaft der Minderwertigen abstreifen müssen zugunsten gefestigter erbgesunder Charaktere, dann darf er sich auch der Ansicht nicht verschließen, daß die Anzeige erblich-biologisch Minderwertiger, die niemals zur Kenntnis des Erbkranken gelangt, sein Gewissen dem Erbkranken gegenüber nicht zu bedrücken braucht.«

Die Schriftleitung der vom Kaiserswerther Verband deutscher Diakonissen-Mutterhäuser herausgegebenen »Diakonisse«, die sich im Untertitel »Zeitschrift für weibliche Diakonie« nennt, bemerkt in einem Vorspann zu Buurmanns Zumutung:

»Nachstehender Aufsatz ist als Vortrag in einem Kreise von evangelischen Gemeindepfarrern gehalten worden. Die Ausführungen des Verfassers sind so wertvoll, daß wir glaubten, durch Veröffentlichung des Vortrages... auch den Geistlichen in Diakonissenhäusern und Krankenanstalten unseres Verbandes, ebenso aber auch unseren leitenden Schwestern und Gemeindeschwestern für die seelsorgerliche Arbeit an den Sterilisierten einen Dienst zu tun.«[16]

In den Einrichtungen der Inneren Mission wird, wenn es nicht gerade um Pastoren geht, aus Überzeugung sterilisiert. Jedes fünfte Krankenhaus, das sich um die Zulassung, sterilisieren zu dürfen, beworben hat und zugelassen wird, ist in evangelischer Trägerschaft.[17] In ihrer Verblendung glauben protestantische Pastoren und Ärzte, Krankheit und Leid wegsterilisieren zu können.

Charakteristisch für die Einstellung ist ein Einladungsschreiben von Harmsen im Frühjahr 1937 zu einem Treffen des »Auschusses für Rassenhygiene und Rassenpflege«. Unter Punkt 5 steht auf der Tagungsordnung: »Erbkranker Nachwuchs ist Volkstod.«[18] Charakteristisch auch die Klage Villingers auf der Tagung am 14. April 1937: »Wir haben es erlebt, daß bei leicht Schwachsinnigen, die wir jahrelang beobachtet haben, die Sterilisierung auf Grund der Prüfung abgelehnt wurde.« Villinger bitter: »Es ist kränkend, wenn eine jahrelange Beobachtung durch eine so kurze Betrachtung umgestoßen wird.«[19]

Obermedizinalrat Ewald Meltzer, Leiter der evangelischen Anstalt in

Großhennersdorf (Sachsen) und einer der Herausgeber der »Zeitschrift für die Behandlung Anomaler«, führt auf dem Treffen das große Wort. Meltzer hatte schon 1927 auf der Tagung des Deutschen Vereins für Erziehung, Unterricht und Pflege in Kassel die Sterilisierung gefordert. Alle heilpädagogisch Tätigen würden »geradezu soziale Schädlinge«, wenn sie rassebiologische Forderungen ablehnten. Wer nicht an die Not seines Volkes denke, müsse »geradezu geistig minderwertig sein«.[20] Er hatte 1931 sogar eine Notwehrsituation festgestellt: »Der normalbegabte Teil des Volkes muß sich... in Abwehrfront gegen die Minusvariante stellen.«[21]

Es sind die »Fachleute«, die den Nationalsozialisten das entsprechende Vokabular zur Verfügung stellen.

Auf der Tagung wird auch die »Euthanasie« diskutiert. Denn, so Pastor Behr aus Arnstadt: »Jetzt wird offenbar in Organisationen die Frage vorbereitet.« Obermedizinalrat Dr. Ewald Meltzer, der die Gefahr gepredigt hatte, »vom Untermenschen... majorisiert zu werden«.[22]

»...Ich sage, wenn 1916 angeordnet worden wäre, daß die Idioten auf sanftem Wege aus dem Leben kommen müßten, so würde man schon damals den Notstandsparagraphen haben anwenden können. Das ist wohl von dem neuen Strafrecht beabsichtigt... Da würde ich in schweren Fällen von Lebensmittelknappheit oder, wo dringend Räume gebraucht werden für Verwundete, solchen Schritt begreifen. Der Gesunde und Kräftigste muß hinaus, da sollte auch der Kranke seinen Zoll dem Vaterland zahlen. In solchem Fall würde ich es für erlaubt (halten).«

Das ist just die Begründung, die zwei Jahre später den »Euthanasie«-Funktionären zur Begründung des Massenmords einfallen wird. Die Behinderten-Helfer haben zum Massenmord frühzeitig die Argumentationshilfen geliefert.

Als Meltzer April 1937 an dieser Stelle seines Vortrags angekommen ist, fragt besorgt Dr. Depuhl: »Sollen auch die Alten getötet werden?«

Meltzer: »Nein, nur die schweren Fälle von Idiotie. Ich gebe solchen Menschen Recht, die sagen, es ist zu wenig, um wirtschaftlich zu Buch zu schlagen, aber ich glaube, der Staat wäre berechtigt, diesen Notstandsparagraphen anzuwenden.«

3. »...löblich und heilsam, ihn zu töten«
Vom Rufmord zum Mord

In den Fragen der Bevölkerungspolitik haben beide Kirchen sogar ein Stück zusammengearbeitet. 1925 war die »Arbeitsgemeinschaft für Volksgesundung« gegründet worden. Sie diente dem Zweck, »die Grundsätze deutscher Würde und guter Sitte in der Öffentlichkeit zur Geltung

zu bringen, sich volkserzieherisch im Sinne geistiger Erneuerung und körperlicher Ertüchtigung unter besonderer Berücksichtigung bevölkerungspolitischer Bestrebungen zu betätigen und durch Einwirken auf die Gesetzgebung und Verwaltung der inneren und äußeren Volksgesundung zu dienen«.[23]
Den Geschäftsführenden Ausschuß bilden 1933 drei Herren: Prof. D. Ullrich vom Evangelischen Hauptwohlfahrtsamt, Dr. Harmsen vom Central-Ausschuß der Inneren Mission und Prälat Wienken für den Caritasverband.
Vorstandsmitglieder schicken z. B. der »Bund für sittliche Volkswacht«, der »Deutsche Sittlichkeits- und Rettungsverein« und die »Reichsschundkampfstelle der Evangelischen Jungmännerbünde Deutschlands« (deren Vertreter: Diakon Fritz Weigt). Zu den Mitgliedern der Volksgesundungs-Gemeinschaft zählen auch der Deutsche Caritasverband sowie die Caritasverbände von Augsburg, Groß-Berlin, Frankfurt/Main und der Diözesen Münster, Trier, Würzburg und des Bistums Paderborn.
Man kämpft gegen Mißstände des »Badewesens« (Nacktbaden), gegen Schmutz und Schund und Auswüchse des Theaterwesens, wozu auch Schnitzlers Bühnenstück »Der Reigen« gehört. 1933 ist man zufrieden: »Der bisher vorwiegend von konfessioneller Seite geführte Kampf gegen die kulturell-sittlichen Notstände hat unter der Kanzlerschaft des Führers Adolf Hitler eine allgemeine und öffentliche Anerkennung ... erhalten.«
Die Arbeitsgemeinschaft gibt eigene »Mitteilungen« heraus. Da wird z. B. im April 1934 (Mitteilung Nr. 8) von einer »machtvollen Kundgebung« der Deutschen Gesellschaft für Rassenhygiene lobend berichtet. Der Kommentar zur Lage: »In dem Bewußtsein, daß kein Tropfen Blut in uns ist, der nicht aus Vorfahren kam, die durch Arbeit und Kampf gegangen sind, hat der Nationalsozialismus die Bedeutung der angewandten Rassenkunde erkannt und begonnen, sie für die völkische Gestaltung der deutschen Nation ins Leben umzusetzen.«
Im Januar 1935 (Nr. 3) verkünden die »Mitteilungen« neue Erkenntnisse zur Rassenfrage: »Frankreich hat... den Einbruch farbiger exotischer Völker in das Herz Europas zu verantworten.« Und: »Im Gegensatz zum Franzosen zeigen germanische Angelsachsen wie die weißen Amerikaner ausgesprochenen Rasseinstinkt. Im Hinblick auf die im Ausland übliche Hetzpropaganda gegen jedwede Maßnahme deutscher Rassegesetzgebung dürfte es an der Zeit sein, einmal die in den amerikanischen Staaten herrschenden rassenpolitischen Anschauungen darzustellen« – womit die (nicht negativ bewertete) Behandlung der Schwarzen gemeint ist.
Am 25. Juli 1935 wird ein neuer Vorstand gewählt: u. a. die Prälaten Wienken und Kreutz vom Deutschen Caritasverband, Hans Harmsen und Präsident Frick vom Central-Ausschuß der Inneren Mission sowie

Professor Villinger (Bethel).[24] Die »Arbeitsgemeinschaft für Volksgesundung« wird mit Geldern des Central-Ausschusses und des Caritasverbandes finanziert. Führende Vertreter der kirchlichen Wohlfahrt sitzen im Vorstand. Das führt zu der Schlußfolgerung, daß diese Kirchenvertreter die publizierte Rassenideologie auch vertreten.

Während evangelische Einrichtungen wie Bethel die Sterilisierung offen als erbbiologische Wohltat preisen, bringt das Sterilisierungsgesetz die katholische Kirche in Widerspruch zum Staat, da die Enzyklika »Casti connubii« von 1930 die Sterilisation verbietet.
Die katholische Kirche leistet als einzige gesellschaftlich bedeutsame Gruppe grundsätzlich Widerstand. Doch »Geisteskranke« und »Krüppel« dürfen in diesen Jahren dennoch nicht auf den Schutz der katholischen Kirche vertrauen. Auch Vertreter der katholischen Kirche bezeichnen Kranke und Behinderte als »minderwertig« und als eine Gefahr für ihre Mitmenschen.
Schon 1926 hatten anläßlich der Jahresversammlung der »Vereinigung katholischer Seelsorger an deutschen Heil- und Pflegeanstalten« Beratungen stattgefunden »über *vorbeugende Fürsorge* zur Herabminderung der gewaltig ansteigenden Zahl lebensunwerter Menschenleben«.[25]
Als Gast hatte an der Jahresversammlung auch der Moraltheologe Dr. Joseph Mayer teilgenommen. Mayer gilt heute als unerleuchteter Theologe. Er ist, obwohl er später in Paderborn als Theologieprofessor lehrte, zur Nichtperson geworden – u. a. weil er für die Nationalsozialisten Spitzeldienste geleistet hatte. Doch in der zweiten Hälfte der zwanziger Jahre, als Mayer als Assistent am Institut für Caritaswissenschaft in Freiburg arbeitete, ist er ein gefragter Redner auf Tagungen und Kongressen.
1927 wird Mayer Hauptschriftleiter der Zeitschrift »Caritas, Zeitschrift für Caritaswissenschaft und Caritasarbeit«. 1927 erscheint auch sein Buch »Gesetzliche Unfruchtbarmachung Geisteskranker«. Es gehört zum Schlimmsten, was über Kranke und Behinderte jemals geschrieben wurde. Drei Zitate aus seinem Werk genügen:
»Die Geisteskranken, die moralisch Irren und andere Minderwertige haben so wenig ein Recht, Kinder zu erzeugen, als sie ein Recht haben, Brand zu stiften.«[26]
»Erblich belastete Geisteskranke befinden sich in ihrem Triebleben auf der Stufe der unvernünftigen Tiere.«[27]
»Wenn darum ein Mensch der ganzen Gemeinschaft gefährlich ist und sie durch irgendein Vergehen zu verderben droht, dann ist es löblich und heilsam, ihn zu töten, damit das Gemeinwohl gerettet wird.«[28]
Mayers Werk hat das Imprimatur erhalten, die bischöfliche Druckerlaubnis. Das Buch wird allgemein positiv aufgenommen. Die Vereinigung ka-

tholischer Seelsorger an deutschen Heil- und Pflegeanstalten preist es als »Standardwerk«, als »eine Rüstkammer für kommende Zeiten«.[29]

Neben Mayer predigt der ehemalige Jesuit Hermann Muckermann den Kampf gegen die angeblich Minderwertigen. Professor Muckermann ist von 1926 bis 1933 Leiter der Abteilung für Eugenik am Kaiser-Wilhelm-Institut für Anthropologie, menschliche Erblehre und Eugenik in Berlin-Dahlem. In der Schrift »Eugenische Eheberatung« behauptet er z. B. schon vor den Nationalsozialisten: »Wir haben zu viel Alkoholiker, zu viel Geschlechtskranke, zu viel Tuberkulöse, zu viel Geisteskranke, zu viel Kinder in den Hilfsschulen, zu viel ethisch Unzuverlässige. Ihre Zahl in Zukunft einzudämmen, ist eine ganz wichtige Aufgabe... Man muß heute ja geradezu minderwertig geworden sein, damit man Hilfe findet.«[30]

Kirchenvertreter stehen an vorderster Front, wenn es gegen die Kranken geht. So fordert der Freiburger Pater Fischer noch vor der angeblichen Machtergreifung: »Wo immer die Durchführung von Sparmaßnahmen in der Gesundheitsfürsorge erforderlich wird, da steht die Verminderung der Kosten für die *geistig und körperlich Minderwertigen* stets an erster Stelle.«[31]

Als Ende August 1933 die Fuldaer Bischofskonferenz tagt, liegt den Bischöfen ein Gutachten des Jesuiten Franz Hürth zum Sterilisierungsgesetz vor. Das Gesetz wird abgelehnt, aber die Betroffenen als »minderwertig« bezeichnet.[32]

Die Bischöfe sind zwar – gemäß der Enzyklika – gegen das Sterilisierungsgesetz, aber auch, so paradox das klingt, gegen die Sterilisierten. Am 3. November 1933 berichten die Bischöfe Gröber und Berning dem Vorsitzenden der Fuldaer Bischofskonferenz, Bertram, von einer Besprechung im Reichsinnenministerium, bei der die Ausführungsbestimmungen des Sterilisierungsgesetzes beraten wurden:

»Die Vertreter des Episkopats machten... darauf aufmerksam, daß mit der Durchführung des Gesetzes für die private und öffentliche Sittlichkeit große Gefahren sich ergeben; denn die sterilisierten Männer und Frauen können sich nun ihrem Geschlechtsleben hemmungslos überlassen, da ja aus ihrem Verkehr keine Nachkommen entstehen. Von seiten der Regierung wurden hier Schutzmaßnahmen zugesagt.«[33]

Der Bischof von Regensburg, Michael Buchberger, beschreibt schon früh die Haltung, die auch die katholische Kirche letztlich einnehmen wird. In einem Brief an den Münchener Kardinal Faulhaber vom 15. Dezember 1933 heißt es: »Wir kämpfen jetzt um Bestand und Leben unserer hl. Kirche und sollten wohl weniger Bedeutendes vorläufig nicht in den Vordergrund rücken...«

Buchberger meint, man müsse die ganze Wirklichkeit kennen, um sich ein Urteil zu bilden, ob die beabsichtigten Maßnahmen in jedem Fall ge-

gen Naturgesetz und Enzyklika verstießen. Die (Un-)Wirklichkeit des
Regensburger Bischofs:
»Es gibt beispielsweise in Anstalten geistig, körperlich und moralisch so
abnorme und kranke Menschen, daß die sexuellen Exzesse, die bei ihnen
etwas Alltägliches (!) sind, zu dem Schmutzigsten und Schrecklichsten
gehören, was man sich denken kann. Und hier gibt es faktisch keine andere Möglichkeit der Verhinderung als einen operativen Eingriff.«[34]
Die Phantasien des Bischofs haben zwar mit der Lebenswirklichkeit nichts
gemein, zeigen aber, welche Vorstellungen über Behinderte herrschen.
Faulhaber schreibt zwei Wochen später, am 29. Dezember, dem Vorsitzenden der Bischofskonferenz, er stehe nach wie vor auf dem Standpunkt, daß die Bischöfe zum Sterilisierungsgesetz nicht schweigen dürften. Gewiß danke er Vizekanzler von Papen für Verbesserungen des Gesetzes, wonach der Aufenthalt in einer Anstalt vor der Sterilisierung
schütze. Es sei aber zu befürchten, daß im In- und Ausland nur der Wortlaut des Gesetzes, aber nicht die nachträgliche Abmilderung bekannt und
so die sittlichen Begriffe verwirrt würden.
Er habe schon vor drei Jahren mit Muckermann, der damals noch auf dem
Boden des Gesetzes gestanden habe, gesprochen. Er habe Muckermann
gegenüber eingeräumt, daß sich der Staat gegen Erbkranke schützen
dürfe, aber nur durch Internierung der betreffenden Menschen. Muckermann habe daraufhin geantwortet, dafür sei die Sozialdemokratie nicht
zu haben, weil das zu viel Geld koste. Faulhabers Schluß, Ende 1933:
»Heute fällt diese Rücksicht auf die Sozialdemokratie weg, und da der
Staat für die Schutzhäftlinge eigene Lager eingerichtet hat, kann er es
ebensogut für diese Schädlinge der Volksgemeinschaft, die er durch Sterilisierung unschädlich machen will.«[35] Ein deutscher Kardinal über die
Sterilisierten!
Trost dürfen die Opfer nicht erwarten. So behauptet z. B. 1934 das Jahrbuch der Caritaswissenschaft: »Echter Caritasdienst muß Dienst der Rassenhygiene sein, weil nur durch die Aufartung des Volkes auch die beste
Grundlage für die Ausbreitung des Reiches Gottes auf Erden geschaffen
wird.«[36] Und in den Vorschlägen des Deutschen Caritasverbandes »Zur
Neugestaltung des deutschen Strafrechts« heißt es 1934: »Es mag sein,
daß man durch eine Sterilisation erreicht, daß die Fortpflanzung gewisser
minderwertiger Erbstämme ausgeschaltet wird. Aber ebenso sicher ist,
daß jeder Sterilisierte in seiner hemmungslosen und hemmungslos gemachten Geschlechtlichkeit eine Quelle ansteckender Krankheiten bilden kann und häufig bilden wird...«[37]
Was mag in Katholiken vor sich gegangen sein, die zuerst als »minderwertig« sterilisiert werden und danach von ihrer Kirche gesagt bekommen:
»Erblich schwer Belastete, an unheilbarem Übel Leidende eignen sich
nicht zur Ehe.«[38]

Am 4. November 1936 fährt der Münchener Kardinal Faulhaber zu Hitler
auf den Obersalzberg. In der Aussprache – von ihr wird im nächsten Kapitel noch ausführlich die Rede sein – erregt sich Hitler, daß die katholische
Kirche gegen das Sterilisierungsgesetz sei. Der Münchener Kardinal beruhigt, man werde schon eine Übereinkunft finden. Faulhaber wörtlich:
»Von kirchlicher Seite, Herr Reichskanzler, wird dem Staat nicht ver-
wehrt, im Rahmen des Sittengesetzes in gerechter Notwehr diese Schädlinge der Volksgemeinschaft fernzuhalten. In diesem Obersatz sind wir
einig. Wir gehen aber auseinander in der Frage, wie sich der Staat gegen
das Verderbnis der Rasse wehren kann.« Faulhaber will die »Erbkranken« nicht sterilisiert, sondern interniert sehen.
Hitler: »Soll der Kampf der Kirche gegen die Rassengesetze des Dritten
Reiches weitergehen?«
Faulhaber: »Herr Reichskanzler, es hat auch früher unter der Monarchie
Staatsgesetze gegeben, die vom staatlichen Gesetzgeber für eine Notwendigkeit erachtet, von der Kirche aber abgelehnt wurden.«
Der Münchener Kardinal nennt als Beispiele Ehescheidung und Abtreibung:
»Es stehen sich also in diesen Gesetzen Staat und Kirche wie Ja und Nein
gegenüber. So wird sich also auch in anderen Fragen, in denen die Kirche
ihren dogmatisch sittlichen Standpunkt nicht verlassen kann, trotzdem
ein modus vivendi finden...«
Faulhaber über Hitlers Reaktion: »Der Herr Reichskanzler war... in dieser Frage ruhiger geworden.«[39]
Hitler mag durch Faulhabers Ausführungen ruhiger geworden sein. Doch
ein deutscher Kardinal hat Kranke und Behinderte als »Volksschädlinge«
diffamiert.

Als 1940 nach der Sterilisierung die Ermordung der »Ballastexistenzen«
beginnt, kommt von beiden Kirchen kein einhelliger und lauter Protest.
Viel zu viele Kirchenmänner hatten ja selbst Behinderte und Kranke als
»minderwertig« verleumdet. Am Anfang stand der Rufmord, es folgt der
Mord.[40]
Die evangelische Kirche wird bis 1945 niemals *öffentlich* Protest erhe-
ben.
Während im Deutschen Reich die Schornsteine der Vergasungsanstalten
weithin sichtbar rauchen, schweigt auch die katholische Kirche 19 Mo-
nate lang. Fast 70 000 Menschen sind schon ermordet, ehe der Bischof von
Münster, Clemens August Graf von Galen, am 3. August 1941 das
Schweigen bricht. In seiner berühmt gewordenen Predigt in der Lam-
berti-Kirche prangert er den Krankenmord an:
»Wenn einmal zugegeben wird, daß Menschen das Recht haben, ›unpro-

duktive‹ Mitmenschen zu töten – und wenn es jetzt zunächst auch nur(!) arme wehrlose Geisteskranke trifft –, dann ist *grundsätzlich* der Mord... an uns allen, wenn wir alt und altersschwach und damit unproduktiv werden, freigegeben.«[41]
Etwa drei Wochen nach der Predigt Galens werden die Kranken-Vergasungen eingestellt. Doch die Morde gehen weiter: Man läßt Opfer qualvoll verhungern oder vergiftet sie. Gemordet wird, bis 1945 die alliierten Truppen vor der Anstaltstür stehen.[42]

Vom 22. bis 25. Oktober 1951 trifft sich die »Jahres-Konferenz des Verbandes Deutscher Evangelischer Heilerziehungs-, Heil- und Pflegeanstalten« auf dem Wittekindshof bei Bad Oeynhausen. Die Tagung wird eröffnet mit einem Vortrag von Professor lic. Janssen, Münster. Sein Thema:»Probleme zur Integrität des Menschen in christlicher Schau.« Der Referent, ein Theologe, schätzt die Zahl der Sterilisationen auf etwa 2 Millionen! Dennoch steht nicht die Trauer um das Geschehen im Mittelpunkt, sondern die NS-bekannte Forderung, »daß eine Fortpflanzung des Elends nicht mehr stattfindet, damit der Volkskörper nicht überlastet wird. Um zur Erbgesundung des Volkes zu gelangen, muß das Opfer gebracht werden, auf Nachkommenschaft zu verzichten.« Nach zwölf Jahren NS-Herrschaft, nach der Massensterilisation von etwa 400 000 und der Ermordung von mindestens 200 000 Menschen, kann der Theologe immer noch erklären:»Bewußt einem Schwerkranken das Leben geben, bedeutet Sünde.«[43]
Ein Jahr später trifft sich der gleiche Kreis in der Anstalt Scheuern bei Nassau, jener Einrichtung der Inneren Mission, die der Vergasungsanstalt Hadamar wissentlich zugearbeitet hat.[44] Besonders begrüßt wird als Vertreter des Central-Ausschusses der Inneren Mission der Ministerialdirektor Dr. Fritz Cropp.[45] Er war während des »Dritten Reiches« Abteilungsleiter der Abteilung VI (Gesundheitswesen und Volkspflege), jener Abteilung, die im Reichsinnenministerium für die Vernichtung »lebensunwerten Lebens« zuständig gewesen war[46] – nun ist er Vertreter der Inneren Mission!
Die Innere Mission bietet sogar noch 1967 einem Vertreter der Rassenlehre aus der NS-Zeit ein Forum. Im Juli 1967 stellt die Zeitschrift »Die Innere Mission« in ihrem Juli-Heft die Frage: »Erneut ›lebensunwertes Leben‹?« Einer der Autoren ist Otmar Freiherr von Verschuer[47]. Er hatte 1941 in seinem »Leitfaden der Rassenhygiene« u. a. geschrieben, die bisherigen geschichtlichen Lösungsversuche der Judenfrage (z. B. »Aufsaugung« und Ghetto) seien gescheitert. Deshalb sei »die politische Forderung der Gegenwart... eine neue Gesamtlösung der Judenfrage«.[48]

»...vor Menschen mehr gefürchtet als vor dem lebendigen Gott«
Die Kirchen im Kampf gegen die Juden

1. »Wir dienen dem Staat in heißer Liebe«
Die Bischöfe nach dem Reichskonkordat

Der 14. Juli 1933 ist ein wichtiges Datum in der Geschichte des »Dritten Reiches«. An diesem Tag wird das »Gesetz gegen die Neubildung von Parteien« erlassen. Im § 1 heißt es: »In Deutschland besteht als einzige politische Partei die Nationalsozialistische Deutsche Arbeiterpartei.« Im öffentlichen Dienst wird der Hitler-Gruß (»Heil Hitler!« oder »Heil!«) eingeführt. Am 14. Juli wird aber auch das Reichskonkordat mit der katholischen Kirche gebilligt. Die Unterzeichnung findet am 20. Juli in Rom statt.

Der Vertrag[1] garantiert »die Freiheit des Bekenntnisses« und enthält eine Klausel, wonach Bischöfe erst dann ernannt werden, wenn der NS-Staat keine politischen Bedenken erhebt. Hitler – bisher außenpolitisch isoliert – hat einen Erfolg errungen und freut sich, er habe es nicht für möglich gehalten, daß die Kirche bereit sein würde, die Bischöfe auf diesen Staat zu verpflichten.

Der »Völkische Beobachter« jubelt: »Durch die Unterzeichnung des Reichskonkordats ist der Nationalsozialismus in Deutschland von der katholischen Kirche in der denkbar feierlichsten Weise anerkannt worden. Die jahrelange Hetze, die gegen die angebliche Religionsfeindlichkeit der NSDAP getrieben wurde, ist nunmehr von kirchlicher autoritativer Seite selbst widerlegt worden. Diese Tatsache bedeutet eine ungeheure moralische Stärkung der nationalsozialistischen Reichsregierung und ihres Ansehens.«[2]

Diese Meinung wird auch von der »Germania« geteilt. Das Zentrums-Blatt meint, der Vertrauensbeweis sei »umso augenfälliger, als er schon nach einer Regierung von 5 Monaten gewährt wurde . . .«[3]

Auf einer Tagung des katholischen Akademikerverbandes in Maria Laach berichtet Vizekanzler Papen, der Papst sei in Anbetracht des nationalsozialistischen Kampfes gegen Bolschewismus und Gottlosenbewegung entschlossen gewesen, alles zu tun, um diese Bewegung zu unterstützen.[4] Der Jesuit Friedrich Muckermann über die Stimmung in Maria Laach: »Das konnte man sich doch wahrhaftig ersparen, daß die Brüder des heiligen Benediktus unter den allerersten waren, die ihre Hände zum ›Heil-Hitler-Gruß‹ im katholischen Lager erhoben.«[5]

Während die politischen Gegner (Kommunisten, Sozialdemokraten, Gewerkschafter, aber auch Zentrumspolitiker) in den Konzentrationslagern verschwinden und während die jüdischen Bürger mit immer neuen Erlassen 1933 aus ihren Berufen vertrieben werden, hofieren die Bischöfe die Nationalsozialisten. An ihrer Spitze der Freiburger Erzbischof Dr. Conrad Gröber. Er hatte schon am 27. Juni den Seelsorgeklerus angewiesen, »alles zu vermeiden, was als Kritik der leitenden Persönlichkeiten

in Staat und Gemeinde oder von ihnen vertretenen staatspolitischen Anschauungen ausgelegt werden könnte«.[6]

Einen ähnlichen Erlaß gibt auch Bischof Matthias Ehrenfried von Würzburg heraus. Der Klerus wird angewiesen, jede Kritik oder Anspielung zu
vermeiden, die das Einfühlen in die nationale Bewegung erschweren oder
trüben. Seien im Religionsunterricht und in der Christenlehre Strafen
und Tadel an Schülern notwendig, so sei jederzeit sicherzustellen, daß
diese nichts mit der Zugehörigkeit der Schüler zu einer nationalen Organisation zu tun haben.[7]

Am 21. August 1933 bestimmt Gröber, daß kein Hindernis bestehe, »Fahnen und Abzeichen der NSDAP« in den katholischen Kirchen zuzulassen
und deren Aufstellung im Kirchenschiff zu gestatten.[8] Eine ähnliche
Verordnung wird am 24. Oktober 1933 auch für das Bistum Ermland
erlassen.[9]

Der Freiburger Erzbischof erklärt auf einer Veranstaltung katholischer
Organisationen am 9. Oktober 1933, daß er »restlos« hinter der Reichsre-
gierung stehe.[10] Den Auftritt schildert ein Bericht der »Neuen Zürcher
Zeitung«:

»Der Freiburger Erzbischof... hat noch in der Zeit der Reichstagswahlen
sehr entschieden gegen gewisse nationalsozialistische Auffassungen Stellung genommen, und längere Zeit war das Verhältnis der nationalsozialistischen badischen Regierung zur Kirche sehr gespannt. Um so größere
Beachtung findet das Bekenntnis zum neuen Regime, das der Kirchen-
fürst auf einer kath. Massenversammlung in Karlsruhe ausgesprochen
hat... Auch äußerlich trat die Wandlung in Karlsruhe darin zutage, daß
die Versammlungsteilnehmer, die sicherlich zum größten Teile vor einem
halben Jahre noch stramme Zentrumsleute waren, den Erzbischof mit
dem deutschen Gruß empfingen. Das Verhalten des hohen kirchl. Wür-
denträgers erscheint bezeichnend für den neuen Kurs, den der deutsche
Episkopat nach dem Abschluß des Reichskonkordates eingeschlagen
hat.«[11]

Der neue Kurs des Episkopats: Am 20. August hatte im Neuköllner Sta-
dion ein katholisches Jugendtreffen stattgefunden. Der Berliner Generalvikar, Dompropst Dr. Paul Steinmann, in seiner Ansprache: »... Was wir
alle ersehnt haben und erstrebt haben, ist Tatsache geworden. Wir haben
ein Reich und einen Führer, und diesem Führer folgen wir treu... Wir
wissen, daß derjenige, der an der Spitze steht, von Gott uns als Führer
gesetzt ist.«[12]

Das deutsch-amerikanische Familienblatt von New York, »Aurora«, be-
zichtigt daraufhin Steinmann des unwürdigen Katzbuckelns vor Hitler.
Der Berliner Generalvikar antwortet in einem offenen Brief, Hitler sei
»die für Deutschland gottgegebene Autorität«. Die Reichsregierung
habe die marxistische Gottlosenbewegung »vernichtet« und das deutsche

Volk von der »Pest des Schund und Schmutzes befreit. Die Zukunft wird
einmal dankbar anerkennen, daß Deutschland als Zentralland Europas
ein Bollwerk gegen den Bolschewismus aufgeworfen und damit das
Abendland vor der roten Flut bewahrt hat.«[13]
Am 15. September 1933 wird der neue preußische Staatsrat mit national-
sozialistischem Pomp eröffnet. Die Zentrums-Zeitung »Germania«: »Im
geistlichen Kleid schritt an der Spitze *der Bischof von Osnabrück, Dr.
Berning*... Dann brachte der Ministerpräsident [Göring, E. K.] ein dreifaches ›Sieg Heil‹ auf den Führer aus, und die Versammlung sang stehend
das *Deutschland- und Horst-Wessel-Lied*, das auch vom Bischof Berning
und den übrigen katholischen Geistlichen mit erhobener Hand gesungen
wurde.«[14]
Für Berning ist die Einführung als preußischer Staatsrat Anlaß, der
Presse eine Erklärung abzugeben: »Die deutschen Bischöfe haben schon
längst den neuen Staat bejaht... Wir dienen dem Staat in heißer Liebe
und mit allen unseren Kräften.«[15]

2. »...zur inneren Umstellung der Gefangenen mithelfen«
Die Bischöfe zu den Konzentrationslagern

1933 beschäftigen sich die Bischöfe auch mit den überall errichteten Kon-
zentrationslagern. Die Häftlinge – überwiegend Kommunisten und So-
zialdemokraten – zählen zu jenem Personenkreis, den die katholischen
Oberhirten bis dahin ohnedies bekämpft haben. Im Protokoll der Fuldaer
Bischofskonferenz, die vom 29. bis 31. August 1933 tagt, heißt es: »Der
Einrichtung von Gottesdiensten in Konzentrationslagern stehen Schwierigkeiten von seiten der Lagerverwaltungen angeblich nicht entgegen, die
Einrichtung muß nach Bedarf von kirchlichen Stellen beantragt werden.«[16]
Diese »Seelsorge«-Haltung werden die Bischöfe auch später beibehalten.
In einer Denkschrift an Hitler vom 20. August 1935 werden am Rande
auch die KZs erwähnt. Die Bischöfe klagen: »In Konzentrationslagern
und Untersuchungsgefängnissen wird seit etwa dreiviertel Jahren den Gefangenen der Empfang des Bußsakramentes verweigert.«
Und sie versprechen: »Die für die Gefangenen bestellten Geistlichen
werden... den Sträfling zur absoluten Wahrhaftigkeit und Anerkennung
der staatlichen Obrigkeit verpflichten und so zur inneren Umstellung und
Besserung der Gefangenen mithelfen.«[17]
Drei Jahre später bemüht sich der Breslauer Kardinal Adolf Bertram
noch einmal um eine Lösung. Am 22. Juli 1938 bittet er namens des deutschen Episkopates das Geheime Staatspolizeiamt ergebenst, »anzuordnen, daß in den Konzentrationslagern für die katholischen Schutzhäft-

linge regelmäßiger Gottesdienst sowie seelsorgerliche Besuche der Kranken und gegebenenfalls Spendung der Sterbesakramente zugelassen werden«. Die Bischöfe seien bereit, Geistliche auszuwählen, die »besonders sichere Gewähr dafür bieten, daß Zweck und Ordnung der Schutzhaft durch Gottesdienst und Seelsorge nicht beeinträchtigt werden«. Bertram am Ende seines Briefes: »Die Ordnungswilligkeit der katholischen Schutzhäftlinge würde bei Durchführung der erbetenen Maßnahmen sicher nicht leiden, könnte vielmehr dadurch nur günstig beeinflußt werden.«[18]

Es gibt einen Bischof, der den nationalsozialistischen Lagern einen Besuch abstatten durfte: Staatsrat und Bischof Dr. Berning. Am 26. Juni 1936 berichtet die Ems-Zeitung (mit Fotos), wie Berning, Domkapitular Dr. Lange (Osnabrück), der Bischöfliche Kaplan Jäger, Strafanstaltspfarrer Buchholz aus Essen und Lagerpfarrer Heidkamp die Emsland-Lager besichtigen.

Die Besichtigungstour beginnt mittags um zwei Uhr und endet abends im Lager II, Aschendorfermoor. In der Vortragsbaracke zelebriert Berning eine Messe. Den Häftlingen des NS-Regimes erklärt er in einer Ansprache, Gott möge Volk, Vaterland und das Aufbauwerk des neuen Reiches segnen.

Berning trägt sich ins goldene Buch des Lagers ein und bewirtet anschließend die Wachmänner in der Kantine. Im Laufe des Abends hält er auch hier eine Ansprache. An den Herrn Kommandanten und »meine lieben SA-Männer!« gewandt, sagt Berning:

»Ich selber bin Emsländer und muß gestehen, daß ich meine Heimat erst jetzt in ihrer schönsten Form kennengelernt habe... Ich danke Ihnen, daß Sie mir die Heimat gezeigt haben in der Form, die das Dritte Reich daraus gemacht. Lange lag das Emsland im Dornröschenschlaf, bis der Prinz kam und es weckte; dieser Prinz ist unser Führer Adolf Hitler... Alles, was geschehen ist, entspringt der Initiative und dem Weitblick unseres Führers Adolf Hitler. Unserm Vaterlande, unserer Heimat und unserem Führer ein dreifaches Sieg-Heil!«

Berning verabschiedet sich spätabends gegen 23 Uhr von seinen lieben SA-Männern.[19]

3. »Phantasten und Naive wie Niemöller glauben immer noch, die wahren Nationalsozialisten zu sein«
Die protestantische Kirche 1933 vor der »Judenfrage«

Am 20. Juli 1933 war das Reichskonkordat mit der katholischen Kirche in Rom unterzeichnet worden. Nur drei Tage später, am 23. Juli, finden evangelische Kirchenwahlen statt. Die Wahl endet mit einem fast totalen

Erfolg der »Deutschen Christen«. In fast allen evangelischen Gemeinden siegen jene Protestanten, die »bewußt auf den Boden des nationalsozialistischen Staates getreten sind« (Hitler am Vorabend des Wahltages über die deutschen Rundfunksender).

Richtlinien der Glaubensbewegung »Deutsche Christen«
vom 6. Juni 1932

1 Diese Richtlinien wollen allen gläubigen deutschen Menschen Wege und Ziele zeigen, wie sie zu einer Neuordnung der Kirche kommen. Diese Richtlinien wollen weder ein Glaubensbekenntnis sein oder ersetzen, noch an den Bekenntnisgrundlagen der evangelischen Kirche rütteln. Sie sind ein Lebensbekenntnis.

2 Wir kämpfen für einen Zusammenschluß der im »Deutschen Evangelischen Kirchenbund« zusammengefaßten 29 Kirchen zu einer Evangelischen Reichskirche und marschieren unter dem Ruf und Ziel:

Nach außen eins und geistgewaltig,
Um Christus und sein Werk geschart,
Nach innen reich und vielgestaltig,
Ein jeder Christ nach Ruf und Art!
(Nach Geibel)

3 Die Liste »Deutsche Christen« will keine kirchenpolitische Partei in dem bisher üblichen Sinne sein. Sie wendet sich an alle evangelischen Christen deutscher Art. Die Zeit des Parlamentarismus hat sich überlebt, auch in der Kirche. Kirchenpolitische Parteien haben keinen religiösen Ausweis, das Kirchenvolk zu vertreten, und stehen dem hohen Ziel entgegen, ein Kirchenvolk zu werden. Wir wollen eine lebendige Volkskirche, die Ausdruck aller Glaubenskräfte unseres Volkes ist.

4 Wir stehen auf dem Boden des positiven Christentums. Wir bekennen uns zu einem bejahenden artgemäßen Christus-Glauben, wie er deutschem Luther-Geist und heldischer Frömmigkeit entspricht.

5 Wir wollen das wiedererwachte deutsche Lebensgefühl in unserer Kirche zur Geltung bringen und unsere Kirche lebenskräftig machen. In dem Schicksalskampf um die deutsche Freiheit und Zukunft hat die Kirche in ihrer Leitung sich als zu schwach erwiesen. Die Kirche hat bisher nicht zum entschiedenen Kampf gegen den gottfeindlichen Marxismus und das Zentrum aufgerufen, sondern mit den politischen Parteien dieser Mächte einen Kirchenvertrag geschlossen. Wir wollen, daß unsere Kirche in dem Entscheidungskampf um Sein oder Nichtsein unseres Volkes an der Spitze kämpft. Sie darf nicht abseits stehen oder gar von den Befreiungskämpfern abrücken.

6   Wir verlangen eine Abänderung des Kirchenvertrages (politische Klausel) und Kampf gegen den religions- und volksfeindlichen Marxismus und seine christlich-sozialen Schleppenträger aller Schattierungen. Wir vermissen bei diesem Kirchenvertrag das trauende Wagnis auf Gott und die Sendung der Kirche. Der Weg ins Reich Gottes geht durch Kampf, Kreuz und Opfer, nicht durch falschen Frieden.

7   Wir sehen in Rasse, Volkstum und Nation uns von Gott geschenkte und anvertraute Lebensordnungen, für deren Erhaltung zu sorgen uns Gottes Gesetz ist. Daher ist der Rassenvermischung entgegenzutreten. Die deutsche Äußere Mission ruft auf Grund ihrer Erfahrung dem deutschen Volke seit langem zu: »Halte deine Rasse rein!« und sagt uns, daß der Christusglaube die Rasse nicht zerstört, sondern vertieft und heiligt.

8   Wir sehen in der recht verstandenen Inneren Mission das lebendige Tat-Christentum, das aber nach unserer Auffassung nicht im bloßen Mitleid, sondern im Gehorsam gegen Gottes Willen und im Dank gegen Christi Kreuzestod wurzelt. Bloßes Mitleid ist »Wohltätigkeit« und wird zur Überheblichkeit, gepaart mit schlechtem Gewissen, und verweichlicht ein Volk. Wir wissen etwas von der christlichen Pflicht und Liebe den Hilflosen gegenüber, wir fordern aber auch Schutz des Volkes vor den Untüchtigen und Minderwertigen. Die Innere Mission darf keinesfalls zur Entartung unseres Volkes beitragen. Sie hat sich im übrigen von wirtschaftlichen Abenteuern fernzuhalten und darf nicht zum Krämer werden.

9   In der Judenmission sehen wir eine schwere Gefahr für unser Volkstum. Sie ist das Eingangstor fremden Blutes in unseren Volkskörper. Sie hat neben der Äußeren Mission keine Daseinsberechtigung. Wir lehnen die Judenmission in Deutschland ab, solange die Juden das Staatsbürgerrecht besitzen und damit die Gefahr der Rassenverschleierung und Bastardierung besteht. Die Heilige Schrift weiß auch etwas zu sagen von heiligem Zorn und sich versagender Liebe. Insbesondere ist die Eheschließung zwischen Deutschen und Juden zu verbieten.

10   Wir wollen eine evangelische Kirche, die im Volkstum wurzelt, und lehnen den Geist eines christlichen Weltbürgertums ab. Wir wollen die aus diesem Geiste entspringenden verderblichen Erscheinungen wie Pazifismus, Internationale, Freimaurertum usw. durch den Glauben an unsere von Gott befohlene völkische Sendung überwinden. Die Zugehörigkeit eines evangelischen Geistlichen zur Freimaurerloge ist nicht statthaft. [...]

Der evangelische Schriftsteller Jochen Klepper, mit einer jüdischen Frau
verheiratet, beschreibt die Situation der jüdischen Bevölkerung im Sommer 1933: »Den Juden ist das Benutzen der Badeanstalt Wannsee verboten worden. In Nürnberg erstreckt sich das Verbot sogar auf alle städtischen Badeanstalten... Man ist nahe am Ghetto. – Es ist schwer, wenn
man sein eigenes Volk hassen muß, an dem man in seiner unbefangenen,
natürlichen Entwicklung immer mehr hängt. Ich habe mich immer mehr
als Deutscher fühlen gelernt und muß diese Schande erleben. –«[20]
In der Aufbruchsstimmung der Protestanten verhallen solche Klagen.
Selbst Pfarrer, die sich später zur Bekennenden Kirche (BK) rechnen,
reden lautstark der »Ausschaltung« der Juden das Wort. Der 27jährige
Privatdozent Dietrich Bonhoeffer schreibt am 14. April 1933 dem Schweizer Theologen Erwin Sutz, in der »Judenfrage... haben die verständig-
sten Leute ihren Kopf und ihre ganze Bibel verloren«.[21]
Im August lädt Friedrich v. Bodelschwingh mehrere jüngere Theologen
nach Bethel ein, um ein zeitgemäßes Bekenntnis zu formulieren. Mit dabei ist Bonhoeffer. In der Erstfassung des »Betheler Bekenntnisses« heißt
es im Abschnitt »Die Kirche und die Juden« über die getauften (!) Juden:
Die Christen müßten »eher sich selbst der Verfolgung aussetzen, als die
durch Wort und Sakrament gestiftete kirchliche Bruderschaft mit dem
Judenchristen freiwillig oder gezwungen auch nur in einer einzigen Beziehung preiszugeben«.[22]
Auf Betreiben Bodelschwinghs muß die Erstfassung des »Betheler Bekenntnisses« zwanzig (!) Gutachter passieren. Das Ergebnis ist so dürftig,
daß sich Bonhoeffer distanziert. Ein weiterer Versuch Bonhoeffers, sei-
ner Kirche die Augen zu öffnen, daß die Rasse »nie Kriterium für die
Zugehörigkeit zur Kirche« sein kann, scheitert.[23] Der junge Theologe
resigniert und begibt sich ins kirchliche Exil – er wird Auslandspfarrer in
London.[24] Von dort schreibt er seinem Freunde Sutz: »Phantasten und
Naive wie [Martin] Niemöller glauben immer noch, die wahren Nationalsozialisten zu sein.«[25]
Warum ein Mann wie Bonhoeffer zu den Ausnahmen zählt, zeigt eine
Analyse der »Neuen Zürcher Zeitung« vom Sommer *1932*: Viele füh-
rende Vertreter der evangelischen Kirche, v. a. aber die jüngeren Pastoren, sympathisierten mit Hitler und betätigten sich in der NSDAP. In
beinahe allen Landeskirchen bestünden nationalsozialistische Pfarrer-
Bünde. Die protestantische Kirche sei dabei, »Parteikirche« zu werden.[26]
Der Situationsbericht der Schweizer Zeitung stammt, wie schon erwähnt,
aus dem Jahre 1932.
Selbst der Terror der SA, die Versammlungen von Andersdenkenden mit
brutaler Gewalt sprengt, wird – wie schon im Kapitel über die Diakonissen zu sehen war – entschuldigt. Der rheinische Theologe D. Hermann
Kremers, Präsidiumsmitglied des »Evangelischen Bundes«, meint z. B.,

die neue Bewegung hätte gar nicht zu Wort kommen können, »hätte nicht Hitler zum Selbstschutz und Saalschutz jene Stoßtrupps junger Männer organisiert«. Der Nationalsozialismus führe zwar wie das Rheinwasser nach der Schneeschmelze allerhand Unrat mit sich, aber er sei »eine quellfrische Volksbewegung, herausgeschlagen aus dem Felsmassiv der harten deutschen Not, ein Empörungsschrei des deutschen Herzens und Gewissens gegen das Verbrechen der Meuterevolution von 1918, gegen das Versailler Knechtdiktat, gegen die Kriegsschuldlüge...«[27]

»Bei den dem Notbund angehörenden Pfarrern handelt es sich zum Teil um reaktionäre Kräfte, zum Teil aber auch um Persönlichkeiten, die rückhaltlos für den nationalsozialistischen Staat eintreten und sich dagegen wehren, daß ihre Gegnerschaft gegen den Reichsbischof und gegen die ›Deutschen Christen‹ als Stellungnahme gegen den Nationalsozialismus ausgelegt wird.«

Stapo-Bericht vom 18. September 1934 über die Landeskirche von Kurhessen-Waldeck. Staatsarchiv Marburg, Bestand 165/3943.

Es ist charakteristisch für die evangelische Kirche, daß selbst die zu den »Deutschen Christen« theologisch in Opposition stehenden Pfarrer politisch ebenfalls Parteigänger der Nationalsozialisten sind. Ein Mann wie Wilhelm Niemöller zum Beispiel, der nach 1945 den Widerstand der Bekennenden Kirche in zahlreichen Veröffentlichungen dokumentieren wird, ist Mitglied der NSDAP seit 1923. Als er am 19. Juli 1933 wegen Verstoßes gegen die Parteidisziplin ausgeschlossen wird, weil er sich anläßlich der Kirchenwahlen gegen die »Deutschen Christen« ausgesprochen hat, prozessiert er mit Erfolg: Am 21. September 1934 verfügt ein Parteigericht die Rücknahme des Ausschlusses.[28]
Wilhelm Niemöller, ein Bruder Martin Niemöllers und einer der Sprecher der Bekennenden Kirche, weiht noch im Mai 1933 – nach dem »Judenboykott« – Hitlerfahnen. Über eine SA-Fahnenweihe in Eckardtsheim («unter dem erhebenden Klang alter preußischer Armeemärsche rückten sie an, die braunen Scharen«[29]) berichtet die »Westfälische Zeitung«: »Die zündende Weiherede des Pastors Niemöller-Bielefeld war umrahmt von den Liedern ›Wir treten zum Beten‹ und ›Ich hab' mich ergeben‹.«[30]
Über eine Fahnenweihe – darunter die Fahne der Reichsbahn-SS Bielefeld – am 20. Mai 1933 heißt es in der »Westfälischen Zeitung«: »Dann weihte Parteigenosse Pfarrer Niemöller die drei neuen Hakenkreuzfahnen... Mit erhobenen Händen gelobte man dem Wahrzeichen der Einigkeit, der Hakenkreuzflagge, die Treue. Die Fahnenweihe klang aus im Horst-Wessel-Lied.«[31]

Am 1. Juli wiederholt Niemöller sein Treuegelöbnis zur Hitler-Fahne: »Unter Vorantritt der SA-Kapelle bewegte sich der über 2000 Menschen umfassende Festzug durch die geschmückten Straßen... Für den verhinderten Pastor Köhler, Köln, nahm unser alter Kämpfer Pfarrer Niemöller, Bielefeld, die Fahnenweihe vor.«[32]

Wilhelm Niemöllers berühmter Bruder Martin wird anfangs 1934 dem Reichsbischof triumphierend entgegenhalten: »daß ich nicht die Gewähr dafür biete, daß ich jederzeit rückhaltlos für den nationalen Staat eintrete. – Dieser Beweis dürfte Ihnen schwerfallen!« (»Junge Kirche« vom 24. März 1934, S. 245).

Im April 1933 war das »Gesetz zur Wiederherstellung des Berufsbeamtentums« verkündet worden, das nichtarische Beamte des Dienstes enthob. Der »Arierparagraph« findet in protestantischen Kreisen weitgehend Zustimmung. Der Vorsitzende des (pietistischen) Gnadauer Verbandes, Pastor D. Walter Michaelis in Bethel, meint z. B. im Mai im Gnadauer Gemeinschaftsblatt, die Verleihung staatsbürgerlicher Rechte an die Juden widerspreche dem Willen Gottes. Roheiten dürften allerdings nicht vorkommen.[33]

Der »Arierparagraph« gilt nur für den staatlichen Bereich. Seine Einführung im kirchlichen Bereich beabsichtigt die Generalsynode der evangelischen Kirche der Altpreußischen Union. Die preußischen Synodalen tagen am 5. und 6. September 1933 in Berlin. Die Kirchenvertreter beeilen sich – ohne dazu gedrängt zu sein! –, der Nazi-Gesetzgebung auch in der Kirche Geltung zu verschaffen. Sie beschließen ein »Gesetz über die Rechtsverhältnisse der Geistlichen und Kirchenbeamten«:

»§ 1 (1). Als Geistlicher oder Beamter der allgemeinen kirchlichen Verwaltung darf nur berufen werden, wer die für seine Laufbahn vorgeschriebene Bildung besitzt und rückhaltlos für den nationalen Staat und die Deutsche Evangelische Kirche eintritt.

(2). Wer nicht arischer Abstammung oder mit einer Person nicht arischer Abstammung verheiratet ist, darf nicht als Geistlicher oder Beamter der allgemeinen kirchlichen Verwaltung berufen werden. Geistliche oder Beamte arischer Abstammung, die mit einer Person nichtarischer Abstammung die Ehe eingehen, sind zu entlassen. Wer als Person nichtarischer Abstammung zu gelten hat, bestimmt sich nach den Vorschriften der Reichsgesetze.

§ 3 (1). Geistliche oder Beamte, die nach ihrer bisherigen Betätigung nicht die Gewähr dafür bieten, daß sie jederzeit rückhaltlos für den nationalen Staat und die Deutsche Evangelische Kirche eintreten, sind in den Ruhestand zu versetzen.

(2). Geistliche oder Beamte, die nichtarischer Abstammung oder mit einer Person nichtarischer Abstammung verheiratet sind, sind in den Ruhestand zu versetzen.«

Präses Karl Koch (Oeynhausen), der Führer der oppositionellen Gruppe »Evangelium und Kirche«, aber auch ein Befürworter der politischen Wende, protestiert auf der Synode gegen das Gesetz, wird jedoch niedergeschrien.[34] Nur vierzehn Tage später, am 19. September 1933, schreibt Präses Koch an Hitlers Reichsbischof Ludwig Müller (der 1935, ohne formell abzudanken, in der Versenkung verschwinden wird):

»Steht es so, daß eine durch die nationale Bewegung in ihrem Deutschbewußtsein aufgerüttelte Gemeinde das Wort Gottes nicht mehr hören kann, wenn und weil es von einem Pfarrer nicht arischen oder nicht reinarischen Blutes verkündet wird, so hat die Kirche nur den Weg, solche Pfarrer zu bitten, um der Liebe willen auf die Ausrichtung ihres Amtes zu verzichten und in solcher Wendung des deutschen Volksempfindens den Weg Gottes (!) zu ehren.«[35]

Vision

Gottesdienst. Das Eingangslied ist verklungen. Der Pfarrer steht am Altar und beginnt:

»Nichtarier werden gebeten, die Kirche zu verlassen!«

Niemand rührt sich.

»Nichtarier werden gebeten, die Kirche zu verlassen!«

Wieder bleibt alles still.

»Nichtarier werden gebeten, die Kirche zu verlassen!«

Da steigt Christus vom Kreuze des Altars herab und verläßt die Kirche.

Das Breslauer christliche Wochenblatt »Evangelischer Ruf« am 14. Oktober 1933

Am selben Tag, am 19. September 1933, befaßt sich die Marburger theologische Fakultät – unter ihnen der Theologe Rudolf Bultmann – mit dem Arierparagraphen. Die Mitglieder des kurhessischen Kirchentages (Landeskirche Hessen-Kassel) hatten am 11. September in Marburg getagt und die theologischen Fakultäten in Marburg und Erlangen »um eine feierliche und verantwortliche Belehrung der deutschen evangelischen Christenheit« gebeten, ob das von der preußischen Generalsynode beschlossene und für die ganze Kirche in Aussicht genommene Gesetz der Heiligen Schrift und den Bekenntnissen gemäß sei.

Die Marburger Theologen verneinen: »Die gesamte Kirchengeschichte wie das Staats- und Kirchenrecht aller Völker kennt bisher den Begriff des Juden nicht im Sinne der Rasse, sondern ausschließlich in dem der Konfession...« Der Jude, der »sich bekehrt und taufen läßt, ist für die *Kirche* nicht mehr Jude... Mag ein *Staat* nun solche Beschränkungen in einer Schätzung der rassischen Faktoren, die früheren Zeiten fern lag, aus nationalpolitischen Erwägungen geboten finden, so können sie im Raum der Kirche als solcher keine Geltung beanspruchen...«[36] Damit sprechen die Marburger Theologen der Kirche die Berechtigung ab, den Arierparagraphen anzuwenden, billigen aber dem Staat das Recht zu, die Juden aus dem Dienst zu jagen.

In Erlangen ist man anderer Meinung. Am 25. September legen die Theologie-Professoren Paul Althaus und Werner Elert das »Theologische Gutachten über die Zulassung von Christen jüdischer Herkunft zu den Ämtern der deutschen evangelischen Kirche« vor. Die allen Christen gemeinsame Gotteskindschaft hebe »die biologischen und gesellschaftlichen Unterschiede nicht auf«. Die beiden Theologen:

»Das deutsche Volk empfindet heute die Juden in seiner Mitte mehr denn je als fremdes Volkstum. Es hat die Bedrohung seines Eigenlebens durch das emanzipierte Judentum erkannt und wehrt sich gegen diese Gefahr mit rechtlichen Ausnahmebestimmungen. Im Ringen um die Erneuerung unseres Volkes schließt der neue Staat Männer jüdischer oder halbjüdischer Abstammung von führenden Ämtern aus. Die Kirche muß das grundsätzliche Recht des Staates zu solchen gesetzgeberischen Maßnahmen anerkennen. Sie weiß sich selber in der gegenwärtigen Lage zu neuer Besinnung auf ihre Aufgabe, Volkskirche der Deutschen zu sein, gerufen. Dazu gehört, daß sie heute ihren Grundsatz von der völkischen Verbundenheit der Amtsträger mit ihrer Gemeinde bewußt neu geltend macht und ihn auch auf die Christen jüdischer Abstammung anwendet.«[37]

Anfang Oktober 1933 wenden sich 21 Theologen mit einem Appell »Neues Testament und Rassenfrage« an die innerkirchliche Öffentlichkeit. Eine amtliche Betätigung in der Gemeinde sei nicht »nach dem Gesichtspunkt völkisch-rassischer Zugehörigkeit zu regeln«. Nach dem Neuen Testament seien für die Zugehörigkeit zur Gemeinde »allein der Glaube und die Taufe« maßgebend. Zu den Unterzeichnern gehören so bekannte Theologen wie Karl Heim (Tübingen), Julius Schniewind (Königsberg) oder Rudolf Bultmann (Marburg).[38]

Am 30. Oktober ziehen drei der Unterzeichner (Heim, Schniewindt sowie der Königsberger Professor Alfred Juncker) ihre Unterschrift zurück. Die Begründung Heims: Die Erklärung sei zusammen mit dem Marburger Gutachten in die Presse gegeben worden. So müsse »der Anschein entstehen, als wollten wir mit den ausländischen Kritikern Deutschlands gemeinsame Sache machen, zumal sich bestimmt nicht verhindern läßt, daß dann unsere Namen durch die Weltpresse und gegen Deutschland benutzt werden«.[39]

Diese Haltung – schon zu Beginn der nationalsozialistischen Herrschaft – ist typisch: Gegen Verfolgung und Verbrechen wird nicht öffentlich protestiert, um der »Feindpropaganda« keinen Anlaß zu geben.

Der Gleichschaltungswahn der Deutschen Christen (DC) erreicht im
Herbst 1933 ein solches Ausmaß, daß der Berliner Pfarrer Martin Niemöller am 21. September 1933 in einem Rundschreiben die deutschen
Pastoren zu einem »Pfarrernotbund« aufruft. Dem Aufruf folgen bis Januar 1934 (Höchststand) 7036 Mitglieder, später wird die Zahl auf 5356
absinken. Jedes Mitglied verpflichtet sich u. a. mit seiner Unterschrift,
»daß eine Verletzung des Bekenntnisstandes mit der Anwendung des
Arierparagraphen im Raum der Kirche geschaffen ist«.

Das bedeutet jedoch nicht, daß Martin Niemöller, der seit 1924 stets die
NSDAP gewählt hat [40], und die anderen Pastoren des »Pfarrernotbundes«
die *staatlichen* Maßnahmen gegen die Juden mißbilligen. Es bedeutet nicht
einmal Solidarität mit den ev. »nichtarischen« Gemeindegliedern.

Am 2. November 1933 veröffentlicht Niemöller »Sätze zur Arierfrage in
der Kirche«: Die Erkenntnis, daß die christliche Gemeinschaft die be-
kehrten Juden einschließe, »verlangt von uns, die wir als Volk unter dem
Einfluß des jüdischen Volkes schwer zu tragen gehabt haben, ein hohes
Maß an Selbstverleugnung«. Deshalb werde man »von den Amtsträgern
jüdischer Abstammung heute um der herrschenden ›Schwachheit‹ willen
erwarten dürfen, daß sie sich die gebotene Zurückhaltung auferlegen,
damit kein Ärgernis gegeben wird. Es wird nicht wohlgetan sein, wenn
heute ein Pfarrer nichtarischer Abstammung ein Amt im Kirchenregi-
ment oder eine besonders hervortretende Stellung in der Volksmission
einnimmt«. [41]

Wilhelm Niemöller hat 1948 ein umfangreiches Werk vorgelegt: »Kampf
und Zeugnis der Bekennenden Kirche«. Von den 527 Seiten des Buches,
das dank einer Papierspende des Weltrats der Kirchen in Genf gedruckt
werden konnte, befassen sich gerade 11 Buchseiten mit der »Judenfrage«.
Im Blick auf den »Arierparagraphen« und die Bekennende Kirche
schreibt Wilhelm Niemöller: »An dieser Stelle ist sie niemals weich geworden.«

»Die Berechtigung des Arier-Paragraphen in der Kirche nach Anweisung des Römerbriefes«:
Als wohlüberlegte, in den Schranken christlichen Brudersinnes gehal-
tene zeitweilige kirchliche Verwaltungsmaßnahme ist der Arier-Paragraph daher auch nach Paulus (12, 3 bis 8) berechtigt. Mag er auch für
die Betroffenen hart und lieblos erscheinen, jeder Mensch ist eben auf
Gedeih und Verderb an das Wohl und Weh desjenigen Volkes gebunden, dessen Blut in seinen Adern rinnt, und hat wie an Siegen so auch
an Niederlagen seines Volkes teilzunehmen, in der Glaubenszuver-
sicht, daß denen, die Gott lieben, alles zum Besten dienen soll (8, 28),
auch das Versagtwerden innigster Herzenswünsche.

Somit ergibt sich als paulinische Anweisung im Römerbrief: Als Kirchengesetz ist der Arier-Paragraph Versündigung an Christus. Als kirchliche Verwaltungsmaßnahme dagegen bei der heutigen kirchlichen Lage berechtigt ... Für die Kirche von heute ist es jedenfalls Pflicht, jüdische Taufbewerber sehr scharf daraufhin zu prüfen, ob sie die göttliche Einberufungsorder ... tatsächlich besitzen, oder nur galizische Schnorrer sind.

Aus einem Artikel (gez. Daechsel, Militsch) in: Deutsches Pfarrerblatt, 8. Mai 1934 / Nr. 19, S. 239.

In einem 1952 formulierten Rückblick heißt es: »Die Bekennende Kirche als solche hat vielfach versagt, hat aber niemals auch nur von fern eine Konzession in bezug auf die Mitgliedschaft von Nichtariern in der Gemeinde und Kirche und in bezug auf die Ausübung des Predigtamtes durch Nichtarier gemacht.«[42]
Wilhelm Niemöllers Darstellung ist kaum mit der Entwicklung ab 1933 in Einklang zu bringen. Mit der Reduzierung der »Judenfrage« auf die Frage, ob evangelisch getaufte Juden in der Kirche ein Amt ausüben dürfen, werden die Juden der 1933 einsetzenden Verfolgung durch den NS-Staat ohne jeden Protest preisgegeben.
Dabei konnte die Kirche sich durchaus wehren und war auch nicht immer der Obrigkeit untertan – in eigener Sache. Dies zeigt der Versuch, die bayerische Kirche gleichzuschalten:
Am 17. September 1934 erscheint im Amtsblatt der Evangelisch-lutherischen Landeskirche in Bayern eine Kundgebung zu »Bekenntnisstand und Kirchengewalt«. Kernsatz: »Lutherische Landeskirchen können ihre Kirchengewalt nur einer Reichskirche übertragen, die selbst eindeutig an das lutherische Bekenntnis (die Augsburger Konfession) gebunden ist.« Die »Eingliederung« in die Deutsche Evangelische Kirche (DEK) wird nicht anerkannt.
Die von Gauleiter Julius Streicher herausgegebene »Fränkische Tageszeitung« druckt daraufhin (in der Ausgabe vom 15./16. September) einen Schmäh-Artikel. Überschrift: »Fort mit Landesbischof D. Meiser!« Verfasser sind der DC-Funktionär Prof. Wolf Meyer und der stellvertretende fränkische Gauleiter Karl Holz. Am folgenden Sonntag protestieren sämtliche Pfarrer Münchens mit einer Erklärung im Gottesdienst. Das »Evangelische Gemeindeblatt für München«:
»Nun aber geschah ganz spontan etwas, was in der Geschichte der Münchener evangelischen Gemeinde noch nicht dagewesen ist: die Tausende von Kirchenbesuchern sammelten sich auf dem Platz vor der Matthäus-Kirche ... Und dann zogen, ohne daß irgendwelche Parole ausgegeben gewesen wäre, die vor der Kirche Versammelten in die

Areisstraße zum Gebäude des Landeskirchenrates. Choräle wurden gesungen, bis der Herr Landesbischof auf dem Balkon erschien. Stürmisch
wurde er begrüßt; in tiefer Ergriffenheit richtete er eine kurze Ansprache an die Menge, in der er sie noch einmal zu treuem Aushalten er-
mahnte. In einem warmen Bekenntnis zum deutschen Volk und seinem
Führer klang die Ansprache aus. Die Menge antwortete mit dem
Deutschland-Lied und dem Horst-Wessel-Lied. Mit dem deutschen
Gruß zogen die Massen schließlich an dem Herrn Landesbischof vorüber.«

Treue-Kundgebungen gibt es ebenso in Augsburg und Nürnberg, in nahezu 400 Kirchen des Bezirks Mittelfranken werden Bittgottesdienste
abgehalten. In Ansbach versammeln sich am 23. September die Protestanten nach einem Gottesdienst vor der Kirche. Das »Evangelische Gemeindeblatt für Augsburg«: »Aus der Menge, die den Marktplatz füllte,
brachen laute Heilrufe (!), als D. Meiser erschien.«

Der »Würzburger Generalanzeiger« berichtet am 27. September von
einer »herzandringenden Predigt« des Landesbischofs in der überfüllten
St.-Johannis- und anschließend in der St.-Stephans-Kirche: »Eine
ansehnliche Zahl von Gemeindegliedern geleitete hierauf die Kirchenführer zum Dekanat und stimmte dort nochmals das Lied von der festen
Burg an. Landesbischof D. Meiser dankte in einer kurzen Ansprache
sichtlich bewegt für diesen Gruß. Daraufhin wurde das Deutschland- und
das Horst-Wessel-Lied gesungen und von Landesbischof D. Meiser ein
dreifaches Sieg-Heil auf Vaterland und Führer ausgebracht, in das die
Menge begeistert einstimmte.«

Am 11. Oktober spitzt sich der Streit um die »Eingliederung« der bayerischen Landeskirche zu. Sämtliche Oberkirchenräte und Bischof Meiser werden durch den aus Berlin angereisten Staatskommissar August
Jäger abgesetzt. Am nächsten Tag, einem Freitag, wird Meiser unter
Hausarrest gestellt, er erhält Predigt-Verbot. Als dies bekannt wird,
strömen Gläubige aus den Münchener Gemeinden in den Hof des Bischofs und halten dort einen Gottesdienst. Abordnungen fränkischer
Bauern ziehen zur bayerischen Regierung, protestieren und überbringen
Zehntausende von Unterschriften. Am 16. Oktober demonstrieren auf
dem Nürnberger Adolf-Hitler-Platz 10000 Menschen gegen Meisers
Absetzung.

Die Proteste zwingen den Nürnberger Polizeipräsidenten, sämtliche Pfarrer der Stadt am 17. Oktober zu einer Sitzung mit Gauleiter Streicher
einzuladen. Der »Evangelische Pressedienst München« über das Treffen:

»Dann trat Herr Gauleiter Streicher zum Podium, um zu sprechen. Oberkirchenrat Daumiller stellte sich ihm entgegen und bat ihn zunächst um
Auskunft, wie es sich mit dem Artikel des Ritualmordes und dem Angriff

auf das Heilige Abendmahl im ›Stürmer‹ verhalte. Es wäre den anwesenden Geistlichen als evangelischen Christen unmöglich, Ausführungen zuzuhören, ehe nicht Klarheit über den Schmähartikel, das Heilige Abendmahl unseres Herrn Jesu Christi betreffend, geschaffen würde. Herr Gauleiter Streicher erklärte sich bereit, darüber volle Auskunft zu geben und tat es auch. Er habe die Darlegungen weder geschrieben noch gebilligt, sondern sie bedauert. Damit war die Möglichkeit für die Geistlichen gegeben, nun seinen Ausführungen zuzuhören.«
Die Pfarrer bekennen nun, warum sie gegen die Reichskirchenregierung stehen. Am Ende des Artikels heißt es:
»Der Gauleiter Streicher sowohl wie Herr Polizeipräsident Martin waren sichtlich ergriffen. Der Gauleiter sprach das persönlich aus und versprach, es dem Führer mitzuteilen.«[43]
Meiser ist am 26. Oktober wieder ein freier Mann – als Landesbischof. Das Beispiel zeigt: der geschlossene Widerstand zwang die Nazi-Stellen, ihre Anordnungen zurückzunehmen. Die Pastoren hatten keine Angst, selbst einem Nazi-Gauleiter Streicher das Wort abzuschneiden – in eigener Sache. Doch das Beispiel lehrt auch: der Widerstand geschah innerhalb des akzeptierten Systems. So konnten die demonstrierenden bayerischen Protestanten Luthers »Ein feste Burg« wie das Horst-Wessel-Lied (»SA marschiert...«) singen.

4. »Warum tut die Kirche nichts?«
Das Blutschutzgesetz 1935

Im Mai 1935 liegt eine »Denkschrift über die Aufgaben der Bekennenden Kirche an den evangelischen Nichtariern« vor. Die Denkschrift ist auf Anregung des Berliner Superintendenten Martin Albertz entstanden. Verfaßt hat sie Marga Meusel, Vorsteherin des Evangelischen Bezirkswohlfahrtsamtes Berlin-Zehlendorf.
»Wenn die Bekennende Kirche die Arbeit an ihren nichtarischen Brüdern und Schwestern als ihre Aufgabe erkennt«, schreibt Marga Meusel, »dann muß sie sie irgendwie in Angriff nehmen.« Tausende evangelischer Nichtarier warteten schon lange auf ein »Wort der Bekennenden Kirche, das ihnen beweist, daß sie ganz zu uns gehören als unsere Brüder und Schwestern«.[44]
Die Denkschrift ist noch von protestantischem Obrigkeitsdenken geprägt. Noch heißt es, die Arbeit an den evangelischen Nichtariern dürfe »weder aus einer Oppositionshaltung gegen den Staat heraus geschehen, noch darf sie in eine solche Haltung hineinführen. Dann hätte sie vom Evangelium her nicht nur keine Berechtigung, sondern sie würde gegen Gottes Gebot verstoßen.«[45]

Wie es den Juden zu dieser Zeit ergeht, zeigen Jochen Kleppers Tagebucheintragungen. Unter dem Datum des 18./19. Juli 1935 verzeichnet er: »Antisemitische Ausschreitungen am Kurfürstendamm. Verschärfte Arierparagraphen. In Sachsen und in Breslau 21 arische Mädchen in Schutzhaft, die Verhältnisse mit Juden hatten. Die Männer in Konzentrationslagern. – Die Säuberung Berlins von Juden drohend angekündigt.«

Am 21. Juli notiert er über die Angriffe auf dem Kurfürstendamm: »Sie haben Jüdinnen ins Gesicht geschlagen... Zu Hilfe kam ihnen niemand.«

Am 23. Juli schreibt er: »Existenzverlust und körperliche Mißhandlung sind den Juden tagtägliche Beängstigung geworden.«[46]

Kurz vor dem Nürnberger Parteitag im September 1935 legt Marga Meusel eine weitere Denkschrift vor, die Denkschrift »Zur Lage der deutschen Nichtarier«. Sie ist für die vom 23. bis 26. September in Berlin-Steglitz tagende preußische Bekenntnissynode bestimmt. Nun schreibt Marga Meusel, Gehorsam dürfe nicht im Widerspruch gegen Gottes Gebote geleistet werden. Es sei keine Übertreibung, »wenn von dem Versuch der Ausrottung des Judentums in Deutschland gesprochen wird«.

Die Verfasserin mahnt ihre Kirche in verzweifelt deutlichen Worten, wie sie keiner der BK-Männer jemals finden wird: »Was soll man antworten auf all die verzweifelten, bitteren Fragen und Anklagen: Warum tut die Kirche nichts? Warum läßt sie das namenlose Unrecht geschehen? Wie kann sie immer wieder freudige Bekenntnisse zum nationalsozialistischen Staat ablegen, die doch politische Bekenntnisse sind und sich gegen das Leben eines Teils ihrer Glieder richten? Warum schützt sie nicht wenigstens die Kinder? Sollte denn alles das, was mit der heute so verachteten Humanität schlechterdings unvereinbar ist, mit dem Christentum vereinbar sein? Und wenn die Kirche um ihrer völligen Zerstörung willen in vielen Fällen nichts tun kann, warum weiß sie dann nicht wenigstens um ihre Schuld? Warum betet sie nicht für die, die dies unverschuldete Leid und die Verfolgung trifft? Warum gibt es nicht Fürbittgottesdienste, wie es sie gab für die gefangenen Pfarrer? Die Kirche macht es einem bitter schwer, sie zu verteidigen.«

Auch auf die Theologen-These, Gott habe das Volk Israel verworfen und der Rache preisgegeben, weil die Juden Christus ans Kreuz geschlagen hätten, geht Marga Meusel ein: »Daß es... in der Bekennenden Kirche Menschen geben kann, die zu glauben wagen, sie seien berechtigt oder gar aufgerufen, dem Judentum in dem heutigen historischen Geschehen und dem von uns verschuldeten Leiden Gericht und Gnade Gottes zu verkünden, ist eine Tatsache, angesichts deren uns eine kalte Angst ergreift. Seit wann hat der Übeltäter das Recht, seine Übeltat als den Willen

Gottes auszugeben? Seit wann ist es etwas anderes als Gotteslästerung zu behaupten, es sei der Wille Gottes, daß wir Unrecht tun? Hüten wir uns, daß wir den Greuel unserer Sünde nicht verstecken im Heiligtum des Willens Gottes.«[47]

»Warum sucht Bodelschwingh in den Ärzteblättern einen ›arischen‹ Medizinalpraktikanten? Warum muß eine Stenotypistin in der Inneren Mission den Ariernachweis erbringen?«

Aus der Denkschrift von Marga Meusel »Zur Lage der deutschen Nichtarier«

Pfarrer Wolfgang Gerlach, dessen Doktorarbeit über die Bekennende Kirche 17 Jahre lang nicht als Buch gedruckt wurde, weil so viele durch Dokumente Belastete noch lebten:
»Keine Denkschrift zuvor, kein Protest in Wort oder Schrift, geschweige irgendeine Synodalerklärung hatte sich in solchen Akkorden des Aufschreis und der Anklage vernehmen lassen.«[48]
Doch Marga Meusels Denkschrift wird auf der Synode in Steglitz nicht behandelt werden. Der Aufschrei hat keine Wirkung. Die führenden Männer der BK – in den Leitungsfunktionen sind ausschließlich Männer! – berührt das Schicksal der Juden und Judenchristen nicht. So kann z. B. die Staatspolizeistelle Bielefeld am 4. September 1935 an das Geheime Staatspolizeiamt Berlin melden, »daß führende Männer der Bekenntnisfront nach vorliegenden Äußerungen die Stellung des Staates zur Judenfrage grundsätzlich bejahen«.[49]

Am 15. September 1935 werden anläßlich des in Nürnberg stattfindenden Reichsparteitags zwei Gesetze (»Nürnberger Gesetze«) verabschiedet: Das »Reichsbürgergesetz« und das »Gesetz zum Schutze des deutschen Blutes und der deutschen Ehre«, das sogenannte Blutschutzgesetz.
Der entscheidende Passus im »Reichsbürgergesetz« lautet: »Reichsbürger ist nur der Staatsangehörige deutschen oder artverwandten Blutes, der durch sein Verhalten beweist, daß er gewillt und geeignet ist, in Treue dem Deutschen Volk und Reich zu dienen.« (§ 2, Abs. 1)
Im Blutschutzgesetz heißt es: »Durchdrungen von der Erkenntnis, daß die Reinheit des deutschen Blutes die Voraussetzung für den Fortbestand des Deutschen Volkes ist, und beseelt von dem unbeugsamen Willen, die Deutsche Nation für alle Zukunft zu sichern, hat der Reichstag einstimmig das folgende Gesetz beschlossen, das hiermit verkündet wird:
§ 1. (1) Eheschließungen zwischen Juden und Staatsangehörigen deutschen oder artverwandten Blutes sind verboten. Trotzdem geschlossene

Ehen sind nichtig, auch wenn sie zur Umgehung dieses Gesetzes im Ausland geschlossen sind.

(2) Die Nichtigkeitsklage kann nur der Staatsanwalt erheben.

§ 2. Außerehelicher Verkehr zwischen Juden und Staatsangehörigen deutschen und artverwandten Blutes sind verboten.«

Als Strafe wird mit Zuchthaus gedroht.

Dazu schreibt Wilhelm Niemöller 1952 in seinem Buch »Bekennende Kirche in Westfalen«: »Als am 15. September 1935 das... ›Gesetz zum Schutze des deutschen Blutes und der deutschen Ehre‹ herauskam, fand es eine unvorbereitete Christenheit in Deutschland, der es unmöglich war, mit einiger Geschlossenheit der neuen Gesetzgebung Widerstand zu leisten. Das galt für alle Konfessionen.«[50]

Unvorbereitet kann die Christenheit kaum gewesen sein, wo Vertreter beider Konfessionen der Rassenhygiene das Wort geredet hatten. Unvorbereitet scheint auch nicht der Marburger Theologieprofessor Martin Rade gewesen zu sein. Der Herausgeber der »Christlichen Welt«, einst »das wichtigste Organ des kirchlich-theologischen Liberalismus in Deutschland«[51], kommentiert am 1. November 1935 das Blutschutzgesetz: »Damit ist für die Geschlechter, deren arischer Charakter unangefochten dasteht, die Reinerhaltung der Rasse garantiert.« Mit den »Volljuden« solle der Staat verfahren, wie er wolle, doch die getauften Juden hätten einen Anspruch auf Schutz. Sein Rat, die »Halbarier« betreffend: »Rettung bietet ihnen allein die Auswanderung. Am sichersten gemeinsame Siedlung im fremden Lande.«[52]

Das Evangelisch-reformierte Landeskirchenamt der Provinz Hannover urteilt am 7. November 1935 über die Nürnberger Gesetze, es lasse sich nicht verkennen, »daß sich auf der Seite unserer Regierung das ernste Bestreben zeigt, das Problem der Judenfrage auf eine gesetzliche und gerechte (!) Weise zu regeln«.[53]

Der von den Bischöfen finanziell unterstützte katholische Eugenik-Experte Professor Hermann Muckermann[54] hatte schon 1934 in seinem »Grundriß der Rassenkunde« vor Eheschließungen mit Juden gewarnt. Muckermann räumt zwar ein, es gäbe Juden mit wirklich edler Gesinnung, aber: »Nachdem ich dies alles hervorgehoben habe, darf ich wohl mit um so größerer Entschiedenheit sagen, daß es selbstverständliche Pflicht ist, alles zurückzudrängen, was geeignet sein könnte, entartend auf das echte deutsche Wesen zu wirken...«

Bestimmte jüdische Schriftsteller hätten gerade jenes Gebiet verwüstet, »das sich auf die geschlechtliche Reinheit unseres Volkes bezieht«. Deutsche Literatur und Kunst hätten nicht zum Vorteil des Volkes in den Händen von Juden gelegen, »die trotz guten Willens, den ich vielen nicht abstreiten will, nicht berufen sein dürften, das echte deutsche Wesen zu vermitteln. Ich spreche daher mit Nachdruck die Forderung aus, daß man zunächst einmal Eheschließungen von heimrassigen Deutschen mit Fremdrassigen, die das Heimrassige verformen könnten, meidet. Man berufe sich nicht auf die Taufe, die aus einem Juden einen Christen macht. Die Taufe macht den Menschen zum Gotteskind, ändert aber niemals sein Erbgefüge.«[55]

Das »Jahrbuch der Caritaswissenschaft«: »Mit dem Blutschutzgesetz hat eine etwa 125jährige Entwicklung ihren Abschluß gefunden.«[56]

Unter dem Datum des 28. Mai 1936 verfassen die Leitungsgremien des »Dahlemer Flügels«[57] der zerstrittenen Bekennenden Kirche eine für Hitler bestimmte Denkschrift, die am 4. Juni in der Reichskanzlei abgegeben wird und auf einem Schreibtisch des Reichskirchenministeriums landet. Verantwortet wird die – geheime! – Denkschrift von der »2. Vorläufigen Kirchenleitung« und dem »Reichsbruderrat«.[58] Das Geheimpapier – das vom konservativen Flügel der BK, dem Lutherrat, abgelehnt wird – beklagt, daß »Blut, Rasse, Volkstum und Ehre den Rang von Ewigkeitswerten erhalten«. Berühmt wird später der Satz: »Wenn dem Christen im Rahmen der nationalsozialistischen Weltanschauung ein Antisemitismus aufgedrängt wird, der zum Judenhaß verpflichtet, so steht für ihn dagegen das christliche Gebot der Nächstenliebe.«

Damit ist im geheimen ein Wort zur Situation der Christen gesagt, aber nicht zur Situation der verfolgten Juden.

Die NS-Stellen reagieren nicht. Um so größer die Überraschung, als die Auslandspresse im Juli die Denkschrift abdruckt. Die »2. Vorläufige Kirchenleitung« der BK bittet daraufhin die Gestapo, nach dem Schuldigen zu fahnden.

Die Bekenntnisgemeinden werden am 23. August in einer Kanzelabkündigung über den Vorgang informiert: »Mit größter Gewissenhaftigkeit ist diese Denkschrift und ihr Inhalt vor der Öffentlichkeit, ja selbst vor den Gliedern der Bekennenden Kirche, geheimgehalten worden, um dem Führer des Reiches Gelegenheit zu sachlicher Prüfung zu geben ... Wir sind nunmehr gezwungen, öffentlich zu diesem Wort zu stehen.« Der Passus über den Antisemitismus – auf den man nach 1945 stolz sein wird – fehlt allerdings.

Der – bis heute unbewiesene! – Verdacht, die Denkschrift der Auslandspresse »verraten« zu haben, fällt auf Dr. Friedrich Weißler, den Kanzleichef der »Vorläufigen Leitung«. Weißler ist ein ehemaliger Landgerichtsdirektor, der wegen seiner »nichtarischen« Herkunft aus dem Dienst »entfernt« worden war. Er wird am 16. September von der BK vorläufig beurlaubt. Die Gestapo verhaftet ihn Anfang Oktober. Die Bekenntnis-Kirchenleitung distanziert sich Ende Oktober noch einmal von ihm: sie entläßt den Mann, der in den Händen der Gestapo ist, ganz offiziell.

Friedrich Weißler stirbt in der Nacht vom 18. auf den 19. November im KZ Sachsenhausen an den Folgen schlimmster Mißhandlungen. Die Bekennende Kirche hatte ihn – den getauften Juden – nicht auf ihre Fürbittliste gesetzt. Für ihren ersten Märtyrer hat die BK nicht einmal gebetet.

5. »Mit brennender Sorge...«
Die Entwicklung der katholischen Kirche bis zum »Anschluß« Österreichs

Die Huldigungsadressen der Bischöfe hatten nicht verhindert, daß die katholische Kirche sehr schnell in die Defensive geraten war. Die Bischöfe hatten zwar in ihrem Hirtenbrief vom 3. Juni 1933 ihre große Freude bekundet, daß sich die führenden Männer des neuen Staates auf den Boden des Christentums stellten. Doch nur acht Tage später, am 11. Juni, endete der Gesellentag des Kolpingverbandes in München vorzeitig: Schlägertrupps der SA verhindern den Abschlußgottesdienst, obgleich die gesamte Veranstaltung »ein flammendes Bekenntnis zum nationalen Staat« gewesen war.[59]

Faulhaber protestiert dagegen, versichert jedoch gleichzeitig dem bayerischen Staatsminister des Innern, Adolf Wagner: »Wie ich Ihnen in unserer Aussprache zusagte, habe ich durch die Dekane die Geistlichen noch einmal streng verpflichtet, in Predigt und Privatgespräch alles zu vermeiden, was das Vertrauen zur nationalen Regierung zerstören und die friedliche Zusammenarbeit zwischen Kirche und Staat schädigen könnte.«[60]

Bitterste Enttäuschung über die Haltung der Bischöfe zeigt die »Denkschrift der Führerschaft der katholischen kirchlichen Verbände« von August 1935.[61] Prälat Ludwig Wolker, der Generalpräses des Katholischen Jungmännerverbandes Deutschlands, schildert bewegt, welchem Haß katholische Verbandsangehörige ausgesetzt sind, welche sozialen und beruflichen Nachteile sie haben und wie sie bei Überfällen auch noch als Angreifer dargestellt werden.[62] Wolker: »Was wir aber schmerzlich zu vermissen glauben, ist die einheitliche Führung des Abwehrkampfes... Das Schweigen in den großen Fragen.« Es dürfe nicht so erscheinen, »als ob die, welche ›die ganze Last und Hitze des Tages getragen haben‹, nun aus taktischen Erwägungen an die Peripherie der Kirche gedrängt werden sollen«. Und es dürfe nicht geschehen, »daß schließlich bei einem Schlag gegen einen Verband, einen Führer oder ein Mitglied desselben, die offizielle Kirche sich distanziert: ›Er hat sich zu weit vorgewagt; er hätte das nicht tun brauchen; sie hätten doch sich einordnen und nachgeben sollen; die Verbände sind ja nicht die Kirche.‹«

1935 nerven die Nationalsozialisten die Bischöfe mit Schauprozessen, in denen Priester und Klöster wegen Devisen- und Sittlichkeitsvergehen an den Pranger gestellt werden. Die Delikte sind nicht erfunden, werden aber in der NS-Presse breit ausgemalt. 1936 werden bald 60 Funktionäre der katholischen Jugendführung – darunter auch Wolker – vorübergehend verhaftet. Der Oberhausener Jugendkaplan Joseph C. Rossaint wird zu 11 Jahren Zuchthaus verurteilt.

Walter Adolph[63], der Vertraute des Berliner Bischofs Preysing, klagt im Sommer 1936, »daß die Mitglieder des deutschen Episkopats weder einig in der Beurteilung der Lage noch entschlossen in der Abwehr der widerchristlichen Mächte seien. Nicht nur Laienkreise, sondern weithin auch die Mitglieder des niederen Klerus äußerten sich sehr abfällig über die Haltung des Episkopats.«[64] Doch auch Adolphs kritische, manchmal bissige »Aufzeichnungen aus dem nationalsozialistischen Kirchenkampf« klammern die Judenverfolgung völlig aus, obgleich er in Berlin gleichsam am Tatort sitzt.

Am 4. November 1936 begibt sich – wie bereits erwähnt – der Münchener Kardinal Faulhaber zu Hitler auf den Obersalzberg. Das Gespräch, an dem als dritter noch Rudolf Heß teilnimmt, dauert drei Stunden. Hitler redet die erste Stunde, Faulhaber antwortet in der zweiten. In der dritten Stunde entwickelt sich ein »entspanntes Zwiegespräch«, dem sich ein halbstündiges Mittagsmahl anschließt.[65]

Hitler spricht »freimütig, vertraulich, gemütvoll, teilweise temperamentvoll« und wütet – Faulhabers Notizen zufolge – über Bolschewismus und Juden: »Wie die Untermenschen, von Juden aufgehetzt, als Bestien in Spanien hausen, darüber habe er genaue Berichte… Er werde die geschichtliche Stunde nicht verpassen.«

Faulhabers Antwort: »Das ist für mich keine Schwarzseherei, Herr Reichskanzler.« Das alles sei in erschütternder Weise in Hitlers großer Rede auf dem Parteitag in Nürnberg (der Bolschewismus könne nur niederreißen, werde von Juden geführt) ausgesprochen worden. Faulhaber weiter: »Ich war Ohrenzeuge, als Papst Pius XI. im öffentlichen Konsistorium 1933 den Reichskanzler des Deutschen Reiches öffentlich den ersten Staatsmann nannte, der offen und bestimmt mit ihm, dem Papst, die bolschewistische Gefahr erkannt habe.« Und schließlich am Ende seiner Aufzeichnungen: »Der Reichskanzler lebt ohne Zweifel im Glauben an Gott. Er anerkennt das Christentum als den Baumeister der abendländischen Kultur.«[66] Kommentar des Berliner Bischofs Konrad Graf von Preysing, als er von Faulhabers Hitlerbesuch erfährt: »Saubesuch«.[67]

1937 hat sich die Lage der katholischen Kirche so verschlechtert, daß sich der Papst zu einem spektakulären Schritt entschließt. Pius XI. verfaßt ein päpstliches Rundschreiben, das mit den Worten beginnt: »Mit brennender Sorge und steigendem Befremden beobachten Wir seit geraumer Zeit den Leidensweg der Kirche…«

Die Enzyklika »Mit brennender Sorge« ist das einzige päpstliche Rundschreiben, das in deutscher Sprache geschrieben ist. Der Text wird heimlich über die Grenze gebracht und heimlich gedruckt. Am 21. März 1937 –
Palmsonntag – wird die Enzyklika [68] von den Kanzeln verlesen.
Der Papst beklagt, daß die Zusagen des Konkordats nicht eingehalten
werden, und urteilt: »Wer die Rasse, oder das Volk, oder den Staat, oder
die Staatsform, die Träger der Staatsgewalt oder andere Grundwerte
menschlicher Gemeinschaftsgestaltung – die innerhalb der irdischen Ordnung einen wesentlichen und ehrengebietenden Platz behaupten – aus
dieser ihrer irdischen Wertskala herauslöst, sie zur höchsten Norm aller,
auch der religiösen Werte macht und sie zum Götzenkult vergöttert, der
fälscht die gottgeschaffene und gottbefohlene Ordnung der Dinge.« [69]
Nur oberflächliche Geister, so Pius XI., könnten der Irrlehre verfallen,
Gott, den Schöpfer aller Welt, vor dessen Größe die Nationen klein seien
wie Tropfen am Wassereimer, »in die blutmäßige Enge einer einzelnen
Rasse einkerkern zu wollen«.
Die Konzentrationslager erwähnt der Papst nur im Abschnitt an die Priester und Ordensleute (Dank und Anerkennung für jene Geistliche, die in
»Ausübung ihrer Hirtenpflicht Leid und Verfolgung tragen mußten und
müssen... für manche bis in die Kerkerzelle und das Konzentrationslager
hinein«). Die Verfolgung der Juden wird nicht erwähnt.
Pius XI. läßt seinem Rundschreiben nur fünf Tage später, am 19. März,
die Enzyklika »Divini Redemptoris« folgen, die den atheistischen Kommunismus verurteilt. Doch Hitler ist damit nicht zu besänftigen. Die
Druckereien und Verlagsleiter, die das Rundschreiben gedruckt haben,
büßen mit der Schließung der Betriebe. Die katholischen Arbeiterver-
eine werden liquidiert. Neue Prozesse wegen Devisen- und Sittlichkeits-
vergehen beginnen, in denen die Klöster als »Brutstätten des Lasters«
(Frick) dargestellt werden. [70]
Am 12. März 1938 marschieren deutsche Truppen in Österreich ein. Zwei
Tage später, am 14. März, ist Hitler in Wien. Alle Glocken läuten. Die
Menge jubelt. Am nächsten Tag begibt sich der Erzbischof von Wien,
Kardinal Theodor Innitzer, zu Hitler ins Hotel. 1932 hatte er noch den
überspitzten Nationalismus (»Ihr wißt schon, wen ich meine«) und die
Unterscheidung zwischen einer »Edelrasse« und »minderwertigen Rassen« verurteilt. [71] Nun versichert er Hitler, Österreichs Katholiken würden tatkräftig am deutschen Aufbauwerk mitarbeiten.
Einen Tag später, am 16. März, werden Österreichs Juden vom Stimmrecht ausgeschlossen. Eine Verhaftungswelle setzt ein, die auch Katholiken erfaßt. Das hindert die österreichischen Bischöfe allerdings nicht, am
18. März 1938 SS-Obergruppenführer Josef Bürckel, Gauleiter von Wien
und Reichsstatthalter in Österreich, eine »feierliche Erklärung« zu der
am 10. April anberaumten Volksabstimmung abzuliefern:

»Wir erkennen freudig an, daß die Nationalsozialistische Bewegung auf dem Gebiet des völkischen und wirtschaftlichen Aufbaues sowie der Sozialpolitik für das Deutsche Reich und Volk und namentlich für die ärmsten Schichten des Volkes Hervorragendes geleistet hat und leistet. Wir sind auch der Überzeugung, daß durch das Wirken der Nationalsozialistischen Bewegung die Gefahr des alles zerstörenden gottlosen Bolschewismus abgewehrt wurde.«

Die österreichischen Bischöfe erklären, es sei für sie eine selbstverständliche nationale Pflicht, »uns als Deutsche zum Deutschen Reich zu bekennen«. Mitunterzeichner ist auch der Linzer Bischof Johannes Maria Gföllner, der 1931 den Nationalsozialismus noch als »frivolen Rassenwahn« abgelehnt hatte.

Der Wiener Kardinal Innitzer und der Salzburger Fürsterzbischof Sigismund Waitz ergänzen die Erklärung der österreichischen Bischöfe am 21. März noch um ein »Vorwort«. Sie beteuern darin, daß in diesen Tagen »die tausendjährige Sehnsucht unseres Volkes nach Einigung in einem großen Reich der Deutschen ihre Erfüllung findet«.[72]

Entgeistert fragt der sonst so regimetreue Bertram den Berliner Bischof Preysing: »Kennt Innitzer nicht die Enzyklika ›Mit brennender Sorge‹?«[73]

Gleichwohl, am Vorabend der Wahl läuten die Glocken der katholischen Kirchen. Am 10. April stimmen – nach offiziellen Angaben – 99,08 Prozent aller Deutschen und 99,7 Prozent aller Österreicher für den Anschluß Österreichs.

Ein deutscher Bischof ist der Wahl allerdings ferngeblieben: der Rottenburger Bischof Johannes Sproll. Zur Abschreckung inszeniert die Partei Ausschreitungen vor dem Bischofssitz und erreicht damit, daß Sproll am 22. April 1938 die Stadt verlassen muß und nicht wieder zurückkehren wird.[74]

Österreichs Protestanten, eine Minderheit in dem katholisch geprägten Land, jubeln am lautesten. Genau zwei Drittel aller evangelischen Pfarrer sind Parteimitglied und arbeiten als Rottenführer, Schulungs-, Propaganda- oder Ortsgruppenleiter. In vielen Pfarrhäusern hatten heimlich Versammlungen der vor dem »Anschluß« verbotenen NSDAP stattgefunden. Der Reichsbundesführer der Deutschen Evangelischen Pfarrvereine, der Nürnberger Kirchenrat Fritz Klingler: »Das österreichische Pfarrhaus war mit ein besonderer Hort für die nationalsozialistische Erhebung der Ostmark.«

Am 20. März hatte die evangelische Kirche Österreichs von allen Kanzeln eine Erklärung verlesen lassen: »Gott hat an dem deutschen Volk und unserer Heimat ein großes Wunder getan.« Als am 9. April eine Abordnung der Evangelischen Kirche von Hitler empfangen wird, erstattet der Präsident des Evangelischen Oberkirchenrats einen Lagebericht: Dr. Ro-

**Central-Ausschuß für die Innere Million
der Deutschen Evangelischen Kirche**

Berlin-Dahlem, den 22. März 1938
Reichensteiner Weg 24

An die

Verbände und Anstalten der Inneren Million.

Mit tiefer Freude haben wir die Wiedervereinigung Österreichs mit dem deutschen Vaterlande miterlebt. Wir gedenken in herzlicher Verbundenheit der Brüder und Schwestern, die jetzt wieder zu dem Mutterlande zurückgekehrt sind. Insbesondere denken wir auch an die Werke der Inneren Million in Österreich, mit denen wir schon seit Jahren brüderlich verbunden waren und die nun ganz zu unserer Gemeinschaft gehören.

Auch die Innere Million der Deutschen Evangelischen Kirche will dem Führer ihren Dank abstatten und an ihrem Teil dazu beitragen, daß die Wunden der vergangenen Zeit in unserem Bruderlande geheilt werden. Der Vorstand des Central-Ausschusses für Innere Million fordert daher alle Verbände und Einrichtungen der Inneren Million auf, ihren Dank an den Führer durch die Tat zu beweisen und bedürftige Volksgenossen aus Österreich, Erwachsene und Kinder, bei sich aufzunehmen.

Ich bitte, die Zahl der gestifteten Pflegetage umgehend an den Central-Ausschuß für Innere Million, Berlin-Dahlem, Reichensteiner Weg 24, zu melden.

Heil Hitler!

[Unterschrift]

Präsident

bert Kauer – ein 1936 wegen seiner NS-Betätigung entlassener Staatsanwalt. Superintendent Dr. Hans Eder aus Gosau, dem die SA wenige
Tage zuvor als einem der »ersten Kämpfer« gehuldigt hat, in seiner Ansprache: »So grüßt Sie, mein Führer, die evangelische Kirche Österreichs zu Ihrer Befreiungstat als das Werkzeug in der Hand des Allmächtigen...«[75]

»Unsere positive Einstellung zu Reich, Volk und Führer ist nicht
bloß blut- und rassenmäßig bedingt, sondern durch die tiefe Erkenntnis davon, daß in all dem Geschehen Gott selbst zum Wohle unseres
Volkes eingegriffen hat und daß der Führer der Vollstrecker des göttlichen Rettungswillens an unserem Volke war. Das hat restlose Gefolgschaft zur Folge, die wir als Dank an den ewigen Gott werten für
das, was er an uns getan hat.«

Aus dem zweiten amtsbrüderlichen Rundschreiben von Dr. Hans Eder, Superintendent
und ab 1940 Bischof von Wien, in: Junge Kirche vom 1. Mai 1938.

---

6. »... das Judentum als ein gefährliches Element bekämpfen«
Judenverfolgung bis zur »Reichskristallnacht«
und kirchliche Reaktionen danach

In rascher Folge ergehen 1938 gesetzliche Verordnungen zur Ausschaltung der Juden: Am 22. April 1938 kommt die »Verordnung gegen die
Unterstützung der Tarnung jüdischer Betriebe«. Nur vier Tage später, am
26. April 1938, folgt die »Verordnung über die Anmeldung des Vermögens von Juden«, die auch den nicht-jüdischen Ehepartner einschließt.
Jochen Klepper, als Ehemann einer jüdischen Frau selbst betroffen, notiert am 29. April in seinem Tagebuch: »Es zehrt an allen Kräften... dies
dauernde und immer noch wachsende Unrecht an den Juden in Deutschland ohnmächtig mit ansehen zu müssen... Übrigens darf der Dr. h. c.
und D. (theol.) an Arier mit jüdischen Frauen in Deutschland nicht mehr
verliehen werden.«[76] (Die protestantischen Pfarrer und Kirchenbeamten
schwören zu dieser Zeit: »Ich werde dem Führer des deutschen Reiches
und Volkes, Adolf Hitler, treu und gehorsam sein, die Gesetze beachten
und meine Amtspflichten gewissenhaft erfüllen, so wahr mir Gott
helfe!«)
Am 21. Mai schreibt Klepper: »Heute früh kam unsere neue Einkom-
mensteuer-Veranlagung: 458 Mark Nachzahlung; pro Quartal 140 Mark
Vorauszahlung. Vor der Steuer gelte ich nun als ledig; Frau- und Kinder-
ermäßigung fallen bei Mischehe fort.«[77]

Am 9. Juni 1938 werden Juden auch als Gasthörer von den Universitäten
verbannt. Am 13. Juni wird die »polizeiliche Vorbeugehaft« für Asoziale
und für vorbestrafte Juden angeordnet. Am 14. Juni weist der Reichswirt-
schaftsminister alle öffentlichen Sparkassen an, Juden keine Kredite
mehr zu geben. Am selben Tag ergeht die »Dritte Verordnung zum
Reichsbürgergesetz«, die die Registrierung und Kennzeichnung jüdischer Betriebe regelt. Am 20. Juni werden Juden von deutschen Börsen
und Großmärkten verbannt. Am 22. Juni verordnet der Reichsinnenminister die gesonderte Unterbringung von Juden in Krankenhäusern,
»damit die Gefahr von Rassenschande vermieden wird«.

»Wegen der Gefahr einer Rasseschändung ist der Unterbringung der
Juden in den Krankenanstalten besondere Aufmerksamkeit zu wid-
men. Sie müssen von Kranken deutschen oder artverwandten Blutes
räumlich getrennt untergebracht werden. Soweit Juden, die nicht
bettlägerig krank sind, in Kranken- usw. Anstalten verbleiben müssen, muß ihre Unterbringung und die Regelung ihrer Bewegung im
Hause und im Anstaltsgelände die Gefahr einer Rasseschändung mit
Sicherheit ausschließen... Ich ersuche daher, dieser Gefahr unter allen Umständen vorzubeugen.«

Schreiben des Hauptgesundheitsamtes Hamburg vom 5.10.1938 an die Alsterdorfer Anstalten[78]

Die Alsterdorfer Anstalten in Hamburg und die Ricklinger Anstalten,
beides Einrichtungen der Inneren Mission, haben zu diesem Zeitpunkt
schon begonnen, sich ihrer jüdischen Bewohner zu entledigen. Dr. Oscar
Epha, der Direktor des Landesvereins für Innere Mission in Schleswig-
Holstein, am 7. März 1938 an Pastor Lensch in Alsterdorf: »Ich habe der
Hamburger Fürsorgebehörde mitgeteilt, daß wir keine neuen jüdischen
Patienten aufnehmen können, und gebeten, die 4 jüdischen Patienten,
die wir noch von Hamburg haben, umzutauschen.«[79]
Am 6. Juli 1938 kommt das »Gesetz zur Änderung der Gewerbeordnung
für das Deutsche Reich«, das Juden verbietet, Bewachungsbetriebe, Aus-
kunfteien, Maklergeschäfte und Hausverwaltungen zu betreiben. Ebenso
wird ihnen die Heiratsvermittlung von »Ariern« und das Fremdenführer-
gewerbe verboten. Am 25. Juli wird jüdischen Ärzten die Behandlung
arischer Patienten verboten, sie müssen sich »Krankenbehandler« nennen. Am 27. Juli ordnet der Reichsinnenminister die unverzügliche Um-
benennung der nach Juden benannten Straßen an. Am 17. August folgt
die »Zweite Verordnung zur Durchführung des Gesetzes über die Änderung von Familiennamen und Vornamen«, die für alle männlichen Juden

als zweiten Vornamen »Israel« und für alle weiblichen Juden »Sara« vorschreibt.

Jochen Klepper schreibt am 23. August: »Immer schlimmere Verschärfungen auch in Hotels für die Juden. Reisen ist nun anders als von Haus zu Haus eigentlich ausgeschlossen. Ab 1.1. müssen alle Juden, ob getauft oder nicht, als zweiten Vornamen den Namen Israel, alle Jüdinnen den zweiten Namen Sara führen. Die Liste der Vornamen, die für neugeborene Judenkinder festgesetzt ist, bedeutet zu achtzig Prozent eine sadistische Verhöhnung. Die biblischen, berühmten Namen sind den Juden gesperrt.«[80]

Die Aufzählung der immer neuen Verordnungen zeigt, daß die Juden Tag für Tag, Woche um Woche mit neuen Schikanen und Demütigungen rechnen müssen. Und niemand ist da, der ihnen beisteht.

Am 29. September 1938 tagen in München der britische Premierminister Chamberlain, die Ministerpräsidenten Daladier (Frankreich) und Mussolini (Italien) und Hitler. Chamberlain sucht einen Krieg zu vermeiden und macht Hitler Zugeständnisse. Am 1. Oktober marschieren in Ausführung des Münchener Abkommens deutsche Truppen ins Sudetengebiet ein.

Der Vorsitzende der Fuldaer Bischofskonferenz, Kardinal Bertram, schickt am 1. Oktober 1938 Hitler ein Huldigungs-Telegramm:

»Die Großtat der Sicherung des Völkerfriedens gibt dem deutschen Episkopate Anlaß, dem Führer und Reichskanzler Glückwunsch und Dank namens der Diözesanen aller Diözesen Deutschlands ehrerbietigst auszusprechen und feierliches Glockengeläute am Sonntag anzuordnen.«[81]

Der Jubel ist kaum verklungen, da trifft die jüdische Bevölkerung der nächste Schlag: Am 5. Oktober 1938 kommt die »Verordnung über Reisepässe von Juden«, nach der Ausweispapiere von Juden mit dem Aufdruck »J« zu versehen sind.

Am 8. Oktober notiert Klepper einen »Witz dieser Zeit«: »Die Schweiz hat ja nun einen Marineminister. ›Wieso? Sie braucht doch gar keinen.‹ ›Deutschland hat ja auch einen Justizminister.‹«[82]

Am 21. Oktober schreibt Klepper: »Über die Quälerei der Juden und den Raub, der an ihrem Eigentum geschieht, wenn sie, nachdem man ihnen die Existenzmöglichkeiten nahm, Deutschland verlassen wollen, gerät man allmählich in einen Zustand, der einer Gemütskrankheit nicht mehr unähnlich ist.«[83]

Am 26. Oktober heißt es bei Klepper: »Juden und mit Juden verheiratete Arier können im Dritten Reich nicht mehr Vormund sein.«

Einen Tag später: »Viele Verhaftungen von jüdischen Polen in Berlin...«[84]

Am nächsten Tag, am 28. Oktober, läßt Himmlers engster Gefolgsmann, Reinhard Heydrich, 17000 in Deutschland ansässige jüdische Polen über die polnische Grenze treiben. Unter ihnen die Eltern des 17jährigen Herschel Grynszpan, der gerade in Paris ist. Grynszpan verübt am 7. November ein Attentat in der deutschen Botschaft in Paris. Er trifft den Legationssekretär Ernst von Rath, der zwei Tage später stirbt.

Dies ist der willkommene Vorwand, ein reichsweites Pogrom zu inszenieren. In der Nacht vom 9. auf den 10. November brennen die Synagogen (»Reichskristallnacht«). Jüdische Geschäfte und Wohnungen werden geplündert und zerstört, jüdische Frauen vergewaltigt, mehr als 90 jüdische Menschen ermordet. Etwa 26000 kommen ins KZ.

In dieser Nacht wird in Bad Kreuznach eine Jüdin durch Nazis verletzt. Ein Diakon und eine Diakonisse der Diakonieanstalt Bad Kreuznach holen sie mit dem anstaltseigenen Krankenwagen ab. Doch das Diakonie-Krankenhaus verweigert die Aufnahme der verletzten Jüdin.[85]

Am 12. November verordnet Göring, alle Schäden, die »durch die Empörung des Volkes« entstanden seien, hätten die Juden auf eigene Kosten zu beseitigen. Als »Sühne« haben sie außerdem eine Milliarde Reichsmark aufzubringen.

Am selben Tag kommt die »Verordnung zur Ausschaltung der Juden aus dem deutschen Wirtschaftsleben«. Sie verbietet Juden das Betreiben von Handelsgeschäften und Handwerksunternehmen zum 1. Januar 1939. Juden dürfen nicht mehr als Betriebsführer und leitende Angestellte beschäftigt werden.

Am 14. November 1938 notiert Klepper einen Hinweis auf die »Endlösung«: »Gestern neue Goebbelsrede: Die Judenfrage wird endgültig gelöst.«[86]

Am 15. November werden jüdische Kinder vom allgemeinen Schulbesuch ausgeschlossen.

Am 23. November schreibt Klepper: »Der Judenhaß der SS, ›des Ordens des Nationalsozialismus‹, aber steigert sich so, daß er nicht Ghetto und Gelben Fleck und später sogar Ausrottung des ›ins Verbrechertum absinkenden Judentums‹ ›mit Feuer und Schwert‹ fordert, sondern nun bereits von der Abtreibung sagt: Jüdinnen dürfen sie nicht nur – sie sollen sie ausüben.«[87]

Am 24. November fordert das »Schwarze Korps« die »restlose Vernichtung« der in Deutschland verbliebenen Juden im Falle eines Krieges. Am 28. November erhalten die Regierungspräsidenten das Recht, Juden räumliche und zeitliche Beschränkungen des Inhalts aufzuerlegen, »daß sie bestimmte Bezirke nicht betreten oder sich zu bestimmten Zeiten in der Öffentlichkeit nicht zeigen dürfen«.

Am 3. Dezember folgt eine Verordnung über Zwangsveräußerungen jüdischer Geschäfte.

Klepper notiert zwei Tage zuvor in seinem Tagebuch: »Es soll in diesem Monat schon 5000 jüdische Selbstmorde gegeben haben.«[88]

Kardinal Bertram, der wenige Wochen zuvor Hitler noch ein Glück-
wunsch-Telegramm geschickt hatte, protestiert gegen das November-
pogrom nicht. Die katholischen Bischöfe schweigen.

Auch die »Junge Kirche«, das Organ der »Bekennenden Kirche«,
schweigt.

Karl Barth hatte sich schon 1933 »über die Leisetreterei« des BK-Blattes
entsetzt.[89] Zum 50. Geburtstag des »Führers« im April 1939 wird man die
Sprache wiederfinden und Hitler preisen: »... Auch der Christ läßt sich in
seinem Gebet ergreifen durch den Gang des Schicksals, zu dessen Vollstreckern in der Welt Gott die Gestalten geschichtlicher Größe sendet.«

Und im Krieg wird die »Junge Kirche« Gebete abdrucken wie: »Segne
und behüte mit starkem Arm unseren Führer wider alle ihn umringenden
Gefahren und gib ihm im Ansturm unserer Feinde guten Rat und kraftvolle Tat zur rechten Zeit.« Oder Loblieder auf Pastoren-Helden wie den
»Senior der deutschen evangelischen Gemeinden in Slowenien«, Pastor
Baran aus Marburg an der Drau: »Er entwaffnete im gegebenen Augenblick die slowenische Polizei, vertrieb das serbische Militär und holte die
deutschen Soldaten in die Stadt.« Oder auf Pastor Hans Großmann, Feld-
webel eines Radfahrer-Spähtrupps, der an der Spitze seiner Leute Straß-
burg »in deutschen Besitz« nahm und zum Münster eilte: »Sie erstiegen
den Turm, und auf der obersten Spitze hißten sie die Hakenkreuzfahne.«[90]

Während die »Junge Kirche« zum Judenpogrom schweigt, rechtfertigt
das »Deutsche Gemeinschaftsblatt« den Terror: Man habe Hitler mit der
Ermordung des Botschaftssekretärs in »wahrhaft frecher Weise den
Fehdehandschuh hingeworfen, und das bedeutet den Krieg«.[91]

Der württembergische Landesbischof Theophil Wurm schreibt am 6. Dezember 1938 dem katholischen Reichsjustizminister Franz Gürtner. Ein-
leitend heißt es: »Ich darf aus einer langjährigen Erfahrung sagen, daß
es kaum einen Stand geben dürfte, der von spezifisch jüdischem Wesen
sich so freigehalten hat und der seine Einsatzbereitschaft für Volk und
Vaterland so unter Beweis gestellt hat wie der evangelische Pfarrer-
stand.«

Warnend fährt Wurm fort: »Weil wir unserem Volk ersparen möchten,
daß es später dieselben Demütigungen und Leiden über sich ergehen lassen muß, denen jetzt andere preisgegeben sind, erheben wir im Blick auf
unser Volk fürbittend, warnend unsere Hände, auch wenn wir wissen, daß
man uns deshalb Judenknechte schilt und mit ähnlichen Vorgehen be-
droht, wie es gegen die Juden angewandt worden ist...«

Abwiegelnd schließt er: »Ich bestreite mit keinem Wort dem Staat das
Recht, das Judentum als ein gefährliches Element zu bekämpfen. Ich
habe von Jugend auf das Urteil von Männern wie Heinrich v. Treitschke

und Adolf Stoecker über die zersetzende Wirkung des Judentums auf religiösem, sittlichem, literarischem, wirtschaftlichem und politischem Gebiet für zutreffend gehalten und vor 30 Jahren als Leiter der Stadtmission in Stuttgart gegen das Eindringen des Judentums in die Wohlfahrtspflege einen öffentlichen und nicht erfolglosen Kampf geführt.«[92]

Vom 10. bis 12. Dezember 1938 tagt die selbst von Kanzelverboten und Verhaftungen betroffene Bekennende Kirche – ihr entschiedenster Vertreter Martin Niemöller war am 1. Juli 1937 verhaftet worden – auf dem Kirchentag in Berlin-Steglitz. In einem Wort an die Gemeinden formuliert der Kirchentag: »Viele unter Euch sind durch das Geschick unserer christlichen Glaubensgenossen unter den Juden in ihren Herzen getroffen. Wir bitten Euch, Euer Denken und Handeln in dieser Not unter die Richtschnur folgender Worte der Heiligen Schrift zu stellen...«

Es folgen Bibelzitate, die sich vor allem auf die getauften Juden beziehen (»Denn wieviel euer auf Christum getauft sind, die haben Christum angezogen. Hier ist kein Jude noch Grieche...«).[93]

Wilhelm Niemöller, der Chronist der Bekennenden Kirche, mit einem Eigenlob: »Man mag alle diese Erklärungen gering werten. Unter dem Terror der damaligen Zeit bedeuteten sie viel, zumal außer der Bekennenden Kirche in Deutschland nicht ein Mensch zu diesen Dingen den Mund auftat.«[94]

Einer tat es: der Dompropst an der Berliner St.-Hedwigs-Kathedrale, Bernhard Lichtenberg. Er betet seit der »Reichskristallnacht« jeden Tag öffentlich für die verfolgten nichtarischen Christen und für die Juden.

Der Limburger Bischof Antonius Hilfrich betont dagegen in einem Hirtenbrief vom 6. Februar 1939, »daß die christliche Religion nicht aus der Natur dieses Volkes (der Juden) herausgewachsen ist, also nicht von Rasse-Eigenschaften dieses Volkes beeinflußt ist, sondern sich gegen dieses Volk hat durchsetzen müssen. Jesus Christus ist nicht eine Frucht dieses Volkes, sondern in seiner Menschwerdung ein Geschenk des Himmels... Die Geschichte der Offenbarung mit dem nur werkzeuglichen Mitwirken des israelitischen Volkes, die Todfeindschaft der führenden Kreise gegen den Heiland und die Verstocktheit des nachchristlichen Judentums zeigen, daß die christliche Religion kein Geist des Judentums ist... Nicht der Begriff vom Schöpfer-Gott ist jüdischen Ursprungs, wohl aber dürfte geprüft werden, wie weit die Leugnung des Schöpfers und der statt dessen seit Jahrhunderten immer mehr verbreitete pantheistische Gottesbegriff von der Philosophie des Juden Baruch Spinoza beeinflußt sind.«[95]

Am 10. Februar 1939 erläßt die Thüringer Landeskirche ein Gesetz, das die evangelisch getauften Juden aus den Kirchenräumen verbannt:

»§ 1. Juden können nicht Mitglieder der Thüringer Evangelischen Kirche werden.

§ 2. Zu Amtshandlungen für Juden, die vor dem Inkrafttreten des Gesetzes Mitglieder der Thüringer Evangelischen Kirche geworden sind, ist
kein Pfarrer der Thüringer Evangelischen Kirche verpflichtet; kirchliche
Räume und Einrichtungen dürfen für solche Amtshandlungen nicht benutzt werden. Kirchliche Amtshandlungen für sonstige Juden sind unzu-
lässig.
§ 3. Kirchensteuern werden von Juden, die vor dem Inkrafttreten des
Gesetzes Mitglieder der Thüringer Evangelischen Kirche geworden sind,
nicht mehr erhoben...«[96]
Am 22. Februar 1939 folgt das Landeskirchenamt in Sachsen mit einem
gleichlautenden Gesetz, dem sich die Landeskirchen in Anhalt, Mecklenburg und Lübeck anschließen.[97]
Klepper, der vom Vorgehen der Thüringer Kirche in der Zeitung liest:
»Das habe ich nicht für möglich gehalten. Ich sehe darin das Ungeheuer-
lichste, das bisher im Dritten Reich geschehen ist.«[98]

Wilhelm Niemöller: »Natürlich dachten die offiziellen Kirchenleitungen
nicht daran, etwas für die Pfarrer jüdischer Abstammung zu tun. Im Gegenteil: Bürokratisch und mit eisiger Kälte teilten sie den nichtarischen
Pfarrern mit, daß sie nicht Geistliche bleiben könnten und zu entlassen
seien.«
Niemöller zitiert zum Beweis ein Schreiben des Präsidenten des Landes-
kirchenamtes in Nassau-Hessen, das an den Pfarrverwalter Max Weber in
Neckarsteinach gerichtet ist: »Der Ihnen durch Verfügung vom 10. 1. 1936
– Nr. 94 I – unter dem Vorbehalt jederzeitigen Widerrufs erteilte Auftrag,
die Pfarrei Neckarsteinach zu verwalten, wird hiermit zurückgenommen,
und Sie werden mit Ende Juli ds. Js. aus der dortigen Stellung entlassen.
Der Leiter der Deutschen Evangelischen Kirchenkanzlei hat unter dem
13. Mai 1939 – K.K. 420/39 – angeordnet, daß die Bestimmungen des
Deutschen Beamtengesetzes vom 26. 1. 1937 schon jetzt auf dem Verwaltungswege für die Geistlichen und Kirchenbeamten angewandt werden.
Nach den Bestimmungen des Deutschen Beamtengesetzes kann aber nur
Beamter werden, wer deutschen oder artverwandten Blutes ist (siehe
§ 25). Da Sie als Mischling zweiten Grades (ein volljüdischer Großeltern-
teil) nicht deutschen oder artverwandten Blutes sind und daher bei sinn-
gemäßer Anwendung der Bestimmung im Deutschen Beamtengesetz
kein Geistlicher werden bzw. bleiben können, mußte Ihre Entlassung ausgesprochen werden.«[99]

Am 15. März 1939 besetzen deutsche Truppen rechtswidrig die restliche
Tschechoslowakei.
Elf Tage später, am 26. März 1939, unterzeichnen Vertreter der »Natio-
nalkirchlichen Einigung Deutsche Christen« sowie Pfarrer und Laien aus

den verschiedensten Kreisen die »Godesberger Erklärung«. Darin heißt es: »Indem der Nationalsozialismus jeden politischen Machtanspruch der Kirchen bekämpft und die dem deutschen Volke artgemäße nationalsozialistische Weltanschauung für alle verbindlich macht, führt er das Werk Martin Luthers nach der weltanschaulich-politischen Seite fort und verhilft uns dadurch in religiöser Hinsicht wieder zu einem wahren Verständnis christlichen Glaubens.«

Im Blick auf die Juden heißt es: »Der christliche Glaube ist der unüberbrückbare religiöse Gegensatz zum Judentum.«

Unterschrieben ist das Papier u. a. von dem Münsteraner Theologieprofessor Helmut Kittel und von Görings Neffen, dem Nervenarzt Professor Heinrich Göring, und Pfarrer Hans Schomerus, Studiendirektor des Predigerseminars Wittenberg (1948 Redakteur bei »Christ und Welt« und von 1951–1967 Leiter der Ev. Akademie in Herrenalb).[100]

Elf deutschchristliche Landeskirchenleiter[101] veröffentlichen am 4. April 1939 im »Gesetzblatt der Deutschen Evangelischen Kirche« eine »Bekanntmachung«, daß sie die Godesberger Erklärung »bejahen«. Zugleich geben sie die »Gründung eines Instituts zur Erforschung und Beseitigung des jüdischen Einflusses auf das kirchliche Leben des deutschen Volkes« bekannt.[102]

Bitter schreibt Klepper am 21. April: »Punkt um Punkt weicht die Kirche zurück. Wahrhaftig ein Gericht über dem Hause Gottes hat angefangen. Die Kirche fürchtet sich vor dem Staat, nicht vor Gott. Das sage nun ich mit meiner mir so oft zum Vorwurf gemachten ›Obrigkeitsmystik‹.«[103]

Der seit Juli 1935 amtierende Reichsminister für die kirchlichen Angelegenheiten Hans Kerrl[104] präsentiert am 26. Mai 1939 allen Kirchenführern fünf »Grundsätze für eine den Erfordernissen der Gegenwart entsprechende neue Ordnung der Deutschen Evangelischen Kirche«. Kerrls dritter Glaubenssatz:

»Die nationalsozialistische Weltanschauung bekämpft mit aller Unerbittlichkeit den politischen und geistigen Einfluß der jüdischen Rasse auf unser völkisches Leben. Im Gehorsam gegen die göttliche Schöpfungsordnung bejaht die Evangelische Kirche die Verantwortung für die Reinerhaltung unseres Volkstums. Darüber hinaus gibt es im Bereich des Glaubens keinen schärferen Gegensatz als den zwischen der Botschaft Jesu Christi und der jüdischen Religion der Gesetzlichkeit und der politischen Messiashoffnung.«[105]

Die »Grundsätze« werden nicht einmal von allen Kirchenführern der Deutschen Christen unterschrieben. Zu den Unterzeichnern gehören jedoch der »neutrale« Landesbischof von Braunschweig, Helmut Johnson, Pfarrer Fritz Happich für die Landeskirche Kurhessen-Waldeck und der dienstälteste Landesbischof, der lutherische Bischof von Hannover, August Marahrens.

Über den Bischof von Hannover hatte Karl Barth schon 1934 gelästert, Marahrens sei entschlossen, »seine Geschäfte immer gerade mit demjenigen zu machen, der ihm im Augenblick zur Wahrung seiner historischen Belange am meisten zu bieten hat«.[106] Marahrens hatte sich am 17. Juli 1933 Hitler angedient, »einem evangelischen Kirchenmann, dessen Haus seit Jahren mit Hingebung in der Bewegung steht... einen persönlichen Empfang zu gewähren«.[107]

7. »...erhofft wird zumindest ein klares, anklagendes Protestwort«
Die Kirchen während des Zweiten Weltkriegs

Am 1. September 1939 wird Polen überfallen. Stolz meldet Feldbischof Franz Justus Rarkowski, schon bei den ersten Kampfhandlungen seien die katholischen – so wörtlich – »Kriegspfarrer« dabei gewesen. Sehr viele »Welt- und Ordensgeistliche aus allen Diözesen des Reichsgebiets« hätten sich sogar »ohne Genehmigung der zuständigen kirchlichen Vorgesetzten für den Seelsorgedienst im Feldheere« gemeldet.[108]
Die »Junge Kirche«, die von Hanns Lilje herausgegebene Zeitschrift der BK, berichtet ausführlich von polnischen Greueltaten (häufige Quelle: der »Völkische Beobachter«!) und der Begeisterung der Protestanten. Am 16. September druckt das BK-Blatt einen Aufruf des Generalsuperintendenten der Unierten Evangelischen Kirche in Polen, D. Paul Blau (Posen). Dieser hatte am 8. September den »befreiten Gemeinden« geschrieben: »Das Wunder ist geschehen! Eure Träume sind Wirklichkeit geworden... eure Gebete sind von Gott erhört. Er hat euch in dem Führer den Befreier von 20jähriger polnischer Zwingherrschaft und in den tapferen Männern der deutschen Wehrmacht die Erretter aus grauenvoller Not gesendet.«
Pastorale Heldentaten sind gefragt. So wird z. B. am 4. November 1939 ein Bericht des Kirchenrats Zahradnik abgedruckt: »Am 1. September sind wir (drei Amtsbrüder) nebst einigen Kameraden in drei Autos und mit nur zwei Pistolen bewaffnet in den Oderberger Zipfel des Landes vorgestoßen und sind von der Bevölkerung, da noch keines deutschen Soldaten Fuß vorbeigekommen war, als erste Boten der Befreiung stürmisch begrüßt und mit Unmengen von Blumen gefeiert worden.«
In vielen Äußerungen wird »die Gleichung deutsch = evangelisch und polnisch = katholisch« aufgemacht. Der Protestantismus putzt sich als völkischer Vorposten heraus, denn, so die »Junge Kirche« am 6. April 1940: »Im deutschen Osten, besonders im Warthegau, hat eine gewaltige Aufbauarbeit von historischen Außmaßen begonnen.« Das Kirchenblatt ahnt nicht, daß die Nationalsozialisten die Kirche im Warthegau als Verein und ihre Leitung als Vereinsvorstand behandeln werden. Nirgends

wird die Kirche während des Zweiten Weltkrieges so brutal unterdrückt werden wie gerade im Warthegau. Dabei hatte Superintendent Blau am 3. Oktober 1939 seinen Pfarrern verkündet: »Gott hat uns endlich durch den Führer die Freiheit wiedergegeben. Dem Herrn sei Lob und Preis dafür gesagt!« (Junge Kirche, Heft 22/1939).

Millionen Menschen werden in den Kriegsjahren als Zwangsarbeiter verschleppt, darunter viele Polen. Doch die Katholiken polnischer Nationalität – in der Nazi-Sprache gelten sie als Untermenschen – können nicht auf den Beistand der deutschen Bischöfe hoffen.

Der Vorsitzende der Fuldaer Bischofskonferenz, Kardinal Adolf Bertram, argumentiert ähnlich wie im Falle der KZ-Häftlinge. Am 17. Januar 1941 schreibt er dem Reichsminister für die kirchlichen Angelegenheiten, den staatlichen Stellen könne es nicht gleichgültig sein, ob die außerordentlich große Zahl von Polen, die sich im deutschen Lebensraum und unter deutschen Bürgern bewegten, durch bewährte seelsorgerliche Mittel – gemeint ist die Beichte! – »möglichst intensiv zur sittlich-anständigen Haltung beeinflußt werden, oder ob sie mangels hinreichender Seelsorge um so leichter der sittlichen Verwilderung verfallen«.[109]

Noch am 5. August 1944 heißt es in einem Schreiben Bertrams an den deutschen Episkopat, die Zahl der wilden Ehen und unehelichen Geburten bei den polnischen Zivilarbeitern sei gestiegen. »Auch sind sonstige sittliche Mißstände aufgetreten.«[110] Kein Wort, daß die Polen zwangsverschleppt sind und wie Arbeitssklaven gehalten werden. Bertram interessiert die Sittlichkeit der Opfer.

Daß in Polen die Priester massakriert werden und daß dort auch sonst Ungeheuerliches geschieht, wissen die Bischöfe. Bischof Sebastian von Speyer in seinen Aufzeichnungen über das alljährliche Treffen der Bischofskonferenz am 18. August 1942: »Die Französinnen wollen den Krieg gewinnen durch ihre Verführung... Kampf gegen Polen und Juden: 700000 Polen sind umgelegt (!), 60000 deportiert.«[111]

Der Vorsitzende der deutschen Bischofskonferenz scheint die polnischen Brüder nicht geliebt zu haben. Am 13. Dezember 1942 schreibt er Bischof Heinrich Wienken:

»Angeblich ist Weihbischof Michael Kozal aus Wlozlawek im Konzentrationslager Dachau und der Lubliner Weihbischof Wladislaus Goral im Konzentrationslager zu Oranienburg. Hat es Bedenken, wenn ich aus konfraterneller Rücksicht dafür eintrete, daß diesen eine würdigere Unterkunft oder Freiheit zu rein wissenschaftlicher Beschäftigung gewährt werde? So wenig Humanitätsempfinden gegenüber den Polen als berechtigt erscheinen mag, dürfte doch immerhin die Standes-Konfraternität einige Bewertung erhoffen können.«[112]

In der Morgenfrühe des 15. Sept. fiel in treuester Pflichterfüllung bei Gorki südlich Plzk unser hoffnungsvoller Sohn und Bruder, der Student der Theologie **Kurd Zippel** Schütze und Melder bei einem Regiments=Stab im Alter von 19 Jahren.

Johannes Zippel, Pfarrer
Käthe Zippel, geb. Jerke
Walther, Hans=Günther,
Barbara Zippel

Berlin=Steglitz, im Oktober 1939.

 Unser lieber Sohn **Wilhelm** ist im September an der Ost=front gefallen.

Pfarrer Bliedner und
Frau Nora, geb. Panzer

Königsberg, NW.

 Der Herr über Leben und Tod nahm im Kampfe für Volk und Vaterland unsern lieben Amtsbruder **Theodor Maaß** Pastor der Bekennenden Kirche in Podejuch im Alter von 28 Jahren von uns in das Reich seines Friedens. Klar und entschieden ging er den Weg freudigen Bekennens im Licht des Evangeliums. Der Herr lasse ihn schauen, was er geglaubt und verkündigt hat.

Der Bruderrat
der Evangelischen Kirche in Pommern

 Du hast aber doch ein Panier gegeben denen, die dich fürchten, welches sie aufwarfen und dasselbe sicher machte. Ps. 60,6. Während des Feldzuges gegen Polen rief der Herr über Leben und Tod **Adolf Guddas** Pfarrer an den Carlshöfer Anstalten und **Johannes Thimm** Pfarrer in Herzogskirch aus dem Kampf für Volk und Vaterland in seine Ewigkeit. Der Herr lasse sie schauen, was sie geglaubt und verkündigt haben. Wir aber wissen, daß denen, die Gott lieben, alle Dinge zum Besten dienen.

Der Bruderrat
der Ostpreußischen Bekenntnissynode

 Unser lieber jüngster Sohn **Franz Dibelius** Gefreiter in einem MG=Bataillon ist am 28. Mai im Alter von 20 Jahren für das Vaterland gefallen.

Wir preisen Gott, daß seinem jungen Leben ein fester Glaube geschenkt war. Hebr. 10,39 war sein Konfirmationsspruch.

Berlin=Lichterfelde=West, im Juni 1940.

Zugleich im Namen der Geschwister

Generalsuperintendent Dibelius
und Frau Armgard, geb. Wilmanns

Im Zeichen des Hakenkreuzes: Todesanzeigen in der »Jungen Kirche«, der Zeitschrift der BK. Oben: Junge Kirche vom 9. November 1939.

Unten: Junge Kirche vom 15. Juni 1940.

Mit dem Einmarsch in Polen hat die Ermordung der jüdischen Bevölkerung begonnen. Die Bischöfe werden den Holocaust niemals öffentlich anprangern. Sie setzen sich lediglich – und das halbherzig – für die getauften deutschen Juden ein. So kümmert sich zum Beispiel [113] der St. Raphaelsverein in Hamburg (1941 zwangsweise aufgelöst) um »katholische Juden«, die notgedrungen ausreisen wollen.[114] Berücksichtigt werden »nur wertvolle katholische Persönlichkeiten«, die »in keiner Weise ihre staatsbürgerlichen Pflichten verletzten«.[115]

Darin stimmt man mit den Protestanten überein. Pfarrer Heinrich Grüber (Büro Pfarrer Grüber) im August 1938: »Wie die Kirche grundsätzlich ihre Arbeit nur tun kann an solchen christlichen Nichtariern, die ohne Kritik und Klage in diesem Staate leben, so muß ebenso Wert darauf gelegt werden, daß diese Menschen, wenn sie draußen im Ausland leben, weiter ohne Kritik und Klage ihrer alten Heimat gegenüberstehen.«[116]

Im Spätsommer 1941 wird der Holocaust der deutschen Juden vorbereitet. Am 1. September 1941 kommt die »Polizeiverordnung über die Kennzeichnung der Juden«. Danach müssen alle Juden, die das sechste Lebensjahr vollendet haben, einen »Judenstern« tragen (verboten wird ihnen dagegen das Tragen von Orden und Ehrenzeichen). Juden dürfen ohne schriftliche Erlaubnis der Ortspolizei ihre Wohngemeinde nicht mehr verlassen. Die Polizeiverordnung tritt am 19. September in Kraft.

Das Hilfswerk beim Ordinariat Berlin (geleitet von Dompropst Bernhard Lichtenberg), zunächst als Beratungsstelle für jüdisch-katholische Auswanderer gedacht und seit dem Auswanderungsverbot im Sommer 1941 eine Zufluchtsstätte der Verzweifelten, berichtet am 5. September 1941: »Schon in den ersten drei Tagen nach der Verkündigung des Gesetzes richteten katholische und evangelische Nichtarier und Arier, Priester und Laien in großer Besorgnis ob der möglichen Auswirkungen dieser Verordnung im kirchlichen Leben folgende Fragen an uns:

1. Muß der Judenstern auch in der Kirche während des Gottesdienstes getragen werden?

2. Dürfen die Juden trotz der Kennzeichnung und Brandmarkung durch den Judenstern am allgemeinen Gottesdienst teilnehmen?«

Unter 3. steht ein ganzes Fragenbündel. Da ist z. B. die Frage, ob Judenchristen während der Gottesdienste Sonderbestimmungen zu befürchten haben, etwa in Form von Sondergottesdiensten in oder außerhalb des Gotteshauses? Oder durch die Einführung besonderer »Judenbänke«? Dürfen sich Judenchristen »beim Empfang der hl. Erstkommunion, der hl. Firmung, der hl. Beichte unter die Arier mischen?« Wird erwartet, daß die Christen mit Judenstern Pfarrhaus und kirchliche Stellen (z. B. das Ordinariat) nicht mehr betreten?

Schon jetzt, heißt es in dem Bericht, gäbe es ein tiefverletzendes »Abrücken« arischer Katholiken von den nichtarischen Glaubensgenossen (»sogar an der Kommunionsbank«). Auch Priester übten eine stark betonte Zurückhaltung den »Judenkatholiken« gegenüber. Die innerlich gefestigten nichtarischen Katholiken hätten den festen Glauben, »daß die katholische Kirche sie niemals aus der selbstverständlichen Gemeinschaft aller Gläubigen wird ausgliedern lassen, auch nicht durch eine sogenannte nur äußerliche Sonderbehandlung. Sie weisen daher auch jeden Gedanken an Sondergottesdienst und an besondere Judenbänke weit von sich, weil er unvereinbar ist mit wahrer Katholizität.«

In dem Bericht des Hilfswerks beim Ordinariat Berlin heißt es weiter: »Andererseits sind sie aber auch bereit, alle Verfolgung durch Nichtkatholiken auf sich zu nehmen, der sie sich durch den Kirchenbesuch aussetzen; sie erkennen darin eine ihnen von Gott geschenkte Möglichkeit, durch ihr allen Gefahren, aller Verfolgung zum Trotz unbeirrt treues, auch äußerlich erkennbares Sich-Bekennen zur wahren Kirche Christi sühnen zu dürfen, was das Judenvolk an Christus gesündigt hat. Auch ganz ruhig und nüchtern Denkende sehen in dieser Kennzeichnung die Vorbereitung zu einem Pogrom...«

Eine ebenso absurde wie weitverbreitete Vorstellung: der Massenmord als Sühne für Christi Kreuzigung!

Die Hilfsstelle mahnt: »Wir erbitten aufrüttelnde Worte an das katholische Volk, an die ›Gemeinschaft aller Gläubigen‹, jetzt zu beweisen, ob sie wahrhaft ›katholische‹ Gemeinschaft ist und ob echter Caritasgeist in ihr lebt.«[117]

Kardinal Bertram schreibt am 17. September – zwei Tage vor Einführung des Judensterns – den deutschen Bischöfen, zu vermeiden seien übereilte (!) Anweisungen, die die jüdischen Katholiken verletzten, z. B. Einführung besonderer Judenbänke, Trennung bei Spendung der hl. Sakramente, Einführung von Sondergottesdiensten. Eine kirchenamtliche Anordnung einer Absonderung der katholischen Nichtarier wäre »gegen die christliche Liebe«. Sie sei deshalb so lange als möglich zu vermeiden. Die Pfarrer sollten den Juden-Christen aber »empfehlen, möglichst die Frühgottesdienste zu besuchen«.

Doch die bischöfliche Liebe hat ihre Grenzen. Bertram: »...Wenn sich größere Schwierigkeiten durch den Kirchenbesuch der nichtarischen Katholiken ergeben sollten (Fernbleiben der Beamten, Parteigenossen und anderer, ostentatives Verlassen des Gottesdienstes), ist mit den katholischen Nichtariern selbst die Abhaltung von Sondergottesdiensten zu erwägen.«[118]

Die Verzweiflung der »jüdischen« Katholiken wird von Bertram wenig ernst genommen. Am 17. November 1941 schreibt er wegen der katholischen »Nichtarier« an Faulhaber: »Nebenbei sind wir besorgt, es sei vordringlicher, daß der Episkopat darauf bedacht sei, seine geringen Einflußmöglichkeiten zunächst auf andere, kirchlich wichtigere und weittragen-

dere Belange zu konzentrieren, ganz besonders auf die immer dringender
werdende Frage, wie eine christentums- und kirchenfeindliche Beeinflussung in der Erziehung der katholischen Jugend wirksam zu verhindern
ist.«[119]

Bertrams Formulierungen erinnern an Urteile seiner Zeitgenossen über
ihn. Der Berliner Domkapitular Heinrich Heufers: »Der Kardinal hat
sehr urbane Formen und kann von entzückender Liebenswürdigkeit sein.
Aber ich sage Ihnen, er ist kalt wie eine Hundeschnauze.«[120] Generalvikar Steinmann meinte, er kenne niemanden, der den Kardinal persönlich kennengelernt und sich nicht erkältet hätte.[121] Walter Adolph über
einen Besuch im März 1937: »Ich sah einen Greis, der am Tag zuvor sein
78. Lebensjahr vollendet hatte... mißtrauisch, selbstherrlich. Eine Ban-
gigkeit befiel mich bei dem Gedanken, auf diesem Mann ruht jetzt eine
für die Kirche Deutschlands so wichtige Entscheidung.«[122]

Bertrams Brief an Faulhaber, es gebe wichtigeres als das Schicksal der
Judenchristen, erscheint um so verwunderlicher, als am 23. Oktober 1941
Dompropst Bernhard Lichtenberg verhaftet worden ist. Bei der Haus-
durchsuchung findet die Gestapo Lichtenbergs Kanzelvermeldung für
den nächsten Sonntag:

»In Berliner Häusern wird ein anonymes Hetzblatt gegen die Juden verbreitet. Darin wird behauptet, daß jeder Deutsche, der aus angeblich falscher Sentimentalität die Juden irgendwie unterstützt, und sei es auch
durch freundliches Entgegenkommen, Verrat an seinem Volk übt. Laßt
Euch durch diese unchristliche Gesinnung nicht beirren, sondern handelt
vielmehr nach dem strengen Gebet Jesu Christi: ›Du sollst deinen Nächsten lieben wie dich selbst.‹«

Lichtenbergs Standpunkt: »Wenn wir Priester schweigen, werden ja die
Leute ganz irre und wissen nicht mehr, woran sie sind.«

Der einzige, der öffentlich für die Juden eintritt, wird zum Märtyrer: Ein
Sondergericht beim Landgericht Berlin verurteilt ihn am 22. Mai 1942 wegen Kanzelmißbrauchs zu zwei Jahren Gefängnis. Nach Verbüßung der
Strafe in Tegel wird Lichtenberg nach Dachau geschafft. In Hof muß man
ihn ins Städtische Krankenhaus einliefern. Dort stirbt er am 5. November
1943.[123]

Was Menschen in diesen Jahren erleiden, läßt sich an der Person und dem
Schicksal des Pfarrerssohnes Jochen Klepper ersehen, der bisher schon
mehrfach als Zeitzeuge zitiert wurde. Klepper ist am 22. März 1903 im
Pfarrhaus des Oderdorfes Beuthen geboren. Er studierte Theologie,
mußte das Studium jedoch abbrechen, weil er es körperlich und seelisch
nicht schaffte. Er arbeitet danach beim Evangelischen Presseverband in
Breslau. Auf der Zimmersuche trifft er Hanni Stein, geborene Gerstel,
Witwe eines Rechtsanwalts. Hanni Stein, eine Jüdin, ist dreizehn Jahre

älter als Klepper und hat aus erster Ehe zwei Töchter, Brigitte und Re-
nate. Der Pfarrerssohn und die Witwe eines jüdischen Rechtsanwalts heiraten 1931. Sie können nicht ahnen, daß Hannis jüdische Herkunft ihr
Leben bald drastisch verändern wird.
Klepper geht nach Berlin, findet eine Anstellung beim Rundfunk. 1933
erscheint sein erster Roman »Der Kahn der fröhlichen Leute«, der humo-
rig das Leben auf einem Oderkahn schildert. Der Schriftsteller Reinhold
Schneider beschreibt in seinem Buch »Verhüllter Tag« Kleppers »allzu
gepflegtes Äußere, eine gewisse moderne Eleganz«. Klepper liebt die ge-
pflegte Idylle des bürgerlichen Hauses. Er hätte Karriere gemacht, hätte
er nicht 1931 eine jüdische Frau mit zwei Töchtern geheiratet.
1933 wird Klepper beim Rundfunk entlassen. Eine Tätigkeit beim Ull-
stein-Verlag muß er wegen der »nichtarischen« Ehefrau ebenfalls been-
den. Dennoch weigert sich Klepper lange, die politische Realität anzuer-
kennen. In lutherischem Obrigkeitsglauben erzogen, verurteilt er in den
Jahren der Nazi-Herrschaft Kritik an den Untaten des Staates, weil sie
dem Deutschtum schade.
Klepper schreibt in den Anfangsjahren des Nationalsozialismus den historischen Roman »Der Vater«, der den preußischen Soldatenkönig
Friedrich Wilhelm I. und das Preußentum verklärt (»Wollten die Götter
auf Erden wohnen, sie ließen sich im Lande Preußen nieder«). »Der Vater« wird 1937 ein Publikumserfolg. Dieser Erfolg – Reichsinnenminister
Frick schätzt z. B. das Werk – schützt Klepper zunächst. Der Roman bekommt positive Kritiken, auch von Nationalsozialisten. Klepper darf in
diesen Jahren mit einer Sondergenehmigung schreiben.[124]
Klepper sieht zwar die Verfolgung der Juden, hält sie auch im Tagebuch
fest, verdrängt aber die Gefahr für die eigene Familie. Erst kurz vor
Kriegsausbruch geht eine der beiden Töchter, Brigitte, nach England.
Am 19. Februar 1940 heißt es im Tagebuch:
»Hanni und Renerle bei Pastor Grüber[125], dem Leiter der großen Hilfsstelle für Judenchristen, der sich uns so bereitwillig angeboten hat – wenn
auch ohne Hoffnung. – Nach dem Gespräch schien es nicht mehr ganz so
hoffnungslos. Jedenfalls behandelt Grüber – um des ›Vaters‹ willen! –
Renerles Sache als besonderen Fall. Er ist unbedingt dafür, daß Renerle
weggeht. Ja, er meint, man könne von diesen Dingen nur noch sagen,
Satan sei am Werk. – Das Gerücht stimmt: Aus Stettin sind 1200 Juden
nach Lublin deportiert, ohne alles Eigentum, mit dem notwendigsten
Proviant und Gepäck. Auch ganz alte Leute sind darunter. Vor den
Mischehen wurde haltgemacht. Und zum ersten Mal auch vor den Judenchristen. – Dieser Vorgang in Stettin stellt Grübers schwerste Sorge
dar.«[126]
Eine Woche später, am 26. Februar, notiert Klepper, auch aus westpreußi-
schen Städten seien die Juden deportiert und von der Stettiner Deporta-

tion seien Einzelheiten bekannt: »Von abends sieben bis früh fünf als ganze Frist der Vorbereitung, 10 Mark, Handgepäck, das jeder selbst tragen kann.«[127]

Am 1. April hält er fest: »Drei alte Damen in Stettin... sind mit nach Lublin deportiert worden und alle drei schon tot.«[128]

Einen Monat später, am 2. Mai 1940, schreibt er etwas auf, was ihn weiter deprimieren muß: »Mich erreicht eine geheime Nachricht: Krüppel, Schwachsinnige, Jugendliche und Senile, die als unheilbar gelten, werden aus den Unterbringungsanstalten herausgezogen, nach unbekanntem Ort gebracht – nach einiger Zeit erhalten die Angehörigen die Urne mit der Asche, der Patient wäre gestorben und einer Infektionsgefahr wegen eingeäschert worden. Diese Nachricht, die um ihrer Schrecklichkeit willen wohl nicht einmal Gerücht werden wird der hohen Strafen wegen, habe ich von dem Leiter einer der größten christlichen Anstalten, die in der ganzen Welt berühmt ist.«[129]

Die Eintragungen über das Jahr 1940 hinweg dokumentieren, wie den Juden – und damit auch Kleppers – nach und nach alle Rechte entzogen werden. Schon im Februar hatte Klepper einen Bescheid bekommen, »daß dem Antrag auf Genehmigung zum Besuch von deutschen Kulturstätten für Ihre volljüdische Ehefrau aus grundsätzlichen Erwägungen nicht entsprochen werden kann«.[130] Im Juli wird Juden nur noch eine Stunde Einkaufzeit pro Tag zugebilligt, ein abendliches Ausgehverbot verhängt und die Arbeitspflicht (in der Rüstungsindustrie) eingeführt. Im August wird Juden auch noch das Telefon entzogen.[131]

Bis dahin werden Kleppers noch privilegiert behandelt. Der Dichter, der den Soldatenkönig verklärte, wird im Dezember 1940 zur Wehrmacht eingezogen. Klepper ist froh darüber, weil er glaubt, als deutscher Soldat Frau und Stieftochter schützen zu können. Doch er wird, weil er mit einer nichtarischen Frau verheiratet ist, wegen »Wehrunwürdigkeit« entlassen.

Oktober 1941 ist er wieder zu Hause. Am 21. Oktober schreibt er: »Heute habe ich Minister Frick, der so oft den ›Vater‹ verschenkt hat, auf Renerles Bitte um eine Audienz gebeten...« Wenigstens die Tochter soll gerettet werden und nach Schweden ausreisen.[132]

Am selben Tag, am 21. Oktober, befaßt sich die »Kirchenführerkonferenz« (der Landeskirchen Hannover, Württemberg, Bayern, Kurhessen-Waldeck, Hamburg, Baden, reformiert Hannover, Schaumburg-Lippe und Lippe-Detmolt) mit der »Judenfrage«. Der württembergische Landesbischof Wurm: »Den nichtarischen Christen droht neue Gefahr durch geplante Abschiebungen in den Osten... Die Konferenz war der Meinung, daß irgendwelche Vorstellungen vergeblich sein werden.«[133]

Am 23. Oktober wird Klepper bei Frick zur »Audienz« vorgelassen. Der Reichsinnenminister zeigt sich bereit, bei der Auswanderung der Stief-

tochter behilflich zu sein, falls das nahezu Unmögliche gelingt, eine Einwanderungserlaubnis nach Schweden zu bekommen.[134]
Während Kleppers von immer neuen Deportationen, Todesfällen und Selbstmorden erfahren, schreibt der württembergische Landesbischof Wurm an Goebbels. Im Brief vom 10. November 1941 versucht Wurm, den Propagandaminister zu überzeugen, daß an den Maßnahmen gegen die Nichtarier nur »Herr Roosevelt und seine Helfershelfer« Freude haben könnten: »Den bösartigsten und verlogensten Feinden des deutschen Volkes wird beständig Material geliefert, das sie brauchen, um die Kreuzzugsstimmung bis zur Siedehitze zu steigern...«[135]
Am 10. Dezember 1941 überreicht Wurm Staatssekretär Kritzinger in der Reichskanzlei eine Denkschrift, die an Hitler gerichtet ist. Sie trägt das Datum vom 9. Dezember, ist von Wurm verfaßt und wird im Namen der Konferenz der Kirchenführer übergeben. In der Denkschrift heißt es, die evangelische Kirche habe »getreu ihren vaterländischen Traditionen seit Kriegsbeginn nichts versäumt, um die Opferbereitschaft der zu ihr haltenden Volkskreise zu stärken«. Gerade der Pfarrstand habe große Opfer gebracht, habe überdurchschnittlich viele gefallene Soldaten zu beklagen. Dennoch werde die Kirche verfolgt. Auf die »Nichtarier« wird in einem Satz eingegangen:
»Wer jetzt innere Gegensätze aufreißt und vertieft, handelt unverantwortlich und volksschädlich. Vieles ist geschehen, was nur der feindlichen Propaganda nützen könnte: Wir rechnen dazu auch die Maßnahmen zur Beseitigung der Geisteskranken und die sich steigernde Härte in der Behandlung der Nichtarier, auch derer, die sich zum christlichen Glauben bekennen.«[136]
Nur wenige Tage später, am 17. Dezember 1941, die Abtransporte reichsdeutscher Juden in den Osten sind im Gange, melden sich die nationalkirchlichen Kirchenführer von Sachsen, Hessen-Nassau, Mecklenburg, Schleswig-Holstein, Anhalt, Thüringen und Lübeck mit einem Aufruf: Auch gegen evangelische Juden seien »schärfste Maßnahmen« zu ergreifen, auch sie seien »aus deutschen Landen auszuweisen«. »Rassejüdische Christen«, so die NS-gläubigen Kirchenführer, hätten in der Kirche »keinen Raum und kein Recht«.[137]
Die Kirchenkanzlei der Deutschen Evangelischen Kirche (DEK) mit Sitz in Berlin-Charlottenburg ist zu dieser Zeit das oberste Leitungsgremium des landeskirchlichen Protestantismus. Ihr Leiter ist der Jurist Dr. Friedrich Werner (in Personalunion Präsident des Evangelischen Oberkirchenrats der altpreußischen Unionskirche), der allerdings am 1. März 1941 zur Wehrmacht eingezogen worden ist.
Dem Leiter der Kirchenkanzlei steht der »Geistliche Vertrauensrat« der DEK zur Seite: Landesbischof August Marahrens, der mecklenburgische Landesbischof Walter Schultz und der Vizepräsident der altpreußischen

Union, D. Friedrich Hymmen aus Berlin. Der Geistliche Vertrauensrat kann Entscheidungen treffen, die für die Kirchenkanzlei verbindlich sind.

Die Geschäftsstelle des Vertrauensrates befindet sich in der Kirchenkanzlei. Leiter der Geschäftsstelle ist Vizepräsident D. Ernst Hund, der maßgeblich von der Oberkirchenrätin (und späteren CDU-Ministerin) Dr. Elisabeth Schwarzhaupt unterstützt wird.[138]

Der Ausflug in die vertrackten Organisationsformen der DEK war leider nötig, um die folgenden Ereignisse verstehen zu können: Die Kirchenkanzlei, die offizielle Vertretung der Deutschen Evangelischen Kirche, fordert nämlich am 22. Dezember 1941:

»Der Durchbruch des rassischen Bewußtseins in unserem Volk, verstärkt durch die Erfahrungen des Krieges und entsprechende Maßnahmen der politischen Führung, haben die Ausscheidung (!) der Juden aus der Gemeinschaft mit uns Deutschen bewirkt ... Wir bitten daher im Einvernehmen mit dem Geistlichen Vertrauensrat der Deutschen Evangelischen Kirche die obersten Behörden, geeignete Vorkehrungen zu treffen, daß die getauften Nichtarier dem kirchlichen Leben der deutschen Gemeinde fernbleiben. Die getauften Nichtarier werden selbst Mittel und Wege suchen müssen, sich Einrichtungen zu schaffen, die ihrer gesonderten gottesdienstlichen und seelsorgerlichen Betreuung dienen können.«

Dieser Verrat der Judenchristen ist in Vertretung von Dr. Günther Fürle, dem geschäftsführenden Leiter der Kirchenkanzlei, unterschrieben. Heinz Brunotte, Oberkonsistorialrat in der Kirchenkanzlei der DEK (und von 1949–1965 Präsident der Kirchenkanzlei der EKD!), versuchte nach dem Krieg den »Weihnachtsbrief« zu rechtfertigen: »Es scheint, als ob die Verfasser ... an eine Art seelsorgerlicher Einwirkung auf die Sternträger gedacht haben, sich zurückzuhalten.«[139]

Klepper am 10. Januar 1942 kommentarlos: »Das ›Evangelische Deutschland‹ schreibt: ›Zur kirchlichen Stellung evangelischer Juden haben die evangelischen Kirchen und Kirchenleiter von Sachsen, Hessen-Nassau, Schleswig-Holstein, Thüringen, Mecklenburg, Anhalt und Lübeck eine Kundgebung und entsprechende Kirchengesetze erlassen; die kirchliche Mitgliedschaft von Judenchristen wird danach in den betreffenden Kirchengebieten aufgehoben.«[140]

Am 11. Januar heißt es bei Klepper: »Bei dem Deportationstransport, der heute nach dem Osten abgeht, hatte Renerle dabei sein sollen.«

Am 31. Januar schreibt er: »Ich las die gestrige Führerrede, die die alte Sprache spricht von der Vernichtung der Juden in Europa.«[141]

Am 6. Februar 1942 protestiert Landesbischof Wurm bei der Kirchenkanzlei der DEK gegen die Zumutung, Judenchristen aus der Kirche zu verbannen. An keinem Unglücklichen dürfe der Christ achtlos vorübergehen. Daß die nichtarischen Christen heute Unglückliche seien, werde niemand bestreiten. »Dürfen wir dieses Unglück noch steigern, indem wir ihnen die Teilnahme an unseren Gottesdiensten entziehen?«

Wurm schreibt aber – Februar 1942! – auch: »Von keiner Evangelischen Kirche ist dem Staat das Recht bestritten worden, zum Zwecke der Reinhaltung des deutschen Volkes eine Rassegesetzgebung durchzuführen. Führende Männer der Evangelischen Kirche – ich erinnere an Adolf Stoecker und seine Gesinnungsgenossen – haben einst zuerst auf die Gefahren hingewiesen, die dem deutschen Volk aus der jüdischen Überfremdung auf wirtschaftlichem, politischem und kulturellem Gebiet drohen.«[142]

Am 14. April besucht Kirchenrat Kracht von der Kirchenkanzlei Adolf Eichmann im Reichssicherheitshauptamt. Das Gespräch verläuft in »konzilianter Form«. Eichmann versichert, »daß die ganze Judenfrage hier im Altreich nur eine Transportfrage sei«.[143]

Der »Geistliche Vertrauensrat« der Deutschen Evangelischen Kirche braucht lange, bis er Wurm am 20. Mai 1942 »streng vertraulich« antwortet: »Das Judentum ist für uns Deutsche ohne Frage Feindvolk. Auch von den in Deutschland lebenden Juden ist mit Sicherheit anzunehmen, daß sie einen Sieg der deutschen Waffen mit Leidenschaft nicht wollen. Wie sollen wir uns aber im Gebet für Führer, Heer und Volk mit denen vereinigen können, die statt des Sieges, den wir erbitten, die Niederlage herbeisehnen?«

Daß die von der Vernichtung Bedrohten getaufte Christen sind (von den »Volljuden« redet ohnedies keiner), zählt in den Augen der Kirchenführer Marahrens, Schultz und Hymmen nichts: Die Taufe von Juden sei »oft recht leichtfertig erfolgt«. Das Taufbegehren der Juden sei in zahllosen Fällen »dem Assimilations- und Tarnungsbegehren« entsprungen. Unter »den schlimmsten jüdischen Schädlingen« hätten sich »oft gerade die leichtfertig Getauften« befunden. Wenn ein »Judensternträger« wirklich evangelischen Glauben lebe, werde er »den deutschen Gemeindegliedern gar nicht zumuten wollen, sich um seinetwillen dem falschen Verdacht des politischen Paktierens mit Angehörigen eines Feindvolkes auszusetzen«.[144]

Zum »Feindvolk« zählt nach diesen Äußerungen auch die Familie Klepper, deren Lage sich im Laufe des Jahres dramatisch verschlechtert. Am 8. Dezember 1942 wird Klepper noch einmal von Reichsinnenminister Frick empfangen. Klepper hat etwas zu dieser Zeit Unfaßliches erreicht: eine Einreiseerlaubnis für die knapp zwanzigjährige Stieftochter Reni nach Schweden. Doch Frick kann nichts mehr tun. Der Sicherheitsdienst (SD) ist zuständig.

Klepper am 9. Dezember 1942: »Nachmittags war ich bei Eichmann vom Sicherheitsdienst... Morgen soll ich endgültigen Bescheid bekommen. Es muß noch festgestellt werden, ob sicherheitspolizeiliche Bedenken ge-

NSDAP Eschenbach: »Ich wäre lieber eine Sau als ein Jüd«

gen Reni vorliegen. E. ›Ich habe noch nicht mein endgültiges Ja gesagt.
Aber ich denke, die Sache wird klappen.‹«[145]
Eine Ausreise für Kleppers Frau Hanni lehnt Eichmann ab. Am 10. Dezember 1942, nach dem Besuch bei Eichmann, schreibt Klepper die letzten Zeilen seines Tagebuches:
»Nachmittags die Verhandlung auf dem Sicherheitsdienst.
Wir sterben nun – ach, auch das steht bei Gott –
Wir gehen heute nacht gemeinsam in den Tod.
Über uns steht in den letzten Stunden das Bild des Segnenden Christus,
der um uns ringt.
In dessen Anblick endet unser Leben.«[146]
Die Zwangsscheidung und Auschwitz vor Augen, nehmen sich die drei
Menschen das Leben. Drei von Tausenden.
Die Bekenntnissynode der altpreußischen Union wird im Oktober 1943 in
Breslau die »Vernichtung« von Kranken und Angehörigen einer fremden
Rasse verurteilen und den Selbstmord hochnäsig als »Hochmut vor Gott«
verurteilen.[147]
Barmherziger als die BK-Theologen urteilt Reinhold Schneider in seinem
Geleitwort zu Kleppers Tagebuch: »Klepper hat die Seinen an der Hand
genommen, als es kein Recht und keinen Schutz mehr gab, und ist mit
ihnen vor den Richter, den schrecklichen Vater, geeilt, sich schuldig wissend und doch unergründlicher Gnade gewiß...«[148]

Am 19. Februar 1943 schreibt Landesbischof Marahrens an Reichsinnenminister Wilhelm Frick, der Klepper nicht mehr hatte helfen können. Es
geht um die Behandlung von »Mischehen«. Marahrens schreibt von dem
»Gerücht«, daß auch evangelisch getaufte Juden von ihrem arischen Ehepartner (und ihren Kindern) getrennt und in den Osten deportiert worden
seien. Er setzt sich für diese »Mischlingsehen« ein, schreibt aber zugleich:
»Bei unserer Stellungnahme sind wir uns dessen bewußt, daß wir nicht
etwa politische Entscheidungen der Staatsführung zu beurteilen haben.
Die Rassenfrage ist als völkisch-politische Frage durch die verantwortliche politische Führung zu lösen. Sie allein hat das Recht, die notwendigen Maßnahmen zur Reinhaltung des deutschen Blutes und zur Stärkung
der völkischen Kraft zu treffen und trägt auch allein vor Gott und der
Geschichte die Verantwortung dafür. Wir lehnen es als Vertreter der
evangelischen Kirche bewußt ab, uns in diese Verantwortung einzumischen.«
Der ehemalige Feldgeistliche am Schluß seiner Eingabe: »Der große
Schicksalskampf unseres Volkes verpflichtet uns selbstverständlich, diese
Gedanken ausschließlich der politischen Führung auszusprechen, damit
in der Öffentlichkeit auch nicht der Schein eines Zwiespaltes entsteht...
Von diesem Schreiben weiß *nur* der Unterzeichnete, obwohl die ausge-

sprochenen Gedanken in einer streng vertraulichen Arbeitsbesprechung einer Kirchenführerkonferenz, der 15 deutsche evangelische Kirchen angehören, erörtert und einmütig gebilligt sind.

Marahrens. Dienstältester deutscher evangel. Landesbischof.«[149]

Kurz bevor die vernichtende Niederlage der in Stalingrad eingekesselten deutschen Truppen allgemein bekannt ist, schreibt Wurm an den DC-Vertreter und Ministerialdirektor Dr. Gottlob Dill im württembergischen Innenministerium. In dem Brief vom 28. Januar 1943 wählt der Landesbischof deutliche Worte:

»... In weiten Kreisen, nicht bloß in konfessionell christlichen, ist man bedrückt durch die Art und Weise, wie der Kampf gegen andere Rassen und Völker geführt wird. Man erfährt durch Urlauber, was in den besetzten Gebieten an systematischer Ermordung von Juden und Polen geschieht. Auch diejenigen, die die Vormacht des Judentums auf den verschiedensten Gebieten des öffentlichen Lebens schon damals, als fast die gesamte Presse philosemitisch ausgerichtet war, für einen schweren Schaden gehalten haben, können nicht annehmen, daß ein Volk berechtigt ist, ein anderes Volk durch Maßnahmen, die jeden einzelnen ohne Rücksicht auf persönliches Verschulden treffen, auszurotten.«

Menschen ohne richterliches Urteil – lediglich wegen ihrer Zugehörigkeit zu einem Volkstum – umzubringen, widerspreche dem göttlichen Gebot und Recht und Gesetz: »Darauf kann kein Segen liegen, und es gibt zu denken, daß seit der Zeit, in solche Mittel angewandt worden sind, den deutschen Waffen nicht mehr die Erfolge beschieden sind, wie am Anfang des Krieges. Viele Volksgenossen empfinden solche Vorgänge... als Schuld, die sich bitter rächen kann. Sie würden aufatmen, wenn durch einen mutigen und hochherzigen Entschluß der Staatsführung alles beseitigt würde, was den deutschen Ehrenschild befleckt.«[150]

Am 16. Juli 1943 schreibt Wurm an Hitler: »Im Namen Gottes und um des deutschen Volkes willen sprechen wir die dringende Bitte aus, die verantwortliche Führung des Reiches wolle der Verfolgung und Vernichtung wehren, der viele Männer und Frauen im deutschen Machtbereich ohne gerichtliches Urteil unterworfen werden. Nachdem die dem deutschen Zugriff unterliegenden Nichtarier in größtem Umfang beseitigt sind, muß auf Grund von Einzelvorgängen befürchtet werden, daß nunmehr auch die bisher noch verschont gebliebenen sogenannten privilegierten Nichtarier erneut in Gefahr sind, in gleicher Weise behandelt zu werden. Insbesondere erheben wir eindringlichen Widerspruch gegen solche Maßnahmen, die die eheliche Gemeinschaft in rechtlich unantastbaren Familien und die aus diesen Ehen hervorgegangenen Kinder bedrohen.«[151]

Zum letzten Mal protestiert Wurm mit einem Schreiben vom 20. Dezember 1943 an den Chef der Reichskanzlei, Reichsminister Dr. Lammers: »Nicht aus irgendwelchen philosemitischen Neigungen, sondern lediglich

aus religiösem und ethischem Empfinden heraus muß ich in Übereinstimmung mit dem Urteil aller positiv christlichen Volkskreise erklären, daß
wir Christen diese Vernichtungspolitik gegen das Judentum als ein schweres und für das deutsche Volk verhängnisvolles Unrecht empfinden...
Unser Volk empfindet vielfach die Leiden, die es durch die feindlichen
Fliegerangriffe ertragen muß, als Vergeltung für das, was den Juden ange-
tan wurde. Das Brennen der Häuser und Kirchen, das Splittern und Kra-
chen in den Bombennächten, die Flucht aus den zerstörten Häusern mit
wenigen Habseligkeiten, die Ratlosigkeit im Suchen eines Zufluchtsortes
erinnert die Bevölkerung aufs peinlichste an das, was bei früheren Anläs-
sen die Juden erdulden mußten.«[152]
Am 3. März 1944 erreicht Wurm die Antwort von Lammers. Der Reichsminister rechnet dem Landesbischof seine Eingaben vor, die z. T. im Ausland bekanntgeworden sind, und endet: »Ich verwarne Sie hiermit nach-
drücklich und ersuche Sie, sich in Zukunft auf das peinlichste in den durch
Ihren Brief gezogenen Grenzen zu halten und Ausführungen zu Fragen
der allgemeinen Politik zu unterlassen. Ich rate Ihnen ferner dringend,
sich in Ihrem persönlichen und beruflichen Verhalten die größte Zurückhaltung aufzuerlegen.«[153]
Wurm schweigt fortan. Kein evangelischer Kirchenführer hat so viele
schriftliche Eingaben geschrieben wie Theophil Wurm. Die Ausschaltung
der Juden hat auch er begrüßt und mit seinen Äußerungen gefördert.
1933 wäre kirchlicher Protest wirksam und möglich gewesen. 1943 ist es
zu spät. Als Wurm deutliche Worte findet, sind die Vernichtungslager
Belzec, Sobibor, Treblinka längst eingeebnet, ist das Vernichtungswerk
dort schon erledigt.
Warum auch Wurm zu lange geschwiegen hat, ist aus seinen Briefen zu
ersehen. Am 12. März 1942 heißt es in einem Schreiben an den Reichskir-
chenminister: »Die christlichen Kirchen haben sich im Blick auf die Möglichkeit einer politischen Ausnützung eines öffentlichen Protestes durch
das feindliche Ausland in dieser Hinsicht große Zurückhaltung aufer-
legt.«
Am 14. März 1942 heißt es wiederum in einem Brief, diesmal an den
Reichsinnenminister: »Die christlichen Kirchen haben in der Ablehnung
solcher Dinge große Zurückhaltung geübt, um der feindlichen Propaganda keinen Stoff zu liefern.«[154]
Heinz Brunotte, während der Nazi-Herrschaft und nach 1945 an leitender
Stelle der Kirchenkanzlei: »Von der Mitte des Jahres 1943 ab schweigen
die Akten der Kirchenkanzlei. Mit der Verschleppung der letzten deutschen Juden in die Vernichtungslager erlosch das Problem einer kirchlichen Betreuung evangelischer Nichtarier.«[155]

Die in Bekenntnisgruppen zerstrittene evangelische Kirche mit ihren ob-
rigkeitshörigen oder gar nationalsozialistischen Kirchenleitungen war zu
einem einheitlichen und öffentlichen Wort für die verfolgten Juden nicht
fähig. Die katholischen Bischöfe wären dazu fähig gewesen, sie taten es
aber nicht, wie ein Blick auf den Ablauf der Ereignisse zeigt:

Am 14. Februar 1942 versucht Dr. Margarete Sommer, die Geschäftsfüh-
rerin des Berliner Hilfswerks (für verfolgte Nichtarier), Kardinal Bertram zum Handeln zu bewegen. In ihrem detaillierten Bericht schreibt
sie, insgesamt seien etwa 50 000 Juden in den Osten abtransportiert worden. Nur die Oktobertransporte seien nach Litzmannstadt gegangen. Seit
November seien die Zielorte Riga, Kowno und Minsk.

Nachrichten von abtransportierten Juden gebe es nur aus Litzmannstadt:
»Sterbeziffer wurde in den ersten Wochen mit 35 pro Tag, im Januar von
einem Herrn, der aus Litzmannstadt kam, mit 200 pro Tag angegeben.«
Inzwischen habe jede Verbindung mit Litzmannstadt aufgehört.

Ein aus dem litauischen Kowno stammender Akademiker habe berichtet:
»Nicht nur die Juden der sehr großen Kownoer jüdischen Gemeinde sind
zu Zehntausenden erschossen worden, sondern auch die aus Deutschland
dorthin transportierten... Die aus D(eutschland) kommenden Juden
mußten sich völlig entkleiden (es seien 18 Grad Kälte gewesen), dann in
vorher von russischen Kriegsgefangenen ausgehobene ›Gruben‹ steigen.
Daraufhin wurden sie mit Maschinengewehren erschossen; Granaten
wurden hinterdrein geschleudert. Ohne Kontrolle, ob alle tot waren, er-
tönte das Kommando, die Gruben zuzuschütten.«

Sogar die Zusammensetzung des Exekutionskommandos (Mitglieder der
SS, des Sicherheitsdienstes und ansässigen Litauern) weiß Margarete
Sommer dem Vorsitzenden der Fuldaer Bischofskonferenz exakt zu be-
richten.[156]

Ein Jahr später, am 2. März 1943, berichtet Margarete Sommer Kardinal
Bertram: »Am Sonnabend, dem 27. Februar, setzte in Berlin eine Evaku-
ierung ein in einem Ausmaß und mit einer Härte, wie sie in Berlin bisher
nicht erlebt worden war. Innerhalb von zwei Tagen wurden ca. 8000
Nichtarier abgeholt, ohne Rücksicht darauf, ob sie schon lange – oft
schon seit Jahrzehnten – getauft worden waren; aber vor allem dieses Mal
ohne Rücksicht darauf, ob sie in einer Mischehe leben oder nicht, auch
die christlichen Mischehen sind auf diese Weise gewaltsam getrennt worden.«

Margarete Sommer beschwört Bertram: »Sehnsüchtig erhoffen die verzweifelten, unmittelbar von diesem gewaltsamen Vorgehen Betroffenen,
aber auch alle, die diese Not miterleben müssen und denen dieser Einbruch in das christliche Heiligtum der Ehe tiefsten Schmerz bereitet, daß
die Kirche jetzt in unverhüllter Klarheit mit deutlichsten Worten von den
Kanzeln Stellung nimmt und zur Umkehr ruft; erhofft und innigst erbeten

wird zumindest ein klares, anklagendes Protestwort aller deutschen
Oberhirten am kommenden Sonntag.«[157]
Bertram schreibt daraufhin am 3. März an Reichsminister Hans-Heinrich
Lammers (Reichskanzlei), an den für Kirchenfragen zuständigen Staats-
sekretär Hermann Muhs, an Propaganda-Minister Goebbels sowie an das
Reichssicherheitshauptamt: »Der Episkopat der Diözesen von Groß-
Deutschland richtet... an die Reichsregierung die eindringlichste Bitte
und Forderung, den genannten Maßnahmen Einhalt zu gebieten.«[158]
Zwei Tage später, am 4. März, beruhigt ihn der Leiter des Commissariats
der Fuldaer Bischofskonferenz, Bischof Heinrich Wienken. Er habe soeben eine Aussprache mit dem Abteilungsleiter des Reichssicherheits-
hauptamtes für die Judenfragen, Herrn Obersturmbannführer Eichmann, gehabt. Die nichtarischen Katholiken in rassischen Mischehen
würden von der Abwanderungsaktion nicht erfaßt. Die sogenannten Geltungsjuden[159] könnten jedoch nicht ausgenommen werden. Sie kämen
nach Theresienstadt und nicht in den Osten. Die vorige Woche in Berlin
von den Arbeitsstätten oder aus den Familien abgeholten nichtarischen
Katholiken aus rassisch gemischten Ehen würden wieder freigelas-
sen.[160]
Am 6. März 1943 schreibt der Hildesheimer Bischof Joseph Godehard
Machens an Bertram. An vier Stellen seiner Diözese seien katholische Zi-
geunerkinder aus Heimen und Pflegestellen abgeholt worden. Machens:
»Die armen Opfer dürfen nicht den Vorwurf erheben können, daß nicht
alles geschehen sei.« Die Regierung müsse wissen, daß die Bischöfe genö-
tigt seien, »laut zu ihren Gläubigen zu sprechen, wenn die Maßnahmen
fortgesetzt werden, weil sie diese Belehrung ihrer Herde schuldig sind
und von Gott zu Schützern der Bedrängten bestellt sind«.[161]
Ende März beschäftigt sich auch Faulhaber mit der »Ermordung der Juden«. Er notiert: »Wir könnten den Gegnern der Kirche keinen größeren
Gefallen tun, als jetzt große Kanonen aufzufahren.« Jetzt, wo man in
Schwierigkeiten stecke – nach Stalingrad –, »würde man sofort die Geschichte vom Dolchstoß wieder aufleben lassen«.[162]
Am 10. April 1943 schickt Bertram statt eines Protestes gegen den Holocaust Hitler Glückwünsche zum bevorstehenden Geburtstag: »Ihre Sorgen sind unsere Sorgen... Die Tiefe unserer Sorgen kann nur der ermes-
sen, der das Unheil ahnt, das dem Vaterlande vom Bolschewismus droht,
und der die Tiefe des Gegensatzes kennt, der zwischen Bolschewismus
und katholischer Religion besteht.«[163]
Das erhoffte, von manchen herbeigeflehte Hirtenwort der Bischöfe
kommt am 19. August 1943. Es behandelt die zehn Gebote. Im Abschnitt
über das fünfte Gebot (»Du sollst nicht töten«) heißt es: »Tötung ist in
sich schlecht, auch wenn sie angeblich im Interesse des Gemeinwohls verübt würde: an schuld- und wehrlosen Geistesschwachen und -kranken, an

unheilbar Siechen und tödlich Verletzten, an erblich Belasteten und lebensuntüchtigen Neugeborenen, an unschuldigen Geiseln und entwaffneten Kriegs- oder Strafgefangenen, an Menschen fremder Rassen und Abstammung.«[164]
War dies das erhoffte aufrüttelnde Hirtenwort?
Am 30. August 1943 erreicht Bertram das Schreiben eines polnischen Juden: Vier Millionen Juden seien bisher im Generalgouvernement ermordet worden. Der Distrikt Lublin sei »judenrein«. Jedes Städtchen habe das gleiche Massengrab. Der polnische Jude nennt u. a. die Vernichtungsstätte Belzec und beendet das Schreiben: »Jeder Deutsche, auch Sie, haben Schuld an den Massenverbrechen ... Das deutsche Volk, welches einen Teufel gebar, wird an ihm zugrunde gehen.«[165]
Am 17. November 1943 schreibt der Vorsitzende der Fuldaer Bischofskonferenz an Himmler und das Reichssicherheitshauptamt, die Bischöfe hätten Informationen, wonach das Los der aus Deutschland evakuierten und in Massenlagern untergebrachten Nichtarier »menschenunwürdig« und die Zahl der Verstorbenen groß sei. Die Bischöfe bäten »ergebenst«, die Verhältnisse in den Lagern einer Prüfung zu unterziehen und »insbesondere« den katholischen Juden die »Wohltat priesterlicher Seelsorge« zukommen zu lassen.
Hierzu Kardinal Bertram: »Die Lagerleitung selbst wird davon Nutzen für ihre Aufgabe haben, wenn der tiefe sittigende Einfluß des sakramentalen Lebens im Gesamtverhalten der Teilnehmer sich auswirkt.«[166]
So unglaublich das klingt, Bertram bleibt sich in seiner Haltung treu, nationalsozialistische Verbrechen beseelsorgen zu wollen. Er beklagt sich 1943 sogar beim Oberkommando der Wehrmacht, »daß bei der Waffen-SS dem Vernehmen nach überhaupt Kriegspfarrer nicht eingestellt werden«.[167]
Am 2. Februar 1944 schreibt der Freiburger Erzbischof Konrad Gröber Pius XII. einen längeren Lagebericht. Gröber – 1934 mit sechs weiteren Mitgliedern seines Ordinariats Förderndes Mitglied der SS geworden[168] – gewinnt sogar der Bombardierung Mannheims etwas Positives ab. Tausende von Mannheimer Kindern befänden sich nun als Evakuierte in Baden. Die Trennung von den Eltern habe sich »nicht selten als eine Art Wohltat erwiesen, weil manche Kinder jetzt zum erstenmal in eine wirklich warme, katholische Umgebung kommen, denn Mannheim galt bis in die Gegenwart hinein als ein gefährliches Kommunistennest«.
Der Freiburger Erzbischof referiert dem Papst seine Silvesterpredigt: »Ich führte ... aus, daß die neue Volksidee das Wesen des Christentums verkenne. Es sei kein Judentum, wenn es auch im israelitischen Volke den Träger und Vermittler göttlicher Gedanken und Verheißungen erblicke. Wie sich Christus selber zu dem zeitgenössischen Judentum gestellt habe, beweisen seine Kämpfe mit Pharisäern und Schriftgelehrten und das

Kreuz auf Golgatha. Durch die Apostelgeschichte stehe fest, daß der
Haß der Juden die Christen in der christlichen Frühzeit verfolgt
habe...«
Wo eine Predigt wider den Holocaust angemessen gewesen wäre, predigt
Gröber von der Christenverfolgung durch die Juden.
Der Erzbischof von Freiburg weiß dem Papst sogar noch 1944 Positives
über den Nationalsozialismus zu berichten: »Wir verkennen manches
Gute der neuen Weltanschauung nicht. Wir finden aber bei näherem Zu-
sehen, daß es in ihrem Besten Kopie des Christentums ist.«[169]
Am 10. April 1944 schickt Kardinal Bertram Hitler Grüße zum bevorste-
henden Geburtstag: »Wiederum darf ich bitten um Würdigung des katho-
lischen Glaubenslebens, das dem Charakter stärksten Halt gibt, – um
Verständnis für die offenkundige und stille Arbeit der Seelsorge, die im
Herzen des Volkes den Gehorsam gegen die gottgesetzten Obrigkeiten in
Staat und Kirche nährt als Schutzwall gegen schleichende kommunisti-
sche und bolschewistische Anschauungen...«
Unterschrift: »In tiefester Verehrung verbleibe ehrerbietig gehorsamst.
A. Card. Bertram.«[170]
Als am 1. Mai 1945 der Rundfunk den Tod des Diktators meldet, entwirft
Bertram eine Verordnung: »Den hochwürdigen Pfarrämtern und Kura-
tie-Ämtern der Erzdiözese gebe ich Anweisung, ein feierliches Requiem
zu halten zum Gedenken an den Führer und alle im Kampf für das deut-
sche Vaterland gefallenen Angehörigen der Wehrmacht...«[171]
Dazu kommt es nicht mehr.

8. »Mit ganzem Herzen Widerstand und Abwehr«
1945 – Die Kirchen bescheinigen sich,
Widerstand geleistet zu haben

Mit dem Ende des »Dritten Reiches« schlägt die Stunde der Reinwäscher.
»Ehrenerklärungen« stehen hoch im Kurs. Sie werden mit Hinweis auf
ein Waschmittel bald als »Persilscheine« bezeichnet. Die Weißwäscherei
gelingt meist so vollkommen, daß sich braune Uniformen zu weißen
Westen verwandeln. Aus den Akteuren und Trittbrettfahrern des NS-
Regimes werden »Widerstandskämpfer« oder zumindest Männer des »inneren Widerstandes«. Wo das nicht gelingen will, spricht man von harm-
losen »Mitläufern«. Stärker Belastete werden zu »Verführten« oder
»Verblendeten« erklärt.
Unter den Bischöfen macht der Trierer Bischof Bornewasser den Anfang.
Er erläßt am 25. April 1945 – fünf Tage vor Hitlers Selbstmord – »Richt-
linien für die Geistlichkeit«: Es sei selbstverständlich, daß alle Priester
den Verordnungen der zur Zeit bestehenden Militärregierung folgten.

Ein »hämisches, beleidigendes, des Priesters unwürdiges Eingehen auf vergangene, untergehende Dinge« sei zu vermeiden:
»Wir wissen doch, wie manche, sonst gute Menschen und treue Katholiken, sei es durch Mangel an Erkenntnis, sei es unter dem Einfluß der satanischen Lügenpropaganda oder durch zermürbenden Terror, in der Sorge um ihre Familie Schritte getan haben, denen sie innerlich nie zustimmten.«
Bornewassers Empfehlung: »Wir wollen allen alles sein und, statt nutzlose Kritik zu üben, lieber positiv das wiederaufzubauen suchen, was so verbrecherisch zerschlagen wurde.«[172]
Ob Bornewasser bei seiner milden Beurteilung an seine Jubel-Worte von 1933 gedacht hat?

Der Freiburger Erzbischof Conrad Gröber äußert sich am 8. Mai 1945, einen Tag vor der bedingungslosen Kapitulation des Reiches, mit einem Hirtenwort. »Wozu alles das, o deutsches Volk«, fragt er angesichts der totalen Niederlage. Seine Antwort: Der letzte Grund all des Unglücks liege in der »unserem Volk durch Wort, Schrift und Gewalt aufgezwungenen Weltanschauung«. Hatte Gröber schon vergessen, daß er aus eigenem Antrieb förderndes Mitglied der SS geworden war?
Einen Tag vor der bedingungslosen Kapitulation äußert sich Gröber auch zur »Judenfrage«. Sein Hirtenwort zeigt, daß er in diesem Punkt geistig noch nicht kapituliert hat: Es sei falsch, das Christentum als Judentum zu brandmarken, »wo doch jeder wissen konnte, wie sich die Juden zu Christus und seiner Lehre und zu den urchristlichen Gemeinden in Feindseligkeit stellten«. Es sei auch falsch, »einem extremen (!) und erbarmungslosen Antisemitismus zu verfallen, um ein Volk auszurotten, das in seiner ihm aufgezwungenen Abwehr uns noch gefährlicher wurde, als die größte feindliche Armee.«[173]
Die Juden sind für den Erzbischof noch immer Feinde und Gefahr, nicht Opfer.

Am 9. Mai 1945, eine Minute nach Mitternacht, tritt im gesamten Reich die Kapitulation in Kraft. Einen Tag später, am 10. Mai 1945, dem Himmelfahrtstag, feiert Landesbischof Theophil Wurm in Stuttgart einen Gottesdienst. Da alle Kirchen der Stadt zerstört sind, findet die Gottesdienstfeier im Großen Haus der Württembergischen Staatstheater statt. Auch der französische Militärgouverneur ist anwesend. Im Anschluß an die Predigt wird ein »Wort an unser Volk« verlesen. Wurm erklärt »Im Namen unserer Württembergischen Evangelischen Landeskirche und als Sprecher der ganzen bekennenden Kirche«:
»Wieviel Not und Leid hätte vermieden werden können, wenn diejenigen, die in Deutschland die Führung hatten, ihre Macht gewissenhaft,

gerecht, besonnen gebraucht hätten. Es hat von seiten der beiden christlichen Kirchen nicht an Versuchen gefehlt, die Regierungen an ihre Verantwortung vor Gott und vor den Menschen zu erinnern. Aber diese
Mahnungen wurden entweder nicht beachtet oder als Einmischung in
staatliche Angelegenheiten zurückgewiesen.«[174]
Die Kirche ist dabei, sich als den besseren Teil des Volkes zu präsentieren,
obgleich auch sie vor der NS-Obrigkeit gebuckelt hatte. Hatte Wurm
schon vergessen, daß auch er dem Staat das Recht zur Rassenpolitik zugebilligt hatte? Der württembergische Landesbischof findet bereits zwei
Tage nach der Kapitulation das erlösende Wort, mit dem die Aufarbei-
tung der braunen Vergangenheit problemlos zu umgehen ist: »Nicht klagen und anklagen, sondern vergeben und helfen ist das Gebot der
Stunde.«[175]

Der Erzbischof von Köln, Joseph Frings, stellt sich in seinem Hirtenwort
am 27. Mai 1945 selbst einen Persilschein aus: »Bei den Pontifikalgottes-
diensten zu Weihnachten 1943 und zu Ostern 1944 protestierte ich in der
Predigt gegen das Unrecht, das an den Juden und den Angehörigen anderer Nationen geschah.«
Richtig ist, daß der 1942 inthronisierte Erzbischof in einem Hirtenbrief
vom 20. Dezember 1942 das Recht aller Menschen auf Leben, Freiheit,
Eigentum und Ehe verteidigte, auch derer, die nicht »unseres Blutes«
sind. Und in den beiden von ihm selbst angeführten Predigten hatte er
erklärt, daß es unrecht sei, Unschuldige zu töten, nur weil sie einer anderen Rasse angehörten.[176] Das Wort »Jude« war auch ihm nicht über die
Lippen gekommen.
Genau besehen, konnte er jeden gemeint haben: »Wer mit Absicht Unschuldige und Nichtkämpfende tötet«, heißt es Weihnachten 1943, »sei es
aus der Luft oder wie immer, wer ihnen das Leben nimmt, nur weil sie
einem fremden Volk, einer fremden Rasse angehören, der sündigt wider
Gottes Gebot: ›Du sollst nicht töten‹...«[177] Hatte er die Juden gemeint
oder die Bombardierung deutscher Städte (»sei es aus der Luft oder wie
immer«) durch die Alliierten?
Als Beweis, daß die Bischöfe gegen den Judenmord protestiert hätten,
wird das bereits zitierte Hirtenwort des deutschen Episkopats vom
19. August 1943 angeführt. Dort heißt es:
»Tötung ist in sich schlecht... An schuld- und wehrlosen Geistesschwachen und -kranken, an unheilbar Siechen und tödlich Verletzten, an erblich Belasteten und lebensuntüchtigen Neugeborenen, an unschuldigen
Geiseln und entwaffneten Kriegs- oder Strafgefangenen, an Menschen
fremder Rassen und Abstammung. Auch die Obrigkeit kann und darf nur
wirklich todeswürdige Verbrechen mit dem Tode bestrafen.«[178]
Das Hirtenwort spricht das Wort »Jude« nicht aus. Die Erklärung war

mutig, aber sie kam zu spät. Die Vergasung der »Geisteskranken« war beendet und das Reich von Juden entvölkert. Die Vernichtungslager Belzec und Treblinka hatten ihr Vernichtungswerk bereits beendet. Im Osten arbeitete längst das Sonderkommando »1005«, das die Massengräber aushob, um die Spuren zu verwischen. Daß mindestens 5 Millionen dem Holocaust zum Opfer fallen würden, wußten die Bischöfe nicht. Daß es aber um ihre »Endlösung« ging, wußten sie. Dennoch kam ihnen das Wort »Jude« nicht über die Lippen. Fünf bis sechs Millionen Juden sind ermordet worden, und nicht ein einziger Bischof hat öffentlich dagegen protestiert.

Am 2. August 1945 entschuldigt Frings die Haltung der katholischen Kirche in einer Denkschrift »Über die Schuld des deutschen Volkes«: »Die ersten offiziellen Verlautbarungen des Reichskanzlers Hitler waren so gemäßigt, daß sie zu Bedenken kaum noch Anlaß boten.« Der Bischof von Münster habe gegen die Tötung sogenannten unwerten Lebens öffentlich protestiert. »Andere Bischöfe haben gegen die Behandlung der Juden und sonstiger Fremdrassischer öffentlich (!) Stellung genommen.« Von Protesten wegen der Dachauer Häftlinge hätten die Bischöfe dagegen Abstand genommen, »um nicht den Betreffenden zu schaden und die Vergünstigungen, die sie hatten, wie den Empfang von Paketen zu gefährden.«

Frings behauptet: »Hätte die Kirche die Predigt derjenigen Wahrheiten, die dem Nationalsozialismus unbequem waren, hintangestellt, so müßte man sagen: Sie hat versagt. In Wirklichkeit hat sie das Gegenteil getan. Sobald der eigentliche Geist des Nationalsozialismus ans Licht trat ... war die katholische Kirche Führerin und der eigentliche Hort im Kampf gegen diesen Geist. Sie predigte unentwegt (!) die wesentliche Gleichheit aller Menschen vor Gott ohne Unterschied der Rassen, die Geltung des Rechts vor der Gewalt, die Verpflichtung zur Wahrheit, die Pflicht der Liebe auch gegenüber dem Feind.«[179]

Wesentlich kleinlauter äußert sich der lutherische Landesbischof Marahrens in seinem »Wochenbrief« vom 15. August 1945: »Ich möchte mich freilich ... nicht an die Seite derer stellen, die diesseits und jenseits unerer Grenzen heute viel Anklage, Verurteilung und Verwünschung gegen die Männer laut werden lassen, die in den vergangenen 12 Jahren an der Spitze unseres Volkes und Reiches gestanden haben.«

Der Grund dieser nachsichtigen Beurteilung der Nazis: »Wir haben uns selbst sehr zu prüfen, ob nicht auch wir selber mitschuldig geworden sind an der verhängnisvollen Entwicklung, die jetzt zu diesem Ende geführt hat.«

Marahrens weiter: »Besonders schwer liegt mir auf – ich habe dies schon mehrmals gesagt –, daß die Kirche im ersten Sturm der Verfolgung, der

über die deutsche Judenschaft losbrach, nicht das lösende Wort fand. Wir
mögen im Glauben noch so sehr von den Juden geschieden sein, es mag
auch eine Reihe von ihnen schweres Unheil über unser Volk gebracht
haben (!), sie durften aber nicht in unmenschlicher Weise angegriffen
werden.«[180]

Die katholischen Bischöfe versammeln sich vom 21. bis 23. August 1945
zum ersten Mal nach dem Kriege zur Fuldaer Bischofskonferenz. Am
23. August 1945 wird der erste gemeinsame Hirtenbrief formuliert. Er
erinnert an Kardinal Bertram, der 25 Jahre lang den Vorsitz gehabt hatte
und wenige Wochen zuvor – am 6. Juli – gestorben war. Über Bertram
heißt es:
»Wenn einmal die Schriftsätze und Eingaben veröffentlich werden, die
er... an die Regierungsstellen eingereicht hat, wird die Welt staunen über
den Weitblick und die Klugheit, mit der er auf der Wache stand und für die
Rechte Gottes und seiner Kirche und zum Wohle aller Notleidenden und
Gedrückten eintrat.«
Doch auch Schuld wird bekannt: »Furchtbares ist schon vor dem Kriege
in Deutschland und während des Krieges durch Deutsche in den besetzten Ländern geschehen. Wir beklagen zutiefst: Viele Deutsche, auch aus
unseren Reihen, haben sich von den falschen Lehren des Nationalsozialismus betören lassen, sind bei den Verbrechen gegen menschliche Freiheit und menschliche Würde gleichgültig geblieben; viele leisteten durch
ihre Haltung den Verbrechen Vorschub, viele sind selber Verbrecher geworden. Schwere Verantwortung trifft jene, die auf Grund ihrer Stellung
wissen konnten, was bei uns vorging, die durch ihren Einfluß solche Verbrechen hätten hindern können und es nicht getan haben, ja diese Verbrechen ermöglicht und sich dadurch mit den Verbrechern solidarisch erklärt
haben.«
Der Grundtenor ist jedoch dieser: »Katholisches Volk, wir freuen uns,
daß du dich in so weitem Ausmaße von dem Götzendienst der brutalen
Macht freigehalten hast. Wir freuen uns, daß so viele unseres Glaubens
nie und nimmer ihre Knie vor Baal gebeugt haben. Wir freuen uns, daß
diese gottlosen und unmenschlichen Lehren auch weit über den Kreis
unserer katholischen Glaubensbrüder hinaus abgelehnt wurden.«[181]

Nur wenige Tage nach der Fuldaer Bischofskonferenz, vom 27. bis 30. August, tagt im nordhessischen Treysa eine »Kirchenführerkonferenz«. Auf
dem ersten Treffen protestantischer Kirchenführer fordert der aus dem
KZ befreite Martin Niemöller vergeblich:
»Wir müssen auch eine ganze Anzahl von Persönlichkeiten aus den Kirchenleitungen loswerden, die zur Führung der Kirche nicht geeignet gewesen sind. Wenn heute jeder kleine Pg. Amt und Brot verliert, dann ist

es unmöglich, daß Männer in den Kirchenleitungen gehalten werden, die sich in Hirtenbriefen oder in gedruckten Äußerungen oder sonst irgendwie so über den Nationalsozialismus und seine Weltanschauung ausgesprochen haben, daß der kleine Mann dadurch das gute christliche Gewissen bekam, sich der Partei anzuschließen.«[182]

Niemöller fordert, die eigene Schuld zu bekennen. Die heutige Situation sei nicht in erster Linie die Schuld »unseres Volkes« und der Nazis: »Nein, die eigentliche Schuld liegt auf der Kirche; denn sie allein wußte, daß der eingeschlagene Weg ins Verderben führte, und sie hat unser Volk nicht gewarnt, sie hat das geschehene Unrecht nicht aufgedeckt oder erst, wenn es zu spät war. Und hier trägt die Bekennende Kirche ein besonders großes Maß von Schuld; denn sie sah am klarsten, was sich entwickelte . . . und hat sich vor Menschen mehr gefürchtet als vor dem lebendigen Gott.«[183]

Die Kirchenvertreter formulieren in Treysa ein »Wort an die Gemeinden«. Aus dem von Niemöller geforderten Schuldbekenntnis wird ein Selbstlob: ». . . Mitten in den Versäumnissen der Kirche und des Volkes gab Gott Männern und Frauen aus allen Bekenntnissen, Schichten und Parteien Kraft, aufzustehen wider Unrecht und Willkür, zu leiden und zu sterben. Wo die Kirche ihre Verantwortung ernst nahm, rief sie zu den Geboten Gottes, nannte bei Namen Rechtsbruch und Frevel, die Schuld in den Konzentrationslagern, die Mißhandlung und Ermordung von Juden und Kranken und suchte der Verführung zu wehren. Aber man drängte sie in die Kirchenräume zurück, wie in ein Gefängnis. Man trennte unser Volk von der Kirche. Die Öffentlichkeit durfte ihr Wort nicht mehr hören; was sie verkündete, erfuhr niemand. Und dann kam der Zorn Gottes. Er hat uns genommen, was Menschen retten wollten.«[184]

Martin Niemöller: »Sie hätten diese selbstzufriedene Kirche in Treysa mal sehen sollen: Wir haben das Volk richtig geführt, die Kirche hat nicht versagt, wir haben die reine Lehre gepredigt und sind nicht die deutsch-christlichen Irrwege gegangen.«[185]

Nach der Kirchenführerkonferenz bleibt der evangelischen Kirche ein Problem: In Treysa hatte man nicht eigene Schuld bekannt, sondern sich selbst ein erstklassiges Zeugnis ausgestellt. Der Generalsekretär des Ökumenischen Rates in Genf, Vissert 't Hooft, hatte aber im Juli 1945 Pastor Stewart W. Herman, dem Vertreter der nordamerikanischen Kirchen in Genf, einen Brief an den Berliner Bischof Dibelius mitgegeben: Genf sei bereit, die deutsche Kirche wieder in die ökumenische Gemeinschaft aufzunehmen. Gespräch und karitative Hilfe würden aber leichter, wenn die Kirche offen »nicht nur über die Missetat der Nazis, sondern auch besonders über die Unterlassungssünden des deutschen Volkes, einschließlich der Kirche« spreche.[186]

»treuer zu glauben, inniger zu lieben, fester zu bekennen...«
Die »Junge Kirche« am 22. April 1939:

Zum 50. Geburtstag des Führers

Das Gebet für die Obrigkeit ist eine Glaubenspflicht des Christen. Es gewinnt in geschichtlich erfüllten Stunden eine besondere Tiefe: auch der Christ läßt sich in seinem Gebet ergreifen durch den Gang des Schicksals, zu dessen Vollstreckern in der Welt Gott die Gestalten geschichtlicher Größe sendet. Es ist heute dem Letzten offenbar geworden, daß die Gestalt des Führers, mächtig sich durchkämpfend durch alte Welten, Neues mit innerem Auge schauend und seine Verwirklichung erzwingend, auf den wenigen Seiten der Weltgeschichte genannt ist, die den Anfängern einer neuen Zeit vorbehalten sind. Die deutsche Sendung in der Völkerwelt ist von einer mächtigen und festen Hand neu in die Waagschale der Geschichte geworfen. Alte Vorstellungen über unveränderliche Gleichgewichte schwinden dahin, und auch die Menschen der Kirche sind zur Überprüfung bisheriger Gedanken und Meinungen aufgefordert. Die Gestalt des Führers hat auch für die Kirche eine neue Verpflichtung heraufgeführt. Der Christ, der das Walten der Vorsehung und den Schritt des Allmächtigen ehrfürchtig in den Wandlungen der Weltzeit spürt, vernimmt den Aufruf, in Alltag und Sonntag treuer zu glauben, inniger zu lieben, stärker zu hoffen, fester zu bekennen: so allein kann sich zeigen, was an dem christlichen Glauben echt ist..."

Am 18. und 19. Oktober tagt in Stuttgart der neugegründete Rat der Evangelischen Kirche in Deutschland (EKD). Aus Genf ist eine hochrangig besetzte Delegation angereist, unter ihnen Visser 't Hooft, der englische Bischof George Bell aus Chichester, der Präsident des Schweizerischen Evangelischen Kirchenbundes, Alphons Koechlin, der Generalsekretär des nordamerikanischen Kirchenbundes, Samuel McCrea Cavert, sowie S. C. Michelfelder, der Vertreter der amerikanischen lutherischen Kirchen in Genf. Die Vertreter des Ökumenischen Rates der Kirchen machen bei dieser ersten Begegnung deutlich, daß ein Schuldbekenntnis sozusagen die Eintrittskarte in Genf bedeutet. Eine solche Erklärung erleichtere es den Auslandskirchen, ihren Gläubigen gegenüber Hilfeleistungen für die deutschen Kirchen zu begründen.[187]
Nachdem Wurm die Sorge geäußert hat, ein Schuldbekenntnis könne politisch mißbraucht werden, und auch sonst viel Überredungsarbeit geleistet ist, wird das sogenannte Stuttgarter Schuldbekenntnis formuliert. Ein Kuhhandel: Ökumenische Hilfe gegen Schuldbekenntnis.

Die Stuttgarter Erklärung vom 19. Oktober 1945 ist – genau besehen – Schuldanerkennung, Eigenlob und falsches Zeugnis:

»Der Rat der Evangelischen Kirche in Deutschland begrüßt bei seiner Sitzung am 18./19. Oktober 1945 in Stuttgart Vertreter des Ökumenischen Rates der Kirchen:

Wir sind für diesen Besuch um so dankbarer, als wir uns mit unserem Volk nicht nur in einer großen Gemeinschaft des Leidens wissen, sondern auch in einer Solidarität der Schuld. Mit großem Schmerz sagen wir: Durch uns ist unendliches Leid über viele Völker und Länder gebracht worden. Was wir unseren Gemeinden oft bezeugt haben, das sprechen wir jetzt im Namen der ganzen Kirche aus: Wohl haben wir lange Jahre hindurch im Namen Jesu Christi gegen den Geist gekämpft, der im nationalsozialistischen Gewaltregiment seinen furchtbaren Ausdruck gefunden hat; aber wir klagen uns an, daß wir nicht mutiger bekannt, nicht treuer gebetet, nicht fröhlicher geglaubt und nicht brennender geliebt haben...«

Von den Juden kein Wort. Kein Wort auch, daß die protestantische Kirche – einschließlich der »Bekennenden Kirche« – 1933 nicht »gegen den Geist gekämpft«, sondern Hitler wie einen Messias empfangen hatte. Sie waren 1933 nicht Gegner des Nationalsozialismus, sondern verschmähte Liebhaber.

Es sei noch einmal an Karl Barth erinnert, der 1936 angesichts der Konzentrationslager und der Judenverfolgung über die »Bekennende Kirche im heutigen Deutschland« sagte: »Man wird dieses Schweigen zunächst einmal daraus verstehen müssen, daß die Menschen, die heute die Sache der BK vertreten und tragen, zunächst und gerade 1933, wo die Übelstände am schreiendsten zutage traten, befangen waren von der Ideologie des Nationalsozialismus. Wer 1933 nicht an Hitlers Mission glaubte, der war ein verfemter Mann, auch in den Reihen der BK.«[188]

Die Kirchenmänner, die das Stuttgarter »Schuldbekenntnis« unterschreiben, merken nicht einmal, daß die Selbstbezichtigung, nicht mutiger bekannt und nicht brennender geliebt zu haben, schon einmal (siehe Kasten, S. 164) formuliert worden ist: in der von Hanns Lilje herausgegebenen »Jungen Kirche«, der Halbmonatsschrift der BK. Anlaß: eine Huldigung zum 50. Geburtstag des »Führers«!

Und sie merken auch nicht, daß sie genauso handeln, wie es 1936 mit der Denkschrift an Hitler gehandhabt worden war: Auch das Stuttgarter Schuldbekenntnis – heute als Zeichen von Trauerarbeit stolz vorgezeigt – ist ein Geheim-Papier. Es wird nicht einmal den eigenen Pastoren, geschweige der Öffentlichkeit mitgeteilt. Als das Geheim-Bekenntnis schließlich durch die Presse publik wird, klagt Oberlandeskirchenrat Dr. Hanns Lilje im November 1945:

»Die Erklärung des Rates ist niemals als öffentliche politische Erklärung, sondern lediglich als interne kirchliche Erklärung gedacht gewesen. Die

in Stuttgart anwesenden ausländischen Kirchenführer haben uns ausdrücklich zugesichert, daß sie jeden politischen Mißbrauch der Erklärung
in der Öffentlichkeit verhindern würden. Wie die Erklärung in die deutsche Presse gelangt ist, ist mir bis zur Stunde unbekannt.«[189]

»Vor meiner Seele standen die grauenhaften 1700 Jahre der Konstan-
tinischen Ära, während der es in jeder Generation eine entsetzliche
Judenverfolgung gab, bei welcher die Kirche mehr oder weniger mit-
beteiligt gewesen ist... Das Allerschlimmste in diesen Verbrechen
war der Rettungsring, den man den Juden in ihrer Todesangst zuwarf –
die Taufe.«
Maly Kagan, eine Hilfsschwester, die aus rassischen Gründen 1935 das
Diakonissenhaus »Tannenhof« verlassen mußte.

aus: Hartmut Ludwig: Die Opfer unter dem Rad verbinden. Dissertation. Berlin 1988,
S. 163.

Am 1. November 1945 schreibt Pius XII. dem deutschen Episkopat. Er
bescheinigt zunächst sich selbst, daß »unser Vorgänger und Wir selber
nichts unversucht gelassen haben, was euch helfen konnte. Zu diesem
Zweck haben Wir... die falschen Lehren zurückgewiesen, die in den öffentlichen Gesetzen und Einrichtungen eurer Nation so stark zum Ausdruck gekommen waren...«
Soweit das Zeugnis in eigener Sache. Den Bischöfen stellt er folgenden
»Persilschein« aus: »Wir haben sehr wohl gewußt, was heute zu eurem
Lobe öffentlich bekannt ist, daß ihr in gewissenhafter Erfassung eures
Amtes den wahnsinnigen Ideen und Maßnahmen des hemmungslosen so-
genannten ›Nationalismus‹ mit ganzem Herzen Widerstand und Abwehr
entgegengesetzt habt, und daß dabei der bessere Teil eures Volkes auf
eurer Seite gestanden ist.«[190]
Kein Geringerer als Konrad Adenauer hat im Februar 1946 das päpstliche
Lob sehr in Frage gestellt:»Nach meiner Meinung trägt das deutsche Volk
und tragen auch die Bischöfe und der Klerus eine große Schuld an den
Vorgängen in den Konzentrationslagern. Richtig ist, daß nachher vielleicht nicht viel mehr zu machen war. Die Schuld liegt früher.«
»Das deutsche Volk, auch Bischöfe und Klerus zum großen Teil« hätten
sich »fast widerstandslos, ja zum Teil mit Begeisterung« gleichschalten
lassen. Die Grausamkeiten in den Konzentrationslagern, der Gestapo,
der SS »und auch unserer Truppen in Polen und Rußland« seien bekannt
gewesen, die Judenpogrome 1933 und 1938 in aller Öffentlichkeit geschehen:
»Ich glaube, daß, wenn die Bischöfe alle miteinander an einem bestimm-

ten Tage öffentlich von den Kanzeln aus dagegen Stellung genommen hätten, sie vieles hätten verhüten können. Das ist nicht geschehen und dafür gibt es keine Entschuldigung.«[191]

Im Jahre 1933 wäre Protest und Widerstand möglich gewesen. Doch 1933 verfolgte Hitler jene, die die Kirchen gerne verfolgt sahen: Kommunisten, Sozialdemokraten und Juden. Sie wurden nicht verführt, sie stimmten überein. Erst als sie selbst verfolgt wurden, verebbte der Jubel.

Dem Volk ist leicht die Schuld gegeben. Aber wie sollte, um beim Beispiel Kirche zu bleiben, ein einfacher Kirchgänger den Nationalsozialismus verurteilen, wo deutsche Bischöfe Hitler als gottgesandten Führer priesen und selbst die Hand zum Hitler-Gruß erhoben?

Daß es genug Menschen gab, die in Hitler keinen Heilsboten sahen, wissen wir. Dankbar gedenken wir der Laien, Ordensleute, Priester und Pastoren, die dem NS-Staat widerstanden und manchmal dafür auch starben. Die Oberhirten versagten, aber nicht alle ihrer Schafe.

Anmerkungen

»Die Leute sind toll vor Begeisterung«

1 Bericht und Zitate: Oberin Diakonisse Maria Höhne: Der Reichskanzler in Lehnin, in: Lehniner Grüße. Mitteilungen aus der Arbeit des Luise-Henriettenstifts, Mai 1933.
2 Die Tagebücher von Joseph Goebbels, Sämtliche Fragmente. Hrsg. von Elke Fröhlich im Auftrag des Instituts für Zeitgeschichte und in Verbindung mit dem Bundesarchiv, Teil I, Band 2, München 1987, S. 416.
3 Die Taube von Kaiserswerth, Mitteilungen für die Mitglieder des Kaiserswerther Pfennigvereins, Juli 1933.
4 Ein deutscher Katholik: Albert Leo Schlageters heldenmütiges Leben und Sterben, in: Klerusblatt, XVI (1935), zit. n.: Guenter Lewy: Die katholische Kirche und das Dritte Reich, München 1965, S. 185. – Im Hirtenbrief des deutschen Episkopates vom 20. August 1935 wird von »unserem tapferen Schlageter« gesprochen: Akten deutscher Bischöfe über die Lage der Kirche 1933–1945, Bd. II, Bearbeitet von Bernhard Stasiewski, Mainz 1976. S. 328. Dieselbe Formulierung steht auch in der Denkschrift des deutschen Episkopates an Hitler vom selben Tage. Ebd., S. 371.
5 Die Taube von Kaiserswerth, Dezember 1933.

»Die Soutanenträger sind sehr klein und kriecherisch«

1 Der ehemalige Zentrums-Politiker Franz von Papen, der Hitler zur Macht verholfen hatte, ging 1934 als Botschafter zunächst nach Wien, später nach Ankara. Verkehrs- und Postminister Paul Freiherr Eltz von Rübenach blieb bis Februar 1937, Wehr- bzw. Kriegsminister Werner von Blomberg und Außenminister Konstantin Freiherr von Neurath blieben bis Februar 1938 (Neurath wird von Mai 1939 bis 1945 Vorsitzender des Geheimen Kabinettsrats), Justizminister Franz Gürtner deckte bis zu seinem Tode im Januar 1941 das NS-System. Johann Lutz Graf Schwerin von Krosigk diente bis 1945 als Finanzminister.
2 Jochen Klepper: Unter dem Schatten deiner Flügel, Aus den Tagebüchern der Jahre 1932–1942, Berlin–Darmstadt–Wien 1959, S. 36 (seitengleich auch als Taschenbuch Nr. 1207 bei dtv, München 1976).
3 Germania, Nr. 64, vom 5. 3. 33, zit. n. Ecclesiastica, Archiv für zeitgenössische Kirchengeschichte, Herausgeber: Katholische Internationale Presse-Agentur, Freiburg/Schweiz, Nr. 47, 1933.
4 Basler Nachrichten, Nr. 98 vom 8./9. 4. 1933, zit. n. Ecclesiastica, ebd.
5 Bayerischer Kurier, Nr. 67 vom 8. 3. 1933, ebd.
6 Augsburger Postzeitung, Nr. 56 vom 8. 3. 1933, ebd.

7 Akten Kardinal Michael von Faulhabers, Bd. I, bearbeitet von Ludwig Volk, Mainz 1975, S. 660.

8 Akten Deutscher Bischöfe über die Lage der Kirche 1933–1945, Bd. I, bearbeitet von Bernhard Stasiewski, Mainz 1968, S. 9 f.

9 Ecclesiastica hat am 11. 2. 1933 (a. a. O., Nr. 6) die Stellungnahmen der Bischöfe zusammengestellt. Da heißt es (die Abkürzung p. bedeutet pagina = Seite):

Übersicht über die Kundgebungen der deutschen Bischöfe zum Nationalsozialismus.

1. Eine *Entscheidung des bischöflichen Ordinariates Mainz vom 30. September 1930* verbietet:
a) jedem Katholiken eingeschriebenes Mitglied der Hitler-Partei zu sein;
b) die korporative Teilnahme an Beerdigungen oder sonstigen Veranstaltungen;
c) die Zulassung eingeschriebener Mitglieder der Hitler-Partei zu den Sakramenten (*Ecclesiastica*, 1930, p. 421 ff. u. 487 ff.).
In der Begründung ist gesagt, daß das Programm der N.S.D.A.P. Sätze enthalte, die sich mit den katholischen Lehren und Grundsätzen nicht vereinigen lassen. Durch die in § 24 des nationalsozialistischen Programms festgelegte Auffassung von Religion geraten die Nationalsozialisten in eine feindliche Stellung zur katholischen Kirche, und auch die Kulturpolitik des Nationalsozialismus stehe mit dem Katholizismus in Widerspruch.

2. *Kardinal Bertram* verurteilte in seiner *Silvester-Kundgebung 1930* die »aus falschem Nationalismus entspringenden Irrtümer« und das Streben nach einer Rassen-Religion und einem nationalen Kirchengebilde. Es handle sich da nicht mehr um rein politische Fragen, sondern um ein religiöses Wahngebilde, das mit aller Festigkeit bekämpft werden muß (ebda. 1931, p. 26).

3. Die *pastoralen Anweisungen der bayrischen Bischöfe vom 10. Februar 1931* warnen vor dem Nationalsozialismus, »solange und soweit er kulturpolitische Auffassungen kundgibt, die mit der katholischen Lehre nicht vereinbar sind«. Er enthalte »in seinem kulturpolitischen Programm Irrlehren, weil er darin wesentliche Lehrpunkte des katholischen Glaubens ablehnt oder doch schief auffaßt und weil er nach der Erklärung seiner Führer eine neue Weltanschauung an die Stelle des christlichen Glaubens setzen will.« Was der Nationalsozialismus Christentum nenne, sei nicht mehr das Christentum Christi. Dem katholischen Klerus wird strenge verboten, an der nationalsozialistischen Bewegung in irgend einer Form mitzuarbeiten. Die Teilnahme von Nationalsozialisten an gottesdienstlichen Veranstaltungen in geschlossenen Formationen wird untersagt. Betr. Zulassung zu den Sakramenten ist zwischen gutgläubigen Mitläufern der Bewegung und den Führern zu unterscheiden (ebda. 1931, p. 117 ff.).

4. Die *Bischöfe der Kölner Kirchenprovinz* machen in einem *Erlaß vom 5. März 1931* in Übereinstimmung mit den Anweisungen der bayrischen Bischöfe ihre Gläubigen »auf die mit der nationalsozialistischen Bewegung für katholisches Denken und Leben entstandene Gefahr« aufmerksam. Die führenden Vertreter der nationalsozialistischen Bewegung verbreiten fortgesetzt »eine Reihe von schiefen und falschen Auffassungen ... über fundamentale

christliche Glaubenswahrheiten, insbesondere über die katholische Lehre von der Universalität, Einheit und Autorität der Kirche Jesu Christi, über einzelne sittliche Grundsätze, ferner über das Verhältnis von Kirche und Staat, von Religion und Rasse . . .« (ebda. 1931, p. 118).

5. Die *Bischöfe der Paderborner Kirchenprovinz* erklären in einem *Erlaß vom 10. März 1931* »für katholische Christen die Zugehörigkeit zur N. S. D. A. P. als unerlaubt« (ebda. 1931, p. 128ff.).

6. Die *Bischöfe der Oberrheinischen Kirchenprovinz* warnen (*Erlaß vom 19. März 1931*) »vor dem Nationalsozialismus, weil und solange er Anschauungen verfolgt und verbreitet, die mit der katholischen Lehre unvereinbar sind. Es kann deshalb den Katholiken nicht erlaubt sein, diese Anschauungen als wahr anzunehmen und sie in Wort und Tat zu bekennen« (ebda. 1931, p. 136ff.).

7. Der *Bischof von Berlin* hatte im November 1930 katholischen Nationalsozialisten den Empfang der Sakramente gestattet und die Mitgliedschaft bei der N.S.D.A.P. als nicht verboten bezeichnet, falls das Programm der Partei es den Mitgliedern ermögliche, voll und ganz auf dem Boden der katholischen Lehre und Praxis zu verbleiben. In einer *Erklärung vom 20. März 1931* stellte der Bischof fest, daß diese grundsätzlichen Voraussetzungen nicht gegeben seien (ebda. 1931, p. 138).

An der ablehnenden Haltung der deutschen Bischöfe hat sich bis heute nichts geändert . . .

10 Akten Faulhaber I, a. a. O., S. 17. 1933.

11 Akten Bischöfe I, a. a. O., S. 31.

12 Der Sohn, Ernest L. Chambré, in einem Brief vom 12. 3. 87 an den Licher Lehrer Dr. Klaus Konrad.

13 Meine Darstellung folgt Wolfgang Gerlach: Als die Zeugen schwiegen. Bekennende Kirche und die Juden (Studien zu Kirche und Israel, Bd. 10), Berlin 1987, S. 90. Ähnlich auch Klaus Scholder: Die Kirchen und das Dritte Reich. Bd. 1: Vorgeschichte und Zeit der Illusionen 1918–1934, S. 322ff.

14 Evangelische Kirche zwischen Kreuz und Hakenkreuz. Bilder und Texte einer Ausstellung. Zusammengestellt und kommentiert von Eberhard Röhm und Jörg Thierfelder. Stuttgart 1983, S. 77.

15 Akten Bischöfe I, a.a.O., S. 42f.

16 Akten Faulhaber I, a. a. O., S. 682.

17 Der Wortlaut ist im Linzer Diözesanblatt, Nr. 1, 1933, abgedruckt und vom katholischen Preßverein Linz auch als Flugschrift herausgegeben worden. Zit. n. Ecclesiastica, Nr. 6/1933.

18 Christian Pross und Rolf Winau: nicht mißhandeln. Das Krankenhaus Moabit. Stätten der Geschichte Berlins, Bd. 5, Berlin 1984, S. 184f.

19 Brief vom 10. 4. 1933. Akten Bischöfe I, a. a. O., S. 711.

20 Brief vom 5. 4. 1933. Ebd., S. 701.

21 Brief vom 8. 4. 1933. Ebd., S. 705.

22 Badischer Beobachter, Nr. 103 vom 16. 4. 1933, zit. n. Ecclesiastica Nr. 50/1933.

23 Der Vortrag wurde im Reichsanzeiger am 6. 4. 1933 unter der Überschrift »Evangelischer Appell an Amerika« abgedruckt: Gerlach, a. a. O., S. 40f.

24 Friede und Freude, Organ des Evangelischen Vereins der Kaiser-Wilhelm-

Gedächtnis-Kirche, Sonderausgabe vom 9. 4. 1933. Zit. n. Gerlach, a.a.O.,
S. 41.

25 Ebd., S. 42. Als Datierung gibt Gerlach an: »wenige Tage vor dem Boykott«.

26 Reformierte Kirchenzeitung, Nr. 15, S. 111, zit. n. Gerlach, a. a. O., S. 43.

27 Karl Barth 1936 in einem Vortrag »Die Bekennende Kirche im heutigen
Deutschland« in Schaffhausen. Ebd., S. 386. Wer die Entwicklung der ev. Kir-
che im Detail verfolgen möchte, sei auf das überaus lesenswerte Buch von
Gerlach verwiesen.

28 Klepper, a. a. O., S. 19, 41, 46.

29 In § 3, Absatz 2 gibt es zunächst noch eine Ausnahmeregelung für Personen,
»die bereits seit dem 1. August 1914 Beamte gewesen sind oder im Weltkrieg
an der Front für das Deutsche Reich oder für seine Verbündeten gekämpft
haben oder deren Väter oder Söhne im Weltkrieg gefallen sind«. § 4 des Gesetzes regelt die Entlassung politisch unerwünschter Beamter: »Beamte, die
nach ihrer bisherigen politischen Betätigung nicht die Gewähr dafür bieten,
daß sie jederzeit rückhaltlos für den nationalen Staat eintreten, können aus
dem Dienst entlassen werden.«

30 Akten Bischöfe I, S. 100ff.

31 Ebd., S. 239ff.

32 Konrad Graf von Preysing wird 1935 Bischof von Berlin. Walter Adolph, Leiter der Fachschaft der katholischen Kirchenpresse bei der Reichsschrifttumskammer: »Die Kundgebungen unseres Bischofs in Eichstätt und auch die
ersten in Berlin vermieden es auffällig, irgendwelche Urteile über die Zeiter-
eignisse zu bringen. Man sagt deshalb scherzhaft, daß die Hirtenbriefe auch im
13. Jahrhundert nichts an ihrer Gültigkeit und Aktualität eingebüßt hätten. In
einem Gespräch gab mir der Bischof für dieses Verhalten die Gründe an: ›Ich
kann solange die zweifellos guten Taten und Erfolge des Nationalsozialismus
nicht loben, als mir jede Kritik an den ebenso zweifellosen Schattenseiten
verboten ist.‹ Insbesondere drückten den Bischof Vorkommnisse in den Konzentrationslagern.« (Walter Adolph, Geheime Aufzeichnungen aus dem nationalsozialistischen Kirchenkampf 1935–1943, bearbeitet von Ulrich von
Hehl. Mainz 1980, S. 44).
Adolph berichtet weiter: »Bei der Beurteilung des wirklichen Fortschrittes
durch die Machtergreifung der Nationalsozialisten wies der Bischof wiederholt auf die vollkommen verschiedene Situation in seinem früheren Bistum
von der im Bistum Berlin hin. Während der Nationalsozialismus in Berlin
zweifellos die der Religion und Sittlichkeit sehr gefährlichen Agitationsarten
des Sozialismus und Kommunismus und viele Erscheinungen des Schmutzes
und Schundes beseitigt habe, hätte er in Eichstätt nur destruktiv gewirkt, da es
dort solche Verfallserscheinungen auf sittlich-religiösem Gebiet nicht gegeben
habe.« (Ebd., S. 46).
Ein Wandel vollzieht sich Adolph zufolge 1937. Preysing sei anläßlich des
Papstkrönungstages am 14. 2. 1937 in seiner Predigt in St. Hedwig aus seiner
politischen Reserve herausgegangen und habe in klaren Worten »die großen
religiösen Gefahren, Angriffe und düsteren Zukunftsahnungen auf religiösem
Gebiet« aufgezeigt. »Nach der Predigt kam es vor dem Gotteshaus zu großen
Beifallskundgebungen für den Bischof.« Die »Times« berichtete darüber am
16. 2. 1937 (Ebd., S. 45).

Auf der Fuldaer Bischofskonferenz vom 20. bis 22. 8. 1940 hat Preysing eine
Kontroverse mit dem Vorsitzenden der Konferenz, Kardinal Bertram, weil
dieser im Namen aller Bischöfe Hitler einen Geburtstagsbrief geschickt hatte.
Preysing legt daraufhin das ihm 1935 übertragene Pressereferat nieder. (Ebd.,
S. 273 f.) Seine Absicht, aus Protest gegen Bertrams Anpassungskurs auf sein
Bischofsamt zu verzichten und damit die Bischofskonferenz zu verlassen, wird
ihm vom Papst ausgeredet.
Bekannt wird eine Predigt Preysings vom 2. 11. 1941 anläßlich des die »Eutha-
nasie« propagierenden Films »Ich klage an«: »Die meisten von euch wissen,
daß zur Zeit öffentlich durch einen Film Propaganda gemacht wird für die
Angemessenheit der Tötung ›lebensunwerten Lebens‹ wie auch der Erlaubt-
heit der Tötung auf Verlangen. ... Die Tötung sogenannten lebensunwerten
Lebens wird in diesem Film begründet mit der Nützlichkeit. ... Wehe uns,
wenn das ewige Sittengesetz durch Nützlichkeitserwägungen abgeändert oder
aufgehoben werden kann.«
Sein Hirtenbrief über das Recht vom 12. / 13. 12. 1942 wird sogar im Londoner
Rundfunk und im amerikanischen Repräsentantenhaus verlesen. Darin heißt
es: »Ein ... Grundsatz ist, daß das Leben der unschuldigen Einzelperson, ob
des ungeborenen Kindes, ob des altersschwachen Greises, heilig ist und daß
nicht Unschuldige mit Schuldigen oder an Stelle Schuldiger gestraft werden
dürfen. Einen Menschen zu töten, ist nur erlaubt zur Bestrafung der Verbrechen durch die Obrigkeit, zur Verteidigung des Vaterlandes oder in gerechter
Notwehr.«
33 Preysing am 31. 5. 1933 an die Fuldaer Bischofskonferenz, Akten Bischöfe I,
    a. a. O., S. 238.
34 Ebd., S. 243.
35 Die Tagebücher von Joseph Goebbels, Sämtliche Fragmente. Hrg. von Elke
    Fröhlich im Auftrag des Instituts für Zeitgeschichte und in Verbindung mit
    dem Bundesarchiv, Teil I, Band 2, München 1987, Eintragung vom 4. 6. 1933.
36 Kölnische Volkszeitung, Nr. 171 vom 27. 6. 1933, zit. n. Ecclesiastica, Nr. 52/
    1933.
37 Kölnische Volkszeitung, Nr. 300 vom 3. 11. 1933, ebd.
38 Adolph, a. a. O., S. 17.

»Soldaten der dienenden Liebe«

1 Dank-Heft »Der Armen- und Krankenfreund«, Kaiserswerther Zeitschrift für
   die weibliche Diakonie der evangelischen Kirche, Heft 9–12, 1933. Daraus
   die folgenden Zitate.
2 Schreiben vom 20. 3. 33, faksimilierter Abdruck in: Die Wiege von Kaiserswerth, Festschrift »Der Armen- und Krankenfreund und Die Taube von Kai-
   serwerth. Den Freunden des Fliedner-Werkes zum Dank im Jubiläums-Monat
   1933«.
3 Die Taube von Kaiserswerth, Mitteilungen für die Mitglieder des Kaiserswerther Pfennigvereins, Dezember 1933.
4 Ebd.
5 Blätter aus dem Evangelischen Diakonieverein, Dezember 1933.

6 Ein Jahrhundert Innere Mission. Die Geschichte des Central-Ausschusses für die Innere Mission der Deutschen Evangelischen Kirche von Martin Gerhardt. 2. Teil: Hüter und Mehrer des Erbes. Gütersloh 1948, S. 354f.

7 Ebd., S. 355.

8 Blätter, a. a. O., Dezember 1933.

9 Blätter, a. a. O., Juni 1936.

10 Blätter, a. a. O., Dezember 1937.

11 Stiftung Tannenhof bei Remscheid/Lüttringhausen: »Bericht über das 39. und das 40. Arbeitsjahr 1934–1936«.

12 Ebd.

13 Die folgenden Zitate stammen alle aus: Blätter, a. a. O., November 1936.

14 Die im folgenden zitierten Dokumente stammen aus dem Nachlaß von Pfarrer Happich/Treysa.

15 Zitate aus einem Brief von Haun vom 24. 11. 1945 an Landesbischof Wüstemann/Kassel.

16 A. Haun: »Der DGB. Von 1932 bis 1945«, Marburg/Lahn, den 19. 4. 1945.

17 Schreiben A. Haun vom 16. 5. 45 an Superintendent Schmidtmann/Marburg.

»... die SA Jesu Christi und die SS der Kirche«

1 Tatchristentum. Skizzen aus der Geschichte der männlichen Diakonie von Ernst Naumann, Pfarrer an der Diakonenanstalt zu Moritzburg bei Dresden. Jahrbuch für männliche Diakonie, Herausgegeben vom Deutschen Diakonen-Verband, Berlin 1925.

2 Ebd., S. 34.

3 Ebd., S. 5.

4 Peter Sutter: Schritte und Rückschritte, Abschnitte aus der Geschichte der Deutschen Diakonenschaft unter der Lupe. Vervielfältigtes Manuskript, Rickling 1987. Die Arbeit liegt inzwischen gedruckt vor: Peter Sutter: Materialien zur Geschichte der Deutschen Diakonenschaft, in: Was uns bewegt – Was wir bewegen. 75 Jahre Deutsche Diakonenschaft 1913–1988, hrg. vom Vorstand der Deutschen Diakonenschaft, Bielefeld 1988.

5 Protokoll der Konferenz der Brüderhausvorsteher vom 3.–5. April 1932 in der Diakonenanstalt zu Moritzburg bei Dresden, Archiv Diakonisches Werk (ADW) der Ev. Kirche in Deutschland, Berlin: DD 312.

6 Bruderschaft und Drittes Reich, vervielfältigtes Manuskript, unter Mitarbeit von Dagmar Held, Birgit Klitsch, Volker Krolzik, Johann Rehfinger, Hildegard Scheele und Jutta Swensson als Studenten sowie Sieghard Lange, Barbara Rose und Ulfried Kleinert als Dozenten. Zusammenfassung eines dreisemestrigen Forschungsseminars der Evangelischen Fachhochschule für Sozialpädagogik der Diakonenanstalt des Rauhen Hauses, Hamburg 1981, S. 27.

7 Die Entmachtung Büchsels ist von seinem Stellvertreter, Pastor Fritz Happich (Vorsteher der hessischen Diakonenanstalt Hephata/Treysa) in Absprache mit dem Geschäftsführer des Diakonenverbandes Weigt und dem Vorsteher des Stephansstifts Wolff durchgesetzt worden. Happich hat die Einzelheiten in einer Rede am 4. 12. 33 auf dem »Brüdertag« in Treysa geschildert. Dort heißt

es u. a.: »Ich liebe Herrn Pastor Büchsel als einen frommen, innerlichen Christen. . . . Er ist theoretisch begabt, feinsinnig und demütigt. Aber was ihm abgeht, ist Menschenkenntnis und ein inneres Erfassen der Lage. . . .« – Happichs Redemanuskript befindet sich – ohne Signatur – im Archiv Hephata.

8 Bruderschaft und Drittes Reich, a. a. O., S. 28.

9 Die Darstellung ist insofern nicht einfach, da Themel im Juni dem CA aufgezwungen, nach kurzer Zeit wieder rausgedrängt, aber im Oktober 1933 vom Hauptausschuß des CA erneut auf den Posten des Präsidenten gewählt wird. Zum Zeitpunkt des Erscheinens des Festberichts über die Hundertjahrfeier ist Themel bereits wieder Präsident. Themel stieß beim CA auf Widerstand, so daß er 1934 zurücktrat. Am 18. 12. 1934 wird als sein Nachfolger Pastor Constantin Frick, der Leiter des Bremer Diakonissenmutterhauses, gewählt. (Ein Jahrhundert Innere Mission. Die Geschichte des Central-Ausschusses für die Innere Mission der Deutschen Evangelischen Kirche von Martin Gerhardt. 2. Teil: Hüter und Mehrer des Erbes. Gütersloh 1948, S. 360.)

10 Hundertjahrfeier des Rauhen Hauses und der männlichen Diakonie, 9. Deutscher Diakonentag, 9. bis 16. September in Hamburg, Festbericht (gedruckt im Verlag des Deutschen Diakonenverbandes Berlin), S. 75 f. – Alle folgenden Zitate von der Hundertjahrfeier und dem Diakonentag stammen, sofern nichts anderes angegeben ist, aus dieser Festschrift.

11 Schirmacher war zusammen mit Themel dem Centralausschuß im Juni 1933 als Direktor aufgezwungen und dann kurzzeitig wieder abberufen worden. Am 18. Oktober 1933 wird er vom Hauptausschuß des CA ohne Gegenstimme wieder auf den Posten gewählt. Die Einzelheiten dieses Wechselspiels beschreibt Jochen-Christoph Kaiser 1987 im Jahrbuch für Westfälische Kirchengeschichte (S. 207 ff.)

12 Jochen-Christoph Kaiser: »Politische Diakonie« zwischen 1918 und 1941: Der Rechenschaftsbericht Horst Schirmachers über seinen »Dienst in der Inneren Mission der Deutschen Evangelischen Kirche«, in: Jahrbuch für Westfälische Kirchengeschichte, 1987, S. 210 f. Der »Rechenschaftsbericht» stammt aus dem Jahre 1947. Schirmacher erging es wie anderen Steigbügelhaltern des Regimes: Er wurde im August 1940 fallengelassen.

13 Ebd., S. 220 f.

14 Ebd., S. 224.

15 Pastor Barnharn am 1. 6. 33 in: Ricklinger Brüderbrief, zit. nach: Der sinkende Petrus, Rickling 1933–1945, zusammengestellt, bearbeitet, kommentiert und herausgegeben von Peter Sutter. Rickling 1986, S. 16.

16 Am 26. 1. 34 schreibt der »Landesverein für Innere Mission, Abtl. ehem. Konzentrationslager Kuhlen« an den Regierungspräsidenten in Schleswig: »Das hiesige Konzentrationslager war seinerzeit nur als vorübergehend bestehend gedacht und dementsprechend auch nur eingerichtet worden.« Das Schreiben befindet sich als Blatt 191 in einer von Sutter gefundenen Akte »Konzentrationslager«. Die Akte liegt in Rickling. Es handelt sich lediglich um Restmaterial, vorwiegend Abrechnungen.

17 Othmar Walchensteiner, geb. am 14. 10. 03. Auf der Mitgliedskarte der NSDAP ist als Beruf Handlungsgehilfe und als Wohnort Bielefeld (Bethel) angegeben. Der Eintritt in die NSDAP erfolgte am 31. 3. 1925. Nach Sutter (a. a. O., S. 153 f.) ist er am 30. 11. 1926 im Rauhen Haus ein- und ohne die

Diakonenausbildung beendet zu haben, am 31. 1. 1930 ausgetreten. Walchensteiner kam auf Empfehlung der Kreisleitung der NSDAP und auf Betreiben des Direktors des Landesvereins der Inneren Mission, Dr. Epha, als Schulungsleiter nach Rickling. Er verläßt Rickling 1935.

18 In einem Brief vom 15. 9. 1933 an »Herrn Oberlandjägermeister Decker, Bad Segeberg (kein Briefkopf), heißt es: »Die im Konzentrationslager Kuhlen beschäftigten SA-Leute – Lager-Polizei – bekommen von uns eine Vergütung von täglich Rmk. 1.–, freie Station und wir tragen die Beiträge zur Angestelltenversicherung. . . .« Bl. 15 der Ricklinger Akte »Konzentrationslager«.

19 Verhaftungsgründe der Polizeiwache Schleswig vom 22. 9. 1933, Bl. 189 der Ricklinger Akte.

20 Die Berichte der Familie Zabel befinden sich im Landesarchiv Schleswig. Abt. 301, Nr. 4509. Sutter druckt sie auf S. 124 ff. Die Vorfälle sind inzwischen ausführlich dokumentiert: Harald Jenner: Konzentrationslager Kuhlen 1933, hrsg. vom Landesverein für Innere Mission in Schleswig-Holstein. Rickling 1988.

21 Fernsehmagazin »Report« (Baden-Baden) am 9. 2. 88.

22 Bl. 94 der Ricklinger Akte.

23 Zit. n. Sutter, a. a. O., S. 31.

24 Schreiben vom 24. 10. 1936, unterschrieben von Burgdorf, Dr. Epha und dem Diakon Hermann von Essen. Sutter, a. a. O., S. 34 f.

25 Sutter, a. a. O., S. 37.

26 Report, a. a. O.

27 Der Landesverein für Innere Mission in Schleswig-Holstein in der Zeit der Weimarer Republik und des Dritten Reiches, von Dr. Oskar Epha. Festschrift zur Feier des 100jährigen Bestehens des Landesvereins am 30. September 1975, S. 60.

28 Sutter, a. a. O., S. 57.

29 Der Monatsbote aus dem Stephansstift, Juni / Juli 1933, Nr. 6/7, S. 102.

30 Archiv der Diakonenschaft Stephansstift.

31 Der Monatsbote, Januar–April 1934, Nr. 1–4, S. 8.

32 Ebd., S. 14 f.

33 Die Häftlinge des Lagers Esterwegen kommen im September 1936 ins KZ Sachsenhausen und werden beim Aufbau des Lagers eingesetzt. Esterwegen wird danach als Strafgefangenenlager ebenfalls der Justiz unterstellt.

34 Zur Mißhandlungspraxis in den Emslandlagern: Erich Kosthorst / Bernd Walter: Konzentrations- und Strafgefangenenlager im Emsland 1933–1945. Zum Verhältnis von NS-Regime und Justiz, Darstellung und Dokumentation. Düsseldorf 1985, S. 406 ff.

35 Als ich einen Teil der Unterlagen der Diakonenschaft des Stephansstiftes einsehen konnte, hatten die Dokumente keine Signatur.

36 Die Zeitangabe ergibt sich aus einem Zeugnis Wolffs vom 9. 10. 1934.

37 Der SA-Rang geht aus dem Zeugnis der Lagerleitung Brual / Rhede vom 17. 11. 34 hervor.

38 Ende 1935 stellte die Justizverwaltung einen ev. und einen kath. Seelsorger ein. Der dritte SA-Diakon aus dem Stephansstift wird dem ev. Pfarrer Riechardt am 1. 1. 1936 zur Hilfeleistung beigegeben. Nach dessen Rückkehr ins Stephansstift wird am 1. 3. 1936 der letzte noch verbliebene Diakon Pastor

Riechardt zugewiesen. Dieser letzte Diakon ist im März 1939 ausgeschieden. 1988 zu seinem Lager-Dienst befragt, lehnte er eine Stellungnahme ab.

39 Ernst Klee: Was sie taten – Was sie wurden. Ärzte, Juristen und andere Beteiligte am Kranken- oder Judenmord. Fischer Taschenbuch Nr. 4364, Frankfurt 1986, S. 87 und 297.

40 Klaus Scholder: Die Kirchen und das Dritte Reich. Bd. 1: Vorgeschichte und Zeit der Illusionen 1918–1934, S. 625. – Über weitere »christliche SA-Stürme« und das Verhältnis von Pastoren zur SA berichtet der DC-Mann Friedrich Baumgärtel: Wider die Kirchenkampf-Legenden. Neuendettelsau 1976, S. 52 f.

41 Walter Adolph, Geheime Aufzeichnungen aus dem nationalsozialistischen Kirchenkampf 1935–1943, bearbeitet von Ulrich von Hehl. Mainz 1980, S. 64. Eschweiler stirbt 1936. Auf seinen Wunsch wurde er nicht im Priesterrock, sondern in Parteiuniform mit den Parteiabzeichen beigesetzt (Adolph, ebd.).

42 »1. vertrauliches Rundschreiben! An die Mitglieder der Brüderhausvorsteher-Konferenz« vom 17. 7. (? schlecht leserlich) 1933.

43 Gruß aus Moritzburg. Monatsschrift der Moritzburger Diakone. Faksimilierter Abdruck bei Sutter, a. a. O., S. 19.

44 J. Schmoll: Hat der Diakon eine Aufgabe in der S. A.?, in: Karlshöher Brüderbote. Vertrauliche Mitteilungen des Karlshöher Brüderverbandes, 1. 2. 34, Nr. 2.

45 Erinnerungen des Diakons Ernst Röder aus Anlaß des Diakonenjubiläums 1984, in: Karlshöher Diakon, Sept. / Okt. 1984, Heft 5.

46 Rede Happichs vom 4. 12. 1933 auf dem Hessischen Brüdertag in Treysa (Archiv Hephata).

47 Johannes Haun: Aus der Geschichte der Stiftung Tannenhof, in: »Diakonie im Dritten Reich«, Protokolle einer Tagung der Ev. Akademie Mülheim/ Ruhr vom 16. / 17. 5. 87 in Maria Laach, S. 71 ff.

48 Stiftung Tannenhof: Bericht über das 38. Arbeitsjahr 1933–1934.

49 Johannes Haun, a. a. O.

50 Bericht über das 38. Arbeitsjahr, a. a. O. Noch Jahre später geht es im gleichen Tonfall weiter. Im Jahresbericht des Tannenhofs über die Zeit von April 1938 bis März 1939 werden z. B. Kranke als »parasitär veranlagte Gemeinschaftsstörer« bezeichnet, und über die hauseigenen Doktoren ist zu lesen: »Sämtliche Ärzte stellen sich durch Mitarbeit in der SA und im Amt für Volksgesundheit... in den Dienst der großen allgemeinen Aufgabe, die der Führer und Reichskanzler dem deutschen Arzt gestellt hat.«

51 Protokoll der Brüderhausvorsteherkonferenz vom 23. / 24. 5. 1934 in der Diakonenanstalt Bayern (ADW, DD 313).

52 Zit. n. Bruderschaft und Drittes Reich, a. a. O., S. 108.

53 Durchschlag eines Briefes (Unterschrift unleserlich) vom 18. 3. 39 an Kons.-Amtmann Euler in Berlin-Charlottenburg (ADW, DD 313).

54 Archiv Hephata.

55 Ebd.

56 Brief vom 26. 2. 1946, zit. n. Sutter, Schritte und Rückschritte, S. 29.

»...im Gehorsam gegen Gott die Eliminierung... vollziehen«

1 Archiv Diakonisches Werk (ADW) der Evangelischen Kirche in Deutschland, Berlin: CA/G 1800/1, Bl. 25.

2 Ebd., Bl. 98. Das Wortprotokoll ist anschließend allen Teilnehmern zur Korrektur geschickt worden. Ich zitiere aus diesem Protokoll, ohne jeweils neu die Seitenzahl anzugeben.

3 Die Rolle der Betheler Chefärzte Schneider und Villinger, die nach ihrem Ausscheiden in den v. Bodelschwinghschen Anstalten als Gutachter bei der »Euthanasie« mitmachten, ist in meinen Büchern »›Euthanasie‹ im NS-Staat« und »Dokumente zur ›Euthanasie‹« ausführlich beschrieben.

4 Benno Müller-Hill: Tödliche Wissenschaft. Die Aussonderung von Juden, Zigeunern und Geisteskranken 1933–1945. Reinbek 1984, S. 129.

5 Prof. Widukind Lenz in Müller-Hill, a. a. O., S. 121 f.

6 In Anspielung auf ein Wort aus der Bergpredigt über Ehebruch (Matthäus-Evangelium, Kapitel 5, Verse 27–30)!

7 Abgedruckt in »Die innere Mission«, Nr. 26 (1931), S. 336 ff. Nachgedruckt: Dokumente zur »Euthanasie«, hrsg. von Ernst Klee, Frankfurt 1985, S. 46 ff., (Fischer Taschenbuch 4327).

8 Harmsen auf der »2. Fachkonferenz für Eugenik« vom 2.–4. 6. 1932 in Berlin: ADW, CA/G 1800/2, Bl. 41.

9 Ebd., Bl. 42 a ff.

10 Ebd., Bl. 95 a ff.

11 Ebd., Bl. 16 ff.

12 Ebd., Bl. 111 a ff.

13 Ebd., Bl. 147 ff.

14 Auskunftsstelle des Central-Ausschusses für Innere Mission betr. das Gesetz zur Verhütung erbkranken Nachwuchses. Rundschreiben 6 vom 12. 2. 1935 (Vertraulich!) An die Landes- und Provinzialverbände sowie die Fachverbände der I. M. und die Evangelischen Heil- und Pflegeanstalten.

15 Schreiben Evangelisch-Lutherischer Landeskirchenrat vom 20. 2. 1936 an Justizrat Dr. Groß in Nürnberg, ADW, CA/G 1801/6, Bl. 26 a–27.

16 Das Gesetz zur Verhütung erbkranken Nachwuchses und seine Forderung an den Pfarrer, Von Medizinalrat Dr. Buurmann, Leer (Ostfriesland), in: Die Diakonisse, Zeitschrift für weibliche Diakonie, hrsg. vom Kaiserswerther Verband deutscher Diakonissen-Mutterhäuser und der Kaiserswerther Generalkonferenz. April 1936 (Heft 4), S. 106 ff.

17 Evangelische Gesundheitsfürsorge 1926–1936. Denkschrift anläßlich des zehnjährigen Bestehens des Deutschen Evangelischen Krankenhausverbandes, zugleich Arbeitsbericht des Gesamtverbandes der deutschen evangelischen Kranken- und Pflegeanstalten und des Referats Gesundheitsfürsorge im Central-Ausschuß für die Innere Mission der Deutschen Evangelischen Kirche. Berlin/Dahlem 1936, S. 81.

18 Einladungsschreiben vom 31. 3. 47: ADW, CA/G 1601/2, Bl. 68.

19 Ebd., Bl. 71 ff.

20 Meltzers Vortrag »Der derzeitige Stand der Frage der Unfruchtbarmachung Minderwertiger« wurde am 27. 9. 27 gehalten und in der Zeitschrift für die

Behandlung Schwachsinniger, Oktober 1928, Nr. 10 abgedruckt. Die Zitate befinden sich auf S. 154f.

21 Meltzer: Geschlossene und offene Fürsorge für Schwachsinnige und Epileptische (einschl. Hilfsschulwesen), in: Zeitschrift für die Behandlung Anomaler, Nr. 2, Febr. 1931, S. 20.

22 Begrüßungsrede Meltzers bei Beginn der 20. Tagung des Deutschen Vereins für Erziehung, Unterricht und Pflege Geistesschwacher am 10. September 1929 in Stuttgart. Abgedruckt in: Zeitschrift für die Behandlung Anomaler, Nr. 2, Februar 1930, S. 19.

23 Arbeitsgemeinschaft für Volksgesundung: Tätigkeitsbericht für 1932, Schriften zur Volksgesundung, Heft 20, hrsg. von Dr. med. Dr. phil. Hans Harmsen. Daraus auch die folgenden Zitate.

24 Arbeitsgemeinschaft für Volksgesundung: Mitteilungen, Nr. 22 vom 1. 7. 35.

25 Protokoll über die Jahresversammlung 1926 der Vereinigung katholischer Seelsorger an deutschen Heil- und Pflegeanstalten E. V. am 27.–29. Juli im Franz-Sales-Haus, Essen, Ruhr.

26 Joseph Mayer: Gesetzliche Unfruchtbarmachung Geisteskranker (Studien zur katholischen Sozial- und Wirtschaftsethik, Bd. 3), Freiburg i. Br. 1927, S. 26.

27 Ebd., S. 111.

28 Ebd., S. 123. Zu Mayer siehe Klee, Dokumente zur »Euthanasie«, S. 40ff.

29 Bericht über die Jahresversammlung der Vereinigung katholischer Seelsorger an deutschen Heil- und Pflegeanstalten E. V., 20.–22. August 1929 zu Soest, Westfalen (Hotel Overweg).

30 Hermann Muckermann: Eugenische Eheberatung, Berlin und Bonn o. J., S. 23 (eine Schrift aus dem Kaiser-Wilhelm-Institut).

31 P. M. Fischer: Aufgaben der Gesundheitsfürsorge, in: Jahrbuch der Caritaswissenschaft 1933 (noch vor der »Machtergreifung« verfaßt), S. 43.

32 Akten Deutscher Bischöfe über die Lage der Kirche 1933–1945, Bd. I, bearbeitet von Bernhard Stasiewski, Mainz 1968, S. 358ff.

33 Ebd., S. 434f.

34 Ebd., S. 825f.

35 Akten Kardinal Michael von Faulhabers, Bd. I, bearbeitet von Ludwig Volk, Mainz 1975, S. 833f.

36 Prof. Dr. Franz Keller: Das Wesen der katholischen Caritas und ihr Zeitbild, Jahrbuch der Caritaswissenschaft 1934, S. 70.

37 Zur Neugestaltung des deutschen Strafrechts, Neuauflage der Vorschläge des Deutschen Caritasverbandes vom Jahre 1934, in: Der Wegweiser, Kleinschriften der Katholischen Arbeitsgemeinschaft für Straffälligenfürsorge (Für den Inhalt verantwortlich: Walter Baumeister, Caritasdirektor, Freiburg i. Br.), Nr. 5, o. J., S. 40.

38 Erzbischöfliche Eheinstruktion von Freiburg, zitiert nach Jahrbuch der Caritaswissenschaft 1935, S. 80. Am 7. Januar 1935 verbot der Leiter des Badischen Geheimen Staatspolizeiamtes dem Freiburger Erzbischof Gröber u. a., in einem Hirtenbrief von den Kanzeln verlesen zu lassen: »Wohl bestehen noch andere erhabene und heilige Gründe für die Lebensgemeinschaft beider Gatten, aber der erste, wichtigste und wesentlichste ist die Weckung neuen menschlichen Lebens. Daraus ergibt sich aber auch, daß ... Menschen, die

durch äußere Eingriffe, wie sie in der Gegenwart im Widerspruch mit der katholischen Lehre erfolgen, für eine fruchtbare Ehe untauglich gemacht wurden.« (Erzb. Archiv Freiburg, Generalia 48/18).

39 Akten Kardinal Michael von Faulhabers, Bd. II, bearbeitet von Ludwig Volk, Mainz 1984, S. 184 ff.

40 Zur Beteiligung evangelischer Einrichtungen sei angemerkt:
Aus keiner evangelischen Einrichtung sind so viele Bewohner zur Ermordung abgeholt worden wie aus den evangelisch-lutherischen Diakonissenanstalten Neuendettelsau im fränkischen Landkreis Ansbach. Am Ort und in einigen benachbarten Anstalten leben etwa zweitausend Behinderte. Nur wenige werden die Nazi-Herrschaft überleben, weil die Anstaltsleitung den Gehorsam gegenüber dem Staat höher stellt als das Leben der Behinderten.
1936 wird der Psychiater Dr. Rudolph Boeckh als ärztlicher Leiter nach Neuendettelsau geholt. Boeckh kommt auf Empfehlung des Betheler Pastors v. Bodelschwingh, wo er zehn Jahre lang Oberarzt gewesen ist. Er ist Mitglied der NSDAP seit 1932. (Dr. Hans Rößler: Die »Euthanasie«-Diskussion in Neuendettelsau 1937–1980, vervielf. Ms. o. J.) Boeckh am 5.4.37 in einem Vortrag vor der NSDAP-Ortsgruppe Neuendettelsau:
»Alles Kranke, das nicht wieder der Gesundung zugeführt werden kann, ist Last... Die Entscheidung über die Frage, ob ein Mensch vernichtet werden darf, steht allein dem Mann zu, der unter Berufung auf den Schöpfer die Gewalt in seiner Hand hat, über Leben und Tod zu entscheiden.« Es sei unmöglich, daß noch so verantwortungsbewußte Menschen wie Ärzte oder Richter die Frage entschieden. Entscheiden kann nach Boeckh nur einer: »Das kann und darf allein der Führer.«
Der Chefarzt einer diakonischen Einrichtung meint, »die schwerste Idiotie und der völlige groteske Zerfall der Persönlichkeit« habe »nichts mehr mit dem Ebenbild Gottes zu tun«. Diese »Verzerrung des menschlichen Antlitzes« sei nicht in falscher Barmherzigkeit »zu erhalten, sondern dem Schöpfer zurückzugeben«. (Der Vortrag wurde im Nachlaß von Pfarrer Hilmar Ratz, Boeckhs unmittelbarem Vorgesetzten, gefunden.)
Rektor Hans Lauerer, der Leiter der Diakonissenanstalt Neuendettelsau, schreibt 1939 einen Aufsatz »Das Menschenleben in der Wertung Gottes« in der Zeitschrift »Zeitwende«, Nr. 6:
»Es ist klar, daß es von Christus her gesehen und damit von der absoluten Norm her geurteilt, kein lebensunwertes Leben gibt.« Aber: »Für ein... Gemeinschaftsdenken, das den einzelnen vom Ganzen des Volkes her bewertet, gibt es selbstverständlich (!) ein minderwertiges Leben, und in solcher Sicht werden Maßnahmen zur Verhütung der Fortpflanzung dieses minderwertigen Lebens einfach zur Pflicht. Wer etwa in der Anstaltspflege einen lebendigen Eindruck von dem Elend der durch Erbkrankheit Gehemmten hat, kann nicht anders als derartige Maßnahmen zu verstehen, verständlich zu machen und damit zu unterstützen. Er wird es auch begreifen, daß es, wenn man wirklich das Wohl des Volkes voranstellt, auch auf diesem Gebiet unvermeidlich ist, bisweilen hart in Freiheit und Leben des einzelnen einzugreifen.«
Für den Lutheraner Lauerer ist auch der NS-Staat eine »gute Ordnung Gottes«: »Wenn nicht dem Kaiser gegeben wird, was des Kaisers ist, so ist von vornehrein Gott nicht gegeben, was Gottes ist. Der Staat gehört zu den Er-

haltungsordnungen der Welt, und darum können wir Lutheraner nicht anders
als grundsätzlich bejahend zum Staat, zu unserem Staat stehen. Von diesem
Standpunkt aus haben wir kein Recht es zu beanstanden, wenn der Staat...
die Tatsache minderwertigen Lebens konstatiert und auf Grund dieser Kon-
statierung dann auch handelt.«
Diese Haltung erlaubt es, daß 1941 aus den Neuendettelsauer Anstalten von
2137 Bewohnern 1911 abtransportiert werden. (Brief Ev./Luth. Diakonissen-
anstalt Neuendettelsau vom 7.10.1960 an die GStA Frankfurt – Exp. Nr. 4605/
KR. R./Sch. – anläßlich des Ermittlungsverfahrens gegen Prof. Werner Hyde
– Js 17/59 –. Der Brief mit detaillierten Zahlenangaben ist von Konrektor Ratz
unterschrieben. Die Zahlenangaben liegen wesentlich höher als die heute offiziell genannten.)
In einer »Niederschrift über die Verhandlungen mit der Regierung von Ober-
und Mittelfranken betreffs Verlegung unserer Pfleglinge« heißt es am
13.2.1941: »Es wurde zuerst über den Umgang der Verlegungsaktion gesprochen, dann über das Technische und Finanzielle. Herr Rektor Lauerer betonte, daß wir uns einer Anordnung des Staates selbstverständlich fügen...«

Es gibt sogar eine evangelische Anstalt, die sich in den Dienst des Massenmords stellt: Scheuern an der Lahn, eine Einrichtung der Inneren Mission in
Hessen-Nassau. Scheuern gehört zu den ersten Anstalten, die sich den nationalsozialistischen Machthabern geradezu anbiedern. Karl Todt, der Direktor
der Heilerziehungs- und Pflegeanstalt, hatte schon 1933 verkündet:
»Wie freudig begrüßen wir, die wir seit 83 Jahren an den geistesschwachen und
epileptischen Menschenkindern nach dem Auftrag unseres Heilandes arbeiten, die rassenpflegerischen Maßnahmen unseres Führers, die der Auftakt
sind, die Übel von den Wurzeln an zu bekämpfen.« Und er versprach: »So
stehen wir zum Dienst bereit, Handlanger zu sein am Bau des Reiches Gottes,
und am Bau des neuen, des Dritten Reiches.« (82. Jahresbericht – 1. April
1932 bis 31. März 1933 – der Heilerziehungs- und Pflegeanstalt Scheuern bei
Nassau an der Lahn. Direktor Todt hatte den Jahresbericht anläßlich des Jah-
resfestes am 17.9.1933 vorgetragen.)
Scheuern dient 1941 als sogenannte Zwischenanstalt. Hunderte von Menschen, die für die Gaskammer in Hadamar bestimmt sind, kommen zunächst
hierher. Hier werden sie verwahrt, bis sie zum Gasmord abgeholt werden. Die
Anstalt der Inneren Mission hat den Mördern wissentlich zugearbeitet.

Auch Einrichtungen, die sich beispielhaft um Behinderte bemühen, sind nicht
gefeit, in die Vernichtung verstrickt zu werden. Zum Beispiel das Oberlinhaus
in Nowawes (heute Babelsberg) in Brandenburg. Die Diakonissen des Oberlinhauses galten oft als letzte Hoffnung für Angehörige taubblinder und taub-
stummer Kinder, die anderswo zu einem trostlosen Leben verurteilt waren.
Diakonissen des Oberlinhauses sind auf vielen Außenstellen eingesetzt. So
auch in der Landes-Heil- und Pflegeanstalt Bernburg an der Saale. In einem
Teil der Anstalt – nahe des Eingangsportals – werden Ende 1940 Vergasungs-
anlagen installiert. Durch das Eingangsportal rollen fast täglich die Trans-
portbusse mit den Vergasungsopfern. Zwischen Ende 1940 und 1942 werden
vielleicht 20000 Kranke und KZ-Häftlinge ermordet. Die Diakonissen des
Oberlinhauses sehen die Busse, hören die Schreie der Opfer. Sie riechen den

Gestank der verbrannten Leichen, der tagein, tagaus aus dem neuerbauten Krematorium dringt. Sie sind Augenzeugen des Verbrechens und tun weiterhin ihren Dienst – von einem Protest ist nichts bekannt.

Zu den wenigen Beispielen, die auf evangelischer Seite als Beweis kirchlichen Widerstandes angeführt werden, ist folgendes zu sagen:
Theophil Wurm, evangelischer Bischof der württembergischen Landeskirche, versuchte vergeblich, mit schriftlichen Eingaben die Ermordung der (10000) Kranken in der württembergischen Vergasungsanstalt Grafeneck aufzuhalten. Wurm schreibt am 19. Juli 1940 dem Reichsminister des Innern: »Ich wage ... kaum die Hoffnung auszusprechen, daß meine Stimme gehört wird. Wenn ich trotzdem diese Darlegungen gemacht habe, so tat ich es in erster Linie deshalb, weil die Angehörigen der betroffenen Volksgenossen von der Leitung einer Kirche einen solchen Schritt erwarten ... Dixi et salvavi animam meam!« Das heißt auf deutsch: »Ich habe es gesagt und meine Seele gerettet.« (Das Schreiben ist u. a. abgedruckt: Evangelische Dokumente zur Ermordung der ›unheilbar Kranken‹ unter der nationalsozialistischen Herrschaft in den Jahren 1939–1945, hrg. im Auftrag von Innere Mission und Hilfswerk der Evangelischen Kirche in Deutschland von Hans Christoph von Hase. Stuttgart 1964, S. 9ff.).
Pastor Paul Braune, Leiter der Hoffnungstaler Anstalten in Lobetal und Vice-Präsident des Centralausschusses der Inneren Mission, verfaßte im Juli 1940 eine an Hitler gerichtete Denkschrift gegen den Krankenmord. Diese Denkschrift wird innerhalb der eigenen Kirche geheimgehalten. Braune kommt mehrere Wochen in Gestapo-Haft. Er klagte nach dem Krieg: »Die offizielle Kirche schwieg völlig dazu ...« (Das Braune-Zitat findet sich in einem Aufsatz des Lobetaler Pastors Karl Pagel: »Was geschah um 1940 am ›lebensunwerten‹ Leben?« in: Die Innere Mission, Nr. 7, Juli 1967, S. 313. Ähnlich hatte sich Braune bereits 1947 in der Mai/Juni-Ausgabe derselben Zeitschrift geäußert. Die Denkschrift vom 9. 7. 1940 ist u. a. abgedruckt in Klee: Dokumente zur »Euthanasie«, a. a. O., S. 151ff.).
Ernst Wilm, Pfarrer der westfälischen Gemeinde Mennighüffen und nach dem Kriege Präses der westfälischen Landeskirche, ist der einzige, der sich in seiner Gemeinde gegen den Massenmord äußert und deswegen Januar 1942 ins KZ kommt. Als Wilm 1945 aus Dachau zurückkehrt, lautet sein Kommentar: »Und wenn gesagt wird ..., ich hätte schweigen sollen, dann kann ich nur sagen ..., die ganze Kirche hätte laut rufen müssen.« (Dachau. Bericht auf der Gemeindeversammlung Sonntag, dem 28. Oktober 1945, in der evangelischen Kirche zu Mennighüffen von Pfarrer Ernst Wilm, hrsg. vom Evangelischen Vortragsdienst in der Mark.)
Dazu ist zu sagen, daß Pastor Constantin Frick, der Präsident des Central-Ausschusses der Inneren Mission, sich im Herbst 1940 bereit zeigte, den Massenmord zu tolerieren, sofern die Behinderten zu keiner geistigen Regung und zu keiner menschlichen Gemeinschaft mehr fähig seien. Aktennotiz Bodelschwinghs, undatiert: »Pastor Frick hat seine grundsätzlichen Bedenken religiöser und theologischer Art gegen die gesamten Maßnahmen klar zum Ausdruck gebracht und aufrechterhalten. Da ihm aber mitgeteilt ist, daß das bisherige Verfahren [der Erfassung der Opfer, E. K.] geändert wurde und gegen

jede Unsicherheit gesichert worden sei und auch noch weiter sichergestellt werden solle, da ihm ferner gesagt wurde, daß das Verfahren auf die zu keiner geistigen Regung und zu keiner menschlichen Gemeinschaft mehr fähigen Personen beschränkt werden solle, hat er sich unter der Voraussetzung der Durchführung dieser Zusage bereit erklärt, sich für die Beantwortung der Fragebogen [mit der die Opfer erfaßt wurden, E. K.] einzusetzen.« Hauptarchiv der v. Bodelwinghschen Anstalten, 2/39–187, Bl. 97. Vgl. auch Ludwig Schlaich: Lebensunwert? Stuttgart 1947, S. 36. Die Verhandlungen und Kompromisse sind ausführlich dargestellt bei Klee: »Euthanasie« im NS-Staat, a. a. O., S. 280 ff. Pastor Friedrich v. Bodelschwingh wird nach Kriegsende zum protestantischen Widerstands-Heiligen hochstilisiert. Doch Bodelschwingh sprach dem Staat nicht das Recht ab, Kranke töten zu dürfen. Er verhandelte im stillen mit den Mordfunktionären und mit bekannten Verwaltungsbeamten, den Massenmord einzustellen oder auf die am schwersten Behinderten zu begrenzen. So schreibt er z. B. im August 1940 an Ministerialrat Ruppert im Reichsministerium des Innern: »Sicher wäre es das beste, wenn die ganze Maßnahme sofort und endgültig eingestellt würde. Kann man sich dazu nicht entschließen, so ... muß ein geordnetes Verfahren festgelegt werden.« (Hauptarchiv Bethel, 2/39–187, Bl. 175. Zur Haltung Bodelschwinghs siehe Klee: »Euthanasie« im NS-Staat, a. a. O.).

Auch auf katholischer Seite wird taktiert. So schreibt der Breslauer Kardinal Adolf Bertram, Vorsitzender der Fuldaer Bischofskonferenz, am 11. August 1940 Reichsminister Dr. Lammers, in der Bevölkerung gebe es Gerüchte, wonach Geisteskranke getötet würden. Die Bischöfe bäten, diese Darlegungen »wohlwollend aufzunehmen und, soweit erforderlich, dafür Sorge tragen zu wollen, daß die ... Gerüchte keinerlei Begründung in entsprechenden Tatsachen finden«. (Der Brief ist abgedruckt: Akten deutscher Bischöfe über die Lage der Kirche 1933–1945, Bd. V, bearbeitet von Ludwig Volk, Mainz 1983, S. 87 ff.)
Im Herbst 1940 bittet das Ordinariat Rottenburg, in dessen Bereich die Vergasungsanstalt Grafeneck liegt, den württembergischen Innenminister, in der Mordanstalt die Sterbesakramente spenden zu dürfen. (Ebd., S. 205 ff.)
Ähnlich verhandelt Bischof Heinrich Wienken, Leiter des Commissariats der Fuldaer Bischofskonferenz. Wienken, der nach seiner Bischofsweihe ein Hoch auf den Führer ausgebracht hatte und nach Meinung des Berliner Bischofs Preysing die »forma optima des Kompromißlers« darstellt (Walter Adolph: Geheime Aufzeichnungen aus dem nationalsozialistischen Kirchenkampf 1935–1943, Mainz 1980, S. 100), trifft sich im November 1940 mit Euthanasie-Funktionären und ist bereit, unter bestimmten Bedingungen (z. B. einer Ausnahmeregelung für kranke Priester) einer begrenzten Euthanasie zuzustimmen. Auch Wienken verhandelt, daß den Todeskandidaten vor der Vergasung die Sterbesakramente erteilt werden dürfen. (Wienkens Verhandlungsführung ergibt sich aus einem Brief vom 18. 11. 1940 an Faulhaber, abgedruckt in Akten Faulhabers II, a. a. O., S. 700 ff. und der Antwort Faulhabers vom 29. 11., ebd., S. 702. Siehe auch den Aufsatz von Martin Höllen: Katholische Kirche und NS-»Euthanasie«, in: Zeitschrift für Kirchengeschichte Nr. 91, 1980.)

Man muß sich die Gewissensnöte mancher Angehörigen vorstellen: Da Katholiken zu dieser Zeit die Feuerbestattung verboten ist, verweigern manche Priester die christliche Beisetzung. Der Sohn einer Ermordeten – im Frankfurter »Euthanasie«-Prozeß 1986/87 gegen die Ärzte Ullrich und Bunke als Nebenkläger zugelassen – mußte erleben, daß man seiner eingeäscherten Mutter das christliche Begräbnis verweigerte.

41 Die Predigt ist abgedruckt bei Klee: Dokumente zur »Euthanasie«, S. 193 ff.

42 Allein in der pommerschen Anstalt Meseritz-Obrawalde werden zwischen 1942 und 1944 insgesamt 18 000 Menschen ermordet. Man läßt sie verhungern, gibt ihnen Gift oder schlägt sie tot. Die Krankenschwester Armanda Ratajczak wird im April 1945 einer sowjetischen Kommission erklären, sie habe in zwei Jahren 2500 Frauen getötet. Die Schwester war Katholikin – ein Hinweis, daß ja auch viele der Täter noch Mitglied ihrer Kirche waren.
Am 16. Mai 1944 werden 48 geistig behinderte Heimbewohnerinnen der Diakonie-Anstalten Bad Kreuznach nach Meseritz-Obrawalde abtransportiert. Zuvor feiern Schwestern und Behinderte einen Abschiedsgottesdienst, der unter dem Bibelwort steht: »Wahrlich ich sage euch, wo ihr den Vater etwas bitten werdet, so wird er's euch geben.« Die Diakonissen begleiten die Frauen nach Meseritz, wo ihnen sofort klar wird, daß dies eine Mordanstalt ist.
Die Schwestern schweigen nach dem Krieg darüber, weil es der offiziellen Darstellung des Anstaltsleiters aus dem Jahre 1949 widersprochen hätte: »Der Würgeengel ist an uns vorübergegangen.« Dabei hatte Anstaltsvorsteher Hanke auf einer Vorstandssitzung am 16. Dezember 1940 angesichts der drohenden Ermordung der Pfleglinge von sich gegeben: »Bisher waren unsere Heil- und Pflegeanstalten das finanzielle Rückgrat unseres Mutterhauses. Trotz der geringsten im Rheinland gezahlten Pflegesätze warf dieses größte Arbeitsgebiet doch noch einen solchen Überschuß ab... Ich fürchte, daß diese milchgebende Kuh über kurz oder lang trockenstehen wird.« (Karl Adolf Bauer: Aus der Geschichte der Diakonie-Anstalten Bad Kreuznach, Referat auf einer Tagung »Diakonie im Dritten Reich« der Evangelischen Akademie Mülheim/Ruhr am 16./17.5.1987 in Maria Laach).
Zu den Anstalten, die sich dazu hergeben, von 1942 bis 1945, d. h. bis zum Einmarsch alliierter Truppen, behinderte Kinder und Erwachsene verhungern zu lassen oder zu vergiften, gehört die Kreisirrenanstalt Irsee im Allgäu, Zweiganstalt der Anstalt Kaufbeuren. Hier pflegen Ordensschwestern der Kongregation vom Hl. Vinzenz von Paul, dem Begründer der neuzeitlichen Caritas. In Irsee versuchen die Nonnen den Verhungernden hin und wieder mit Zusatznahrung zu helfen. Sie liefern aber die Opfer auf jener Station ab, wo sie kurz darauf vergiftet werden. Im Einzelfall sehen die Schwestern auch zu, wenn die Opfer gespritzt werden. Andere schauen weg oder verlassen vorher das Zimmer. Die Oberin, die barmherzige Schwester Irmengard, 1948 in einer Aussage: »Ich war... selbst mit dabei, als Dr. Gärtner die Einspritzungen vorgenommen hat.« (Aussage vom 15.5.48 im Verfahren Ks 1/49 der StA Augsburg).
Im April 1944 kommt die Krankenschwester Paulina Kneißler nach Irsee, die zuvor in den Vergasungsanstalten Grafeneck und Hadamar beim Massenmord geholfen hat. Die Schwester, die noch 1934 in einer evangelischen Kirchengemeinde Mitglied des Kirchenchores und Helferin im Kindergottes-

dienst gewesen war, hat den Auftrag, in Irsee Kranke zu töten. Der katholische Geistliche trifft mit ihr eine Vereinbarung:
»Meine Forderung an ›Schwester‹ Pauline hatte ... den Erfolg, daß sie mir
namentlich jene Patienten mitteilte, welche (mit den Sterbesakramenten) versehen werden mußten.« (»Bericht über die Vorkommnisse in der Anstalt Irsee
während der Hitlerregierung«, abgedruckt bei Klee: Dokumente zur »Euthanasie«, S. 290 ff.) Das heißt, die Mordschwester informierte den Pater, wen sie
jeweils vergiftete. So arbeiteten Mörderin und Pater in gewisser Weise zusammen. – Insgesamt sind in Irsee und Kaufbeuren mehr als 1200 Kranke verhun-
gert oder vergiftet worden.
43 Niederschrift der Jahreskonferenz des Verbandes Deutscher Evangelischer
Heilerziehungs-, Heil- und Pflegeanstalten vom 22. bis 25. Oktober 1951 auf
dem Wittekindshof bei Bad Oeynhausen (Verfasser: Pastor Nell).
44 Siehe in Anm. 40 die Passage über Scheuern.
45 Niederschrift über die Jahres-Konferenz des Verbandes Deutscher Ev. Heil-
erziehungs-, Heil- und Pflegeanstalten in der Ev. Heilerziehungs- und Pflegeanstalt Scheuern bei Nassau/Lahn vom 9.–12. Juni 1952 (Verfasser: Pastor
Nell).
46 Zur Funktion Cropps: Klee: Was sie taten – Was sie wurden, a. a. O., S. 242.
47 Die Innere Mission, Zeitschrift des Diakonischen Werkes Innere Mission und
Hilfswerk der Ev. Kirche in Deutschland, Heft 7, Juli 1967, S. 298 f.
48 Zit. n. Benno Müller-Hill, in: Medizin im Nationalsozialismus (Kolloquien
des Instituts für Zeitgeschichte), München 1988, S. 41.

»... vor Menschen mehr gefürchtet als vor dem lebendigen Gott«

1 Akten deutscher Bischöfe 1933–1945 über die Lage der Kirche, Bd. II, bearbeitet von Bernhard Stasiewski, Mainz 1976, S. 405 ff.
2 Völkischer Beobachter Nr. 205 vom 24. 7. 1933, zit. n. Ecclesiastica, Archiv für
zeitgenössische Kirchengeschichte, Herausgeber: Katholische Internationale
Presse-Agentur, Freiburg/Schweiz. Nr. 33/1933.
3 Germania, Nr. 188 vom 11. 7. 1933, ebd.
4 Augsburger Postzeitung, Nr. 168 vom 25. 7. 1933, ebd.
5 Friedrich Muckermann: Im Kampf zwischen zwei Epochen. Lebenserinne-
rungen. Bearbeitet und eingeleitet von Nikolaus Junk, Mainz 1985, S. 535.
Der Jesuitenpater war ein bekannter Schriftsteller und Redner. Er mußte 1934
nach Holland fliehen und noch mehrmals die Grenzen wechseln. 1943 gelang
ihm die Flucht aus dem besetzten Frankreich in die Schweiz. Er starb dort
1946.
6 Amtsblatt für die Erzdiözese Freiburg Nr. 17 vom 30. 6. 1933, zit. n. Ecclesiastica, Nr. 52/1933.
7 Bayerischer Kurier, Nr. 188 vom 7. 7. 1933, ebd.
8 Amtsblatt für die Erzdiözese Freiburg, Nr. 20 vom 21. 8. 1933, ebd.
9 Kirchliches Amtsblatt für das Bistum Ermland, Nr. 11 vom 1. 11. 1933, ebd.
10 Nach einem Bericht im »Badischen Beobachter«, Nr. 272 vom 10. 10. 1933,
ebd.
11 Neue Zürcher Zeitung vom 1. 11. 1933, ebd.

12 Wortlaut in Germania, Nr. 299 vom 21. 8. 1933, ebd. Der Völkische Beobachter veröffentlichte am 24. August ein Bild, welches den Generalvikar und weitere Würdenträger mit dem Hitler-Gruß zeigt.

13 Wortlaut in Germania, Nr. 275 vom 6. 10. 1933, ebd. Steinmann wird ab Februar 1937 durch eine schwere Krankheit an der weiteren Ausübung seines Amtes verhindert. Er stirbt am 8. 11. 1937.

14 Germania, Nr. 255 vom 16. 9. 1933.

15 Badischer Beobachter, Nr. 254 vom 22. 9. 1933, zit. n. Ecclesiastica, Nr. 52/1933.

16 Akten deutscher Bischöfe über die Lage der Kirche 1933–1945, Bd. I, bearbeitet von Bernhard Stasiewski. Mainz 1968, S. 337.

17 Akten Bischöfe II, S. 371

18 Akten deutscher Bischöfe über die Lage der Kirche, Bd. IV, bearbeitet von Ludwig Volk, Mainz 1981, S. 478 f.

19 Das Aktionskomitee für ein Dokumentations- und Informationszentrum Emslandlager (2990 Papenburg, Postfach 1511) stellte mir freundlicherweise eine Kopie des Zeitungsberichts zur Verfügung. Der Bericht ist abgedruckt bei: Erich Kosthorst/Bernd Walter: Konzentrations- und Strafgefangenenlager im Emsland 1933–1945. Zum Verhältnis von NS-Regime und Justiz, Düsseldorf 1985, S. 345 ff.

20 Eintragung vom 21. 8. 1933. Jochen Klepper: Unter dem Schatten deiner Flügel, Aus den Tagebüchern der Jahre 1932–1942, Berlin–Darmstadt–Wien 1959, S. 100 (seitengleich mit der dtv-Ausgabe, München 1976).

21 Brief an Erwin Sutz vom 14. 4. 1933: Bonhoeffer-Auswahl, Bd. 2, hrg. von Otto Dudzus, München 1982, S. 21. Bonhoeffers verschiedene Aktivitäten beschreibt Wolfgang Gerlach: Als die Zeugen schwiegen. Bekennende Kirche und die Juden, Berlin 1987, S. 54 ff.

22 Zit. n. Klaus Scholder: Die Kirchen und das Dritte Reich, Bd. 1, Frankfurt–Berlin–Wien 1977, S. 581.

23 Dietrich Bonhoeffer: Der Arierparagraph in der Kirche. Der Text ist abgedruckt: Die Kirchen im Dritten Reich. Christen und Nazis Hand in Hand? Bd. 2 Dokumente, hrsg. von Georg Denzler/Volker Fabricius, Frankfurt 1984, S. 74 ff., Fischer-Taschenbuch Nr. 4321. Zu seiner Wirkung: Gerlach, a. a. O., S. 59 ff.

24 Bonhoeffer folgt 1936 der Bitte, die Leitung des illegalen Predigerseminars der BK in Finkenwalde zu übernehmen. Er erhält 1936 Lehr- und 1940/41 Rede- und Schreibverbot. Überzeugt, daß nur politischer Widerstand dem Unrecht abhilft, schließt er sich dem Widerstandskreis um Admiral Wilhelm Canaris an. Bonhoeffer wird am 5. 4. 1943 verhaftet, Beweismaterial gegen ihn wird jedoch erst nach dem Attentatsversuch auf Hitler am 20. 7. 1944 gefunden. Bonhoeffer wird am 9. 4. 1945 im KZ Flossenbürg erhängt.

25 Brief vom 28. 4. 1934: Bonhoeffer-Auswahl, Bd. 2, a. a. O., S. 110.

26 Neue Zürcher Zeitung, Nr. 1089 vom 12. 6. 1932, zit. n. Ecclesiastica, Nr. 6/1933.

27 Kremers Vortrag »Nationalsozialismus und Protestantismus« vom 5. 6. 1931 auf einer Gesamtvorstandssitzung des Evangelischen Bundes in Magdeburg wurde auch gedruckt. Zit. n. Kurt Meier: Der evangelische Kirchenkampf, Bd. 1, Göttingen 1984, S. 17.

28 Wilhelm Niemöller: Aus dem Leben eines Bekenntnispfarrers. Bielefeld 1961, S. 16, 42 und 59.

29 Bericht im Betheler »Aufwärts« vom 11. 5. 1933, zit. n. Friedrich Baumgärtel (selbst DC-Mann): Wider die Kirchenkampf-Legenden, Neuendettelsau 1976, S. 25.

30 Westfälische Zeitung vom 9. 5. 1933.

31 Westfälische Zeitung vom 22. 5. 1933.

32 Westfälische Zeitung vom 4. 7. 1933. – Zu seinen Beweggründen schreibt Niemöller (Aus dem Leben eines Bekenntnispfarrers, a. a. O., S. 19): »Im Mai und Juni wurde ich einige Male gebeten, einen Feldgottesdienst zu halten und eine Fahne zu ›weihen‹. Ich habe mich diesen Wünschen nicht entzogen, weil ich der naiven Meinung war, es sei besser, wenn ich etwas ›Vernünftiges‹, als wenn andere Leute etwas ›Unvernünftiges‹ sagen würden.«

33 Meier I, S. 117.

34 Junge Kirche, Nr. 15/1933, S. 194. – Koch am 22. 8. 1933 auf der 33. Westfälischen Provinzialsynode in Soest: »... Wer mit Schrecken sah, wie dieser Macht des Bolschewismus in dem damaligen Deutschland immer noch Duldung und Schutz gewährt wurde, und dann zu Anfang dieses Jahres die machtvolle Wendung zu einem Deutschland wieder hoch in Ehren erlebte, der ist Gott für solche Wendung dankbar und gedenkt fürbittend der Männer, denen der Herr der Geschichte die Geschicke unseres Volkes und Landes in die Hände gegeben hat.« (Baumgärtel, a. a. O., S. 31)

35 Gerlach, a. a. O., S. 68.

36 Darstellung und Zitat: Die Marburger Theologen und der Arierparagraph in der Kirche. Eine Sammlung von Texten aus den Jahren 1933 und 1934. Aus Anlaß des 450jährigen Bestehens der Philipps-Universität Marburg im Auftrage des Fachbereichs Evangelische Theologie neu herausgegeben und mit einer Einführung versehen von Heinz Liebig, Marburg 1977, S. 9 ff.

37 Ebd., S. 21 f.

38 Ebd., S. 16 ff.

39 Das Schreiben Heims an die Mitunterzeichner des Aufrufs und die gemeinsame Begründung der drei Theologen: Ebd., S. 46 f.

40 Martin Niemöller 1938 vor dem Sondergericht (Vierteljahrshefte für Zeitgeschichte, 1956, S. 312; bei Baumgärtel, a. a. O., S. 78). DC-Mann Baumgärtel hat weiteres Material (S. 33 ff.) zusammengetragen, das Niemöllers NS-Begeisterung und antijüdisches Denken belegt. Niemöller ist nach eigenem Bekunden (Fernsehinterview mit Günter Gaus am 30. 10. 1963 – abgedruckt bei Gerlach, a. a. O., S. 85 f.) erst im KZ zu einer anderen Erkenntnis gekommen. Niemöllers Haltung 1933 muß festgehalten werden, weil sie zeigt, daß Männer wie er politisch vom Nationalsozialismus überzeugt waren. Aber – und das kann nicht oft genug hervorgehoben werden – gerade Niemöller steht auch dafür, daß man auch aus der Geschichte lernen kann.

41 Junge Kirche, Heft 1/1933, S. 269 f.

42 Wilhelm Niemöller, Kampf und Zeugnis der Bekennenden Kirche, Bielefeld 1948, S. 454 und: Bekennende Kirche in Westfalen. Bielefeld 1952, S. 259.

43 Darstellung und Zitate: Junge Kirche 1934, S. 808 ff.

44 zit. n. Niemöller: Kampf und Zeugnis, a. a. O., S. 455.

45 zit. n. Gerlach, a. a. O., S. 140.

46 Klepper, a. a. O., S. 269 ff.
47 Die Denkschrift ist abgedruckt bei Wilhelm Niemöller: Die Synode zu Steg-
    litz. Göttingen 1970, S. 29 ff.
48 Gerlach, a. a. O., S. 7 ff. und 145.
49 Niemöller: Die Synode zu Steglitz, a. a. O., S. 103 f. Die Bekenntnissynode tagt
    kurz nach Verkündung der Nürnberger Rassengesetze. Die Synodalen schwei-
    gen dazu, theologisieren lediglich über die Bedeutung der »Juden-Taufe«. Prä-
    ses Karl Koch drohte dem Synodalen Vogel sogar mit seinem Rücktritt, damit
    Vogel in seinem Referat die »Judenfrage« aussparte. Hartmut Ludwig schreibt
    dazu in seiner Dissertation über das »Büro Grüber« (»Die Opfer unter dem Rad
    verbinden«, Berlin-Ost, S. 44): »Nach Verkündigung der Nürnberger Rassen-
    gesetze hielt es der Synodale [und Rittergutsbesitzer, E. K.] von Arnim-Kröch-
    lendorff – sicher nicht nur er! – für inopportun, wenn die Synode sich mit der
    Judenfrage beschäftige. Der Synodale Knak hatte sich in seinem ›Wort der
    Mission zur Rassenfrage‹ bereits festgelegt: Das jüdische Volk steht ›unter
    besonderem Gericht. Zu diesem Gericht gehört es, daß es den Völkern, unter
    die es zerstreut ist, so oft Verderben bringt. Wenn ein Staat diesem Verderben
    wehrt, so tut er seine Pflicht ... Der Staat darf, wo es nottut, harte Maßnahmen
    nicht scheuen ... Ein Jude wird durch Taufe und Glauben nicht ein Deutscher,
    darum hat die Mission nichts mit der Frage zu tun, ob christliche Deutsche und
    christliche Juden untereinander heiraten sollen, sondern überläßt es dem
    Staat.‹«
50 Niemöller, BK in Westfalen, a. a. O., S. 258.
51 Scholder, a. a. O., S. 11.
52 Rade in Christliche Welt vom 1. 11. 1935, zit. n. Gerlach, a. a. O., S. 161 ff.
53 Ebd., S. 164.
54 Die Unterstützungsleistungen sind in den Protokollen der Fuldaer Bischofs-
    konferenz nachzulesen.
55 Hermann Muckermann: Grundriß der Rassenkunde, Paderborn 1934,
    S. 121 f. – Hermann Muckermann (Jahrgang 1877) war 1896 bei den Jesuiten
    eingetreten. Er hatte den Orden 1926 verlassen und war Diözesanpriester ge-
    worden, weil er nur, wenn er den Orden verließ, Leiter der Abteilung für
    Eugenik am Kaiser-Wilhelm-Institut für Anthropologie, menschliche Erb-
    lehre und Eugenik in Berlin-Dahlem (1927–1933) werden konnte (Schrift-
    liche Mitteilung von Georg Schmidt SJ, Frankfurt, St. Georgen, vom
    28. 5. 87.). Aus dieser Zeit stammt auch seine Schrift »Volkstum, Staat und
    Nation eugenisch gesehen« (Essen o. J.), in der er eine »nationale Eugenik«
    fordert. Auch hier sorgt er sich um die »Erhaltung der erblichen Urwüchsig-
    keit des deutschen Volkes«: »Ein Anlaß ist ohne Zweifel die seit Jahrzehnten
    anschwellende Zunahme von Menschen jüdischen Ursprungs in wesentlichen
    Zweigen der Kulturgestaltung.« (Ebd., S. 69 f.).
56 Werner Wallner: Die deutschen Eheschutzgesetze und unsere Mündel, in:
    Jahrbuch der Caritaswissenschaft, 1937, S. 151.
57 Auf der »Bekenntnissynode« im Februar 1936 in Bad Oeynhausen hatte sich
    die BK in den konservativen Lutherrat und den »Dahlem-Flügel« (Martin
    Niemöller) gespalten. Beide Flügel haben jedoch weitere »Flügel«.
58 Für die 2. VKL unterzeichneten die Pfarrer Fritz Müller, Martin Albertz,
    Hans Böhm, Bernhard Heinrich Forck, Otto Fricke. Für den »Reichsbruder-

rat« die Pfarrer Hans Asmussen, Karl Lücking, Friedrich Middendorff, Martin Niemöller sowie Rittergutsbesitzer Reinhold v. Thadden-Trieglaff. – Dazu: Wilhelm Niemöller: Die Bekennende Kirche sagt Hitler die Wahrheit. Die Geschichte der Denkschrift der Vorläufigen Leitung von Mai 1936. Bielefeld 1954. Den wichtigsten Beitrag leistet Martin Greschat (Hg.) in dem Band: Zwischen Widerspruch und Widerstand. Texte zur Denkschrift der Bekennenden Kirche an Hitler (1936). München 1987.

59 Faulhaber am 12. 6. 1933 an Hitler, den bayerischen Ministerpräsidenten Siebert, den bayerischen Staatsminister des Inneren Wagner und den damaligen Politischen Polizeikommandeur von München Himmler. Akten Bischöfe I, S. 240.

60 Faulhaber am 12. 6. 1933 an Wagner, Hitler, Siebert und den Chef des Stabes der SA, Röhm. Ebd., S. 252.

61 Akten Bischöfe II, S. 233.

62 Ebd., S. 234 ff.

63 Walter Adolph, Priester, 1930 geistlicher Sekretär der Katholischen Aktion in Berlin, ab Mai 1932 Schriftleiter des Berliner »Kirchenblatts«. Von Dezember 1933 bis zu zwangsweisen Entfernung durch den Präsidenten der Reichspressekammer am 1. 7. 1936 Leiter der Fachschaft der katholischen Kirchenpresse bei der Reichsschrifttumskammer. Adolph diente den Krieg hindurch als kirchenpolitischer Mitarbeiter des Berliner Bischofs Preysing, in dessen Auftrag er v. a. oft zu Bertram reiste. Nach 1945 Chefredakteur der Bistumszeitung »Petrusblatt«, von 1961–69 Generalvikar.

64 Aufzeichnung Adolphs vom 21./24. 6. 1936. Walter Adolph: Geheime Aufzeichnungen aus dem nationalsozialistischen Kirchenkampf 1935–1943, Mainz 1980. S. 20.

65 Akten Kardinal Michael von Faulhabers, Bd. II, bearbeitet von Ludwig Volk, Mainz 1984, S. 184 ff.

66 Martin Höllen schreibt zu Faulhabers Besuch auf dem Obersalzberg: »Selbst noch bei den NS-Verbrechen der Kriegsjahre glaubte Faulhaber, daß zwar potente, aber doch eigenmächtige Gefolgsleute, nicht jedoch Hitler selbst dafür verantwortlich zu machen seien. Hitler blieb für ihn Träger der höchsten Staatsautorität, der ›gottgesetzten Obrigkeit‹.« – Martin Höllen: Heinrich Wienken, der »unpolitische« Kirchenpolitiker, Mainz 1981. S. 80.

67 Adolph, a. a. O., S. 120. – Die positive Bewertung Hitlers durch den Münchener Kardinal läßt sich u. a. damit erklären, daß sich zwei Herrschernaturen begegneten. Walter Adolph (a. a. O., S. 15): »Als ich mit dem Bischof, Graf Preysing, über die Kälte des Breslauer Kardinals sprach, erklärte er mir, daß sie verschwindend sei im Vergleich mit der hoheitsvollen Kälte, die Kardinal Faulhaber atme. Der Kardinal hat auf mich stets wie ein nasses Bettuch gewirkt. In den Sitzungen des Münchener Ordinariats saßen die Domkapitulare still wie die Hühner auf ihren Stangen, wenn der Kardinal den Vorsitz führte.«

68 Die Geschichte der Entstehung und Verbreitung der Enzyklika (sie ist datiert auf den 14. 3. 1937) beschreibt Walter Adolph in seinem Buch »Kardinal Preysing und zwei Diktaturen. Sein Widerstand gegen die totalitäre Macht, Berlin 1971, S. 73 ff. – Am 17. 1. 1937 hatte Pius XI. die Kardinäle Bertram, Faulhaber, Schulte, Pacelli und die Bischöfe Preysing und Galen an seinem Krankenlager empfangen. Faulhaber, der den Entwurf fertigt, hatte dabei geäußert,

man solle die Angriffe auf den Glauben feststellen, ohne jedoch den Nationalsozialismus zu nennen (Adolph, a. a. O., S. 79). Die Enzyklika ist – zusammen
mit dem vorsichtigeren Entwurf Faulhabers – vollständig abgedruckt in: Christen und Nazis Hand in Hand? Hrsg. von Denzler/Fabricius. Bd. 2, a. a. O.,
S. 104 ff.

69 Wie die Begriffe Blut, Boden und Rasse auch auf katholischer Seite positiv
gebraucht werden, ist nachzulesen bei Guenter Lewy: Die katholische Kirche
und das Dritte Reich, München 1965, S. 182 ff. So heißt es z. B. in einer Anweisung von Generalvikar Miltenberger (Würzburg) vom 14. 12. 1937, also
nach der Enzyklika: »Wenn ein Priester die Begriffe Blut, Boden und Rasse
verächtlich machen wollte, würde er sich . . . theologisch und kirchlich verfeh-
len.«

70 Trotz allen propagandistischen Aufwands: Insgesamt sind nur 49 Welt- und 9
Ordenspriester in die Prozesse verwickelt gewesen.

71 So in einer Predigt anläßlich der Wiener Männerwallfahrt am 12. 11. 1932,
dem österreichischen Staatsfeiertag, vor über 12 000 Teilnehmern in Kloster-
neuburg. Ecclesiastica, Nr. 6/1933.

72 Die Texte sind abgedruckt in Akten Bischöfe II, S. 535 ff. und Adolph, Geheime Aufzeichnungen, a. a. O., S. 246 f. Die »Feierliche Erklärung« ist unterschrieben von den bereits erwähnten Innitzer und Waitz sowie dem Fürstbischof von Gurk, Adam Hefter, dem Fürstbischof von Seckau, Ferdinand Paw-
likowski, dem Bischof von Linz, Johannes Maria Gföllner und dem Bischof
von St. Pölten Michael Memelauer.

73 Zit. n. Adolph, a. a. O., S. 261.

74 Sproll verläßt Rottenburg – vorübergehend, wie er denkt –, um zur Beruhi-
gung der Gemüter beizutragen. Seine Rückkehr im Juli wird durch weitere
Demonstrationen jedoch verhindert. Die Gestapo hat ihn am 24. 8. 1938 förm-
lich aus seiner Diözese ausgewiesen. Sproll wohnt danach im Benediktiner-
kloster St. Ottilien in der Diözese Augsburg. (Akten Bischöfe IV, S. 446,
457.)

75 Junge Kirche 1938, S. 298 ff., 384 ff., 401 und 926 f.

76 Klepper, a. a. O., S. 584.

77 Ebd., S. 595.

78 Michael Wunder/Ingrid Genkel/Harald Jenner: Auf dieser schiefen Ebene
gibt es kein Halten mehr. Die Alsterdorfer Anstalten im Nationalsozialismus,
Hamburg 1987, S. 155 ff. Faksimilierter Abdruck, ebd., S. 158.

79 Ebd., S. 155 ff.

80 Klepper, a. a. O., S. 631.

81 Akten Bischöfe IV, S. 588.

82 Klepper, a. a. O., S. 663.

83 Ebd., S. 667.

84 Ebd., S. 669.

85 Karl Adolf Bauer: Aus der Geschichte der Diakonie-Anstalten Bad Kreuznach. Vortrag auf einer Tagung »Diakonie im Dritten Reich« am 16./17. Mai
1987 in Maria Laach.

86 Klepper, a. a. O., S. 677.

87 Ebd., S. 683 f.

88 Ebd., S. 689.

89 Bonhoeffer-Auswahl, a. a. O., S. 94.
90 Junge Kirche, 1937, S. 354; 1940, S. 45 f.; 1941, S. 260.
91 Gerlach, a. a. O., S. 246.
92 Ebd., S. 244 f.
93 Wilhelm Niemöller: Kampf und Zeugnis, a. a. O., S. 458.
94 Ebd., S. 259.
95 Klaus Schatz SJ: Geschichte des Bistums Limburg, Mainz 1983, S. 278 f.
96 Junge Kirche, 1939, S. 214.
97 Ebd., S. 256.
98 Klepper, a. a. O., S. 730.
99 Niemöller, Kampf und Zeugnis, a. a. O., S. 460 f. Die Kündigung des Landes-
    kirchenamtes zum Ende des Monats Juli 1939 datiert vom 11. Juli 1939.
100 Junge Kirche, 1939, S. 329.
101 Dr. jur. Friedrich Werner (altpreußische Union), Johannes Klotsche (Sach-
    sen), Paul Kipper (Hessen-Nassau); Dr. Christian Kinder (Schleswig-Hol-
    stein), Martin Sasse (Thüringen), Walther Schultz (Mecklenburg), Ludwig
    Diehl (Pfalz), Johannes Volkers (Oldenburg), Erwin Balzer (Lübeck), Franz
    Lindau (Anhalt) und Dr. Robert Kauer (Österreich).
102 Meier, Bd. 3, a. a. O., S. 77.
103 Klepper, a. a. O., S. 756.
104 Hans Kerrl, Mitglied der NSDAP seit 1923, von April 1933 bis Juni 1934 preu-
    ßischer Justizminister, danach Reichsminister ohne Geschäftsbereich, ab
    16. 7. 1935 Reichsminister für die kirchlichen Angelegenheiten. Kerrl hatte
    keinen Einfluß und diente als »Prellbock und Registrator« kirchlicher Be-
    schwerden. »Nichts zeigt plastischer den Niedergang des Kirchenministe-
    riums«, so Martin Höllen (a. a. O., S. 84), »als das vergebliche Flehen Kerrls
    kurz vor seinem Tode, der Führer, der seit 1937 nicht mehr mit ihm über Kir-
    chenfragen gesprochen hatte, möge ihn doch endlich empfangen.« Kerrl stirbt
    am 15. 12. 1941. Ein Nachfolger wird nicht berufen. Mit der Fortführung der
    Geschäfte wurde Hermann Muhs betraut, seit 1937 Staatssekretär im Kir-
    chenministerium.
105 Niemöller, Kampf und Zeugnis, a. a. O., S. 454.
106 Brief Barths vom 18. 11. 1934 an den zwangspensionierten Lübecker Hauptpa-
    stor Dr. Jannasch, Gerlach, a. a. O., S. 206.
107 Eberhard Klügel: Die lutherische Landeskirche Hannovers und ihr Bischof
    1933–1945. Dokumente. Berlin und Hamburg 1965. S. 16.
108 Brief Rarkowski an den deutschen Episkopat vom 18. 9. 39; Akten Bischöfe
    IV, 717 ff.
109 Akten deutscher Bischöfe zur Lage der Kirche 1933–1945, Bd. V, bearbeitet
    von Ludwig Volk, Mainz 1983, S. 310 f.
110 Akten deutscher Bischöfe zur Lage der Kirche 1933–1945, Bd. VI, bearbeitet
    von Ludwig Volk, Mainz 1985, S. 387 f.
111 Akten Bischöfe V, S. 905 ff.
112 Ebd., S. 964 f.
113 Im Frühjahr 1934 war in Berlin das »Caritas-Notwerk« als Hilfsstelle für poli-
    tisch Verfolgte (katholische Journalisten, Gewerkschafter, Angestellte und
    Beamte) eingerichtet worden. Das »Notwerk« wurde bald eine Anlaufstelle
    für katholische Juden. Offizieller Leiter war der Berliner Bischof Nikolaus

Bares, der 1935 starb. Geschäftsführer war Dr. Heinrich Krone, der als ehemaliger Zentrums-Politiker selbst arbeitslos geworden war (Krone wurde
nach dem 20. Juli 1944 verhaftet. Er gehörte von 1949 bis 1969 als CDU-Politi-
ker dem Deutschen Bundestag an, davon viele Jahre als Fraktionsvorsitzen-
der. 1961 Bundesminister für besondere Aufgaben, 1964 – 1966 Vorsitzender
des Bundesverteidigungsrates.)
Im März 1935 war zudem als Bindeglied zwischen Raphaels-Verein und Not-
werk« ein »Hilfsausschuß für katholische Nichtarier« unter Vorsitz des Osnabrücker Bischofs Berning gegründet worden. (Höllen, a. a. O., S. 47,
S. 105 f.). Die Arbeit des Caritas-Notwerks setzte 1938 das »Hilfswerk beim
Bischöflichen Ordinariat Berlin« fort. Es wurde von Dompropst Bernhard
Lichtenberg bis zu seiner Verhaftung im Oktober 1941 geleitet (danach übernahm Bischof Preysing selbst die Leitung). 1938 übernahm das Erzbischöfliche Ordinariat Freiburg das Referat »Verfolgtenfürsorge« beim Deutschen
Caritasverband in Freiburg in seine offizielle Verantwortlichkeit. – Hans-Jo-
sef Wollasch: Beiträge zur Geschichte der Deutschen Caritas in der Zeit der
Weltkriege, Freiburg i. Br. 1978, S. 154 ff.
114 Ebd., vgl. dagegen: Lewy, a. a. O., S. 309 f.
115 Höllen, a. a. O., S. 106.
116 Ebd.
117 Vorschläge des Hilfswerks beim Ordinariat Berlin, in: Akten Bischöfe V,
      S. 549 ff.
118 Ebd., S. 555 ff.
119 Akten Kardinal Michael von Faulhaber, Bd. II, bearbeitet von Ludwig Volk,
      Mainz 1984, S. 845.
120 Adolph, a. a. O., S. 14.
121 Ebd., S. 15.
122 Ebd., S. 52. Preysing weiß aber auch andere Eigenschaften Bertrams hervor-
      zuheben: »Ich möchte die Hälfte seines Geistes und ein Zehntel seiner Ar-
      beitskraft besitzen, so wäre ich zufrieden.« (Ebd., S. 16.)
123 Darstellung und Zitate (S. 34 f., 57): Kurtmartin Magiera: Bernhard Lichten-
      berg. Berlin 1963.
124 Ernst Klee: Wege und Holzwege. Evangelische Dichtung des Zwanzigsten
      Jahrhunderts, Bremen 1969, S. 83 ff.
125 Pfarrer Heinrich Grüber wird am 19. 12. 1940 verhaftet. Er kommt zunächst
      ins KZ Sachsenhausen, dann – bis zu seiner Entlassung 1943 – nach Dachau.
126 Klepper, a. a. O., S. 851.
127 Ebd., S. 852.
128 Ebd., S. 868.
129 Ebd., S. 876.
130 Ebd., S. 847.
131 Ebd., S. 908, 912.
132 Ebd., S. 970.
133 Landesbischof D. Wurm und der nationalsozialistische Staat 1940–1945. Eine
      Dokumentation in Verbindung mit Richard Fischer zusammengestellt von
      Gerhard Schäfer, Stuttgart 1968, S. 157.
134 Klepper, a. a. O., S. 972.
135 Wurm, a. a. O., S. 158.

136 Ebd., S. 275 ff.
137 EZA, 1/C3/172.
138 Meier, Bd. 3, a. a. O., S.146f.
139 Heinz Brunotte: Die Kirchenmitgliedschaft der nichtarischen Christen im Kirchenkampf, in: Zeitschrift für ev. Kirchenrecht, 13. Bd., 1967/68, S.167f. Der Brief vom 22.12.1941 ist auf S 166f. abgedruckt.
140 Klepper, a. a. O., S. 1019.
141 Ebd. S. 1019, 1032.
142 EZA, 1/C3/172.
143 Brunotte, a. a. O., S. 172f.
144 EZA, 1/C3/172.
145 Klepper, a. a. O., S. 1132.
146 Ebd., S. 1133.
147 EZA, 50/596.
148 Klepper, a. a. O., S. 12.
149 Klügel, a. a. O., S. 203.
150 Wurm, a. a. O., S. 159.
151 Ebd., S. 164f.
152 Ebd., S. 312.
153 Ebd., S. 315.
154 Ebd., S. 160 und S. 162: Wurm nimmt die Zurückhaltung zum Anlaß, für die in »Mischehe« Lebenden zu bitten.
155 Brunotte, a. a. O., S. 174.
156 Akten Bischöfe V, S. 675 ff. – Die Morde in Kowno sind ausführlich geschildert und mit Fotos belegt in: Schöne Zeiten. Judenmord aus der Sicht der Täter und Gaffer, hrg. von Ernst Klee, Willi Dreßen, Volker Rieß. Frankfurt 1988, S. 31 ff.
157 Akten Bischöfe VI, S. 19 ff.
158 Ebd., S. 21 ff.
159 »Geltungsjuden« sind Menschen, deren Judentum auf einer Definition beruht. Zum Beispiel das von einem »Arier« nichtehelich gezeugte Kind einer jüdischen Frau, das unter der Verschweigen der Vaterschaft bei der Jüdischen Gemeinde angemeldet worden war. Höllen, a. a. O., S. 112.
160 Akten Bischöfe VI, S. 23.
161 Ebd., S. 39.
162 Aufzeichnungen Faulhabers vom 30./31. 3. 1943. Akten Faulhaber II, a. a. O., S. 978f.
163 Akten Bischöfe VI, S. 59 f.
164 Ebd., S. 197 ff.
165 Ebd., S. 215.
166 Ebd., S. 281 f.
167 Brief vom 22.9.1943. Ebd., S. 230. Eine weitere Beschwerde wegen Einsatz bei SS: Ebd., S. 302.
168 Zu Gröbers Fördernder Mitgliedschaft der SS siehe Höllen, a. a. O., S. 80f. Da er sich weigerte, freiwillig auszuscheiden, schloß ihn der Reichsführer-SS Heinrich Himmler 1938 aus.
169 Akten Bischöfe VI, 303 ff.
170 Ebd., S. 348 f.

171 Ebd., S. 466.
172 Akten Bischöfe VI, S. 467 f.
173 Ebd., S. 474 ff.
174 Wurm, a. a. O., S. 479.
175 Ebd., S. 480.
176 Lewy, a. a. O., S. 319.
177 Denzler / Fabricius: Die Kirchen im Dritten Reich. Christen und Nazis Hand in Hand? Bd. 1 Darstellungen. Frankfurt 1984. S. 156. Fischer Taschenbuch Nr. 4320.
178 Akten Bischöfe VI, S. 201.
179 Ebd., S. 625 ff.
180 Klügel, a. a. O., S. 204.
181 Akten VI, S. 688 ff.
182 Zit. n. Meier, Bd. 3, a. a. O., S. 581 f.
183 Zit. n. Gerlach, a. a. O., S. 377.
184 Ebd., S. 378.
185 Zit. n. Meier, a. a. O., S. 582.
186 Ebd., S. 582 ff.
187 Zum Ablauf in Stuttgart und zum weiteren Verlauf der »Schulddiskussion«: Gerlach, a. a. O., S. 379 ff., Meier, a. a. O., S. 582 ff.
188 Vortrag am 15. 3. 1936 in Schaffhausen, EZA, 50/67A.
189 Hektographiertes Rundschreiben von Lilje, datiert: »Hannover, im November 1945«. Faksimilierter Abdruck bei Hans Prolingheuer: Wir sind in die Irre gegangen. Die Schuld der Kirche unterm Hakenkreuz. Köln 1987, S. 113.
190 Akten Bischöfe VI, S. 819.
191 Brief Adenauer vom 23. 2. 1946 an Pastor Dr. Bernhard Custodis in Bonn: Denzler / Fabricius, Bd. 2, a. a. O., S. 255.

Zeittafel

1933

30. 1.	Hitler zum Reichskanzler ernannt.
4. 2.	Verordnung zum Schutze des Volkes.
27. 2.	Reichstagsbrand.
28. 2.	»Reichstagsbrandverordnung«. Verhaftungswelle von Kommunisten. Februar/März werden die ersten KZs errichtet.
5. 3.	Reichstagswahlen. NSDAP bekommt 44% der Stimmen.
20. 3.	KZ Dachau
21. 3.	Eröffnung des Reichstags des dritten Deutschen Reiches
24. 3.	Ermächtigungsgesetz.
28. 3.	Treueerklärung der Bischöfe.
1. 4.	Juden-Boykott.
7. 4.	Einführung des Arierparagraphen bei Beamten.
26. 4.	Bischof Berning und der Berliner Generalvikar Steinmann bei Hitler. Die Unterredung ist »herzlich und sachlich«.
2. 5.	Hitler und Goebbels bei den Diakonissen in Lehnin. Zerschlagung der Gewerkschaften. Gesetz gegen Überfremdung der höheren Schulen.
26.–28. 5.	Schlageter-Feier in Kaiserswerth
27. 5.	Bodelschwingh als Reichsbischof gewählt. Er tritt das Amt jedoch aufgrund innerkirchlicher Querelen (Wurm hintertreibt z. B. die Wahl) und Pressionen durch NS-Stellen nicht an.
3. 6.	Hirtenbrief der Bischöfe. Feierliches Bekenntnis zum NS-Staat.
27. 6.	Erzbischof Gröber (Freiburg) verbietet Klerus jede Kritik am Nationalsozialismus.
Juli	KZ Kuhlen der Inneren Mission (bis Oktober).
14. 7.	Gesetz gegen die Neubildung von Parteien. Sterilisierungsgesetz verkündet. Reichskonkordat gebilligt.
20. 7.	Reichskonkordat in Rom unterzeichnet.
23. 7.	Evangelische Kirchenwahlen mit fast totalem Sieg der »Deutschen Christen«.
20. 8.	Katholisches Jugendtreffen in Berlin. Generalvikar Steinmann: Hitler ist der von Gott gesetzte Führer.
31. 8./17. 9.	Hundertjahrfeier in der weiblichen Diakonie in Kaiserswerth.
5./6. 9.	Synode der evangelischen Kirche der altpreußischen Union. Beschluß, den Arierparagraphen in der preußischen Landeskirche einzuführen.
9.–16. 9.	Hundertjahrfeier Rauhes Haus. Am 13. 9. findet dort der 9. Deutsche Diakonentag statt.
15. 9.	Bischof Berning (Osnabrück) wird preußischer Staatsrat.
19. 9.	Theologische Fakultät in Marburg verneint Gültigkeit des Arier-

	paragraphen für den kirchlichen, aber nicht für den staatlichen Bereich.
21.9.	Martin Niemöller ruft zu einem »Pfarrernotbund« auf.
25.9.	Vertreter der Theologischen Fakultät Tübingen bejahen die Möglichkeit des Arierparagraphen im Raum der Kirche.
27.9.	Nationalsynode in Wittenberg. Wahl des Reichsbischofs Ludwig Müller.
31.10.	Tagung der leitenden Schwestern des Zehlendorfer Verbandes.
15.11.	⁓ Schwesterntag in Berlin.

1934

April	Diakone des Stephansstifts Hannover beginnen als Wachtmänner in einem Emslandlager
29.–31.5.	Vertreter von 19 der insgesamt 28 evangelischen Landeskirchen treffen sich in (Wuppertal-)Barmen zur 1. Bekenntnissynode. Ihr Widerstand gilt der Gleichschaltung der Kirche durch den Staat. Die BK versteht sich als die rechtmäßige Evangelische Kirche und installiert als Leitungsorgan den »Reichsbruderrat«.
19./20.10.	2. Bekenntnissynode in Berlin-Dahlem. Der »Reichsbruderrat« setzt aus seiner Mitte einen »Rat der DEK« ein.
23.11.	Ablösung des »Rats der DEK« durch eine (1.) »Vorläufige Kirchenleitung« (VKL) mit dem lutherischen Landesbischof Marahrens an der Spitze.

1935

16.7.	Kerrl zum Reichskirchenminister ernannt.
15.9.	»Nürnberger Gesetze«.
3.10.	Reichskirchenminister Kerrl verfügt als Leitungsorgan der DEK den »Reichskirchenausschuß«, der Reichsbischof Müller de facto ablöst. Der Ausschuß, anfangs von allen protestantischen Gruppierungen toleriert, am 17. Oktober 1935 in einem Aufruf an das evangelische Kirchenvolk: »Wir bejahen die nationalsozialistische Volkwerdung auf der Grundlage von Rasse, Blut und Boden. ... Wir erkennen darin die uns von Gott gegebene Wirklichkeit unseres deutschen Volkes.« Der Reichskirchenausschuß wird im Februar 1937 scheitern.

1936

17.–22.2.	Auf der 4. und letzten Reichsbekenntnissynode in Bad Oeynhausen spaltet sich die BK.
12.3.	Die »radikalen« BK-Vertreter bilden gegen die (mit dem Reichskirchenausschuß kooperierende) 1. VKL eine 2. Vorläufige Kirchenleitung (VKL)
18.3.	Die »gemäßigten« BK-Vertreter organisieren sich im »Rat der Ev.-Lutherischen Kirche Deutschlands«
28.5.	Denkschrift der »Bekennenden Kirche« an Hitler.
26.6.	Bischof Berning besucht und lobt die Emslandlager.
4.11.	Kardinal Faulhaber bei Hitler auf dem Obersalzberg.

1937
21. 3.   Enzyklika »Mit brennender Sorge«

1938
                 Zahlreiche Verordnungen zur »Ausschaltung« der Juden.
12. 3.   »Anschluß« Österreichs
16. 3.   Österreichs Juden vom Stimmrecht ausgeschlossen, Verhaftungs-
                 welle beginnt.
18. 3.   Bekenntnis der österreichischen Bischöfe zum »Deutschen Reich«
19.–26. 6.   10. Diakonentag in Bethel. Bekenntnis zum NS-Staat.
17. 8.   Verordnung, der Juden als zweiten Vornamen »Israel« und »Sara«
                 vorschreibt.
5. 10.   Verordnung, derzufolge Pässe von Juden mit dem Aufdruck »J« zu
                 versehen sind.
9./10. 11.   »Reichskristallnacht«

1939
15. 3.   Deutsche Truppen besetzen Tschechoslowakei
26. 3.   »Godesberger Erklärung« deutsch-nationaler Protestanten
4. 4.   DC-Kirchenführer schließen sich der »Godesberger Erklärung« an
                 und geben die Gründung eines »Instituts zur Erforschung und Be-
                 seitigung des jüdischen Einflusses auf das kirchliche Leben« be-
                 kannt.
1. 9.   Überfall auf Polen. Ermordung von psychisch Kranken und Behin-
                 derten in Pommern, Westpreußen und Polen ab Kriegsbeginn. Mas-
                 senmord an Polen und Juden beginnt.

1940
Januar   Die »Vernichtung lebensunwerten Lebens« (»Euthanasie«) beginnt
                 in den Vergasungs-Anstalten Brandenburg/Havel und Grafen-
                 eck in Württemberg. Als weitere Tötungsanstalten kommen Son-
                 nenstein/Pirna, Bernburg an der Saale und Hartheim bei Linz hin-
                 zu.

1941
22. 6.   Deutsche Truppen marschieren in der Sowjetunion ein.
Juli   Beginn der Massenerschießungen von Juden.
3. 8.   Predigt des Bischofs von Münster, Graf von Galen, gegen den Kran-
                 kenmord.
24. 8.   »Vergasungsstopp« bei Euthanasie. Weiterführung der Morde
                 durch Hungertod und Vergiften. Die Vergasungsanstalten Bern-
                 burg, Sonnenstein und Hartheim werden zur Ermordung von kran-
                 ken und jüdischen KZ-Häftlingen benutzt.
1. 9.   Einführung des »Judensterns« verkündet.
3. 9.   Probevergasungen mit »Zyklon B« in Auschwitz.
Oktober   Deportationstransporte deutscher Juden beginnen.
23. 10.   Der Berliner Dompropst Lichtenberg wird verhaftet.

5. 12.   Erste Transporte in das Vernichtungslager Kulmhof (Chelmno) im
                  Warthegau. Tötung mit sog. Gaswagen.
10. 12.   Der evangelische Landesbischof Wurm überreicht im Namen der
                  »Konferenz der Kirchenführer« in der Reichskanzlei eine Denk-
                  schrift an Hitler.
17. 12.   DC-Kirchenführer fordern, »rassejüdische Christen« auszuweisen.
22. 12.   Die Kirchenkanzlei der Deutschen Evangelischen Kirche fordert
                  die »Ausscheidung« der Juden.

1942
20. 1.   Auf der »Wannsee-Konferenz« in Berlin wird der bereits im Gang
                  befindliche Massenmord besprochen und koordiniert.
März   Beginn der Vergasungen in Belzec.
Mai/Juni   Beginn der Vergasungen in Sobibor.
Juli   Beginn der Vergasungen in Treblinka.
Dezember   Nach der Ermordung von mehr als 600000 Juden stellt Belzec seine
                  Tätigkeit ein.

1943
Frühjahr   Das Sonderkommando »1005« beginnt im Osten mit der Aushe-
                  bung der Massengräber. Die Leichen werden verbrannt, die Mas-
                  sengräber eingeebnet.
3. 3.   Kardinal Bertram setzt sich mit einem Schreiben an NS-Stellen für
                  die getauften Juden ein.
16. 7.   Wurm setzt sich in einem Brief an Hitler für die sogenannten privi-
                  legierten Nichtarier ein.
2. 8.   Häftlings-Aufstand in Treblinka. Nach der Ermordung von mehr
                  als 700000 Juden beendet das Vernichtungslager seine Tätigkeit.
19. 8.   Hirtenbrief der Bischöfe zu den Zehn Geboten.
14. 10.   Häftlings-Aufstand in Sobibor. Das Vernichtungslager (150000 bis
                  250000 jüdische Opfer) beendet die Morde.
17. 11.   Kardinal Bertram bittet Himmler, den katholischen Juden in den
                  Massenlagern im Osten den »sittigenden Einfluß des sakramenta-
                  len Lebens« zukommen zu lassen.
20. 12.   Wurms letzter Brief zur »Judenfrage« an Reichsminister Lammers.

1945
9. 5.   Im gesamten »Reich« tritt die Kapitulation in Kraft.
23. 8.   Hirtenwort der Bischöfe: »Viele Deutsche, auch aus unseren Rei-
                  hen, haben sich von den falschen Lehren des Nationalsozialismus
                  betören lassen.«
19. 10.   Stuttgarter »Schuldbekenntnis« der Evangelischen Kirche in
                  Deutschland.
1. 11.   Pius XII. bescheinigt den Bischöfen, sie hätten »mit ganzem Her-
                  zen Widerstand« geleistet.

1946
3./4. 9.   Treysaer Schuldbekenntnis der deutschen Diakonenschaft

Abkürzungen

a. a. O.	am angegebenen Ort
Abt(l).	Abteilung
Bd.	Band
BK	Bekennende Kirche
Bl.	Blatt
CA	Central-Ausschuß der IM
CV	Caritas-Verband
D.	Doktor der Theologie
DC	Deutsche Christen
DEK	Deutsche Evangelische Kirche
dt., Dt.	deutsch, -e, -er, es. Deutsch, -e, -er, es
Ebd.	Ebenda
ev.	evangelisch
EZA	Evangelisches Zentralarchiv in Berlin
f.	folgende
ff.	fortfolgende
Gestapo	Geheime Staatspolizei
IM	Innere Mission
kath.	katholisch
KZ	Konzentrationslager
NS	Abkürzung für Nationalsozialistisch, -e, -er, -es.
NSDAP	Nationalsozialistische Deutsche Arbeiterpartei
s.	siehe
S.	Seite
SA	»Sturmabteilung« der NSDAP
SD	Sicherheitsdienst des Reichsführer-SS
SS	»Schutzstaffel« der NSDAP
VKL	Vorläufige Kirchenleitung

Personen- und Ortsregister

Die Zeit des Nationalsozialismus

Eine Buchreihe
Herausgegeben von Walter H. Pehle

Fischer Taschenbuch Verlag

Die Zeit des Nationalsozialismus

Eine Buchreihe
Herausgegeben von Walter H. Pehle

Achim
von Borries (Hg.)
**Selbstzeugnisse des
deutschen Judentums
1861–1945**
Mit einem
Geleitwort von
Helmut Gollwitzer
Band 4357

Wilhelm Deist /
Manfred Messerschmitt /
Hans E. Volkmann /
Wolfram Wette
**Ursachen und
Voraussetzungen des
Zweiten Weltkrieges**
Band 4432

Georg Denzler /
Volker Fabricius
**Die Kirchen im
Dritten Reich**
Christen und Nazis
Hand in Hand?
Band 2: Dokumente
Band 4321

Lutz van Dick (Hg.)
**Lehreropposition
im NS-Staat.**
Biographische
Berichte über den
aufrechten Gang
Band 4442

Dan Diner (Hg.)
**Ist der National-
sozialismus
Geschichte?**
Zu Historisierung
und Historikerstreit
Band 4391
Zivilisationsbruch
Denken in Auschwitz
Band 4398

Hans Dollinger (Hg.)
**Kain, wo ist
dein Bruder?**
Was der Mensch im
Zweiten Weltkrieg
erleiden mußte –
dokumentiert in
Tagebüchern
und Briefen. Band 4374

Gustave M. Gilbert
Nürnberger Tagebuch
Band 1885

Hermann Glaser
Spießer-Ideologie
Von der Zerstörung
des deutschen Geistes
im 19. und 20. Jahr-
hundert und dem
Aufstieg des National-
sozialismus. Band 4351

Albrecht Goes
Das Brandopfer
Erzählung
Band 1524

Fischer Taschenbuch Verlag

fi 1710 / 3 b

Die Zeit des Nationalsozialismus

Eine Buchreihe
Herausgegeben von Walter H. Pehle

Günter Grau (Hg.)
**Verachtet,
verfolgt, vernichtet**
Dokumente zur
nationalsozialistischen
Politik gegen die
Homosexuellen
Band 11254

Sebastian Haffner
**Anmerkungen
zu Hitler.** Band 3489

Jost Hermand
Als Pimpf in Polen
Erweiterte Kinderland-
verschickung 1940–1945
Band 11321

Raul Hilberg
**Die Vernichtung der
europäischen Juden**
Drei Bände in Kassette
Band 4417

Hilmar Hoffmann
**»Und die Fahne führt
uns in die Ewigkeit«**
Propaganda im NS-Film
Band 4404

Eberhard Jäckel/
Jürgen Rohwer (Hg.)
**Der Mord
an den Juden
im Zweiten Weltkrieg**
Entschlußbildung
und Verwirklichung
Band 4380

Wieslaw Kielar
Anus Mundi
Fünf Jahre Auschwitz
Band 3469

Ernst Klee
**»Euthanasie«
im NS-Staat**
Die »Vernichtung
lebensunwerten
Lebens«. Band 4326
**Persilscheine
und falsche Pässe**
Wie die Kirchen den
Nazis halfen
Band 10956

Ernst Klee
**Was sie taten,
was sie wurden**
Ärzte, Juristen und
andere Beteiligte am
Kranken- und
Judenmord. Band 4364
»Die SA Jesu Christi«
Die Kirche im Banne
Hitlers. Band 4409

Ernst Klee (Hg.)
**Dokumente zur
»Euthanasie«
im NS-Staat.** Band 4327

Eugen Kogon/
Hermann Langbein/
Adalbert Rückerl u.a.(Hg.)
**Nationalsozialistische
Massentötungen
durch Giftgas**
Eine Dokumentation
Band 4353

Helmut Krausnick
Hitlers Einsatzgruppen
Die Truppe des
Weltanschauungs-
krieges 1938–1942
Band 4344

Fischer Taschenbuch Verlag

fi 1710/3 c

Die Zeit des Nationalsozialismus

Eine Buchreihe
Herausgegeben von Walter H. Pehle

Hermann Langbein
... nicht wie die
Schafe zur Schlachtbank
Widerstand in den
nationalsozialistischen
Konzentrationslagern
1938–1945
Band 3486

Georg Lilienthal
Der »Lebensborn e. V.«
Ein Instrument
nationalsozialistischer
Rassepolitik
Band 11061

Karl Löwith
Mein Leben in
Deutschland vor
und nach 1933
Ein Bericht
Band 5677

Alexander Mitscherlich /
Fred Mielke (Hg.)
Medizin ohne
Menschlichkeit
Dokumente der
Nürnberger Ärzte-
prozesse
Band 2003

George L. Mosse
Die Geschichte des
Rassismus in Europa
Band 10237

Rolf-Dieter Müller
Hitlers Ostkrieg
und die deutsche
Siedlungspolitik
Band 10573

Hertha Nathorff
Das Tagebuch der
Hertha Nathorff
Berlin – New York
Aufzeichnungen
1933–1945
Band 4392

Der National-
sozialismus
Dokumente 1933–1945
Walther Hofer (Hg.)
Überarbeitete
Neuausgabe. Band 6084

Franz Neumann
Behemoth
Struktur und Praxis
des Nationalsozialismus
1933–1944. Band 4306

Erwin Oberländer (Hg.)
Hitler-Stalin-Pakt 1939
Das Ende
Ostmitteleuropas?
Band 4434

Walter Pehle (Hg.)
Der historische Ort
des Nationalsozialismus
Annäherungen
Band 4445

Der Judenpogrom 1938
Von der »Reichs-
kristallnacht« zum
Völkermord
Band 4386

Fred K. Prieberg
Musik im NS-Staat
Band 6901

Luise Rinser
Gefängnistagebuch
Band 1327

Hans Rothfels
Deutsche Opposition
gegen Hitler
Band 4354

Fischer Taschenbuch Verlag

fi 1710 / 3 d

Die Zeit des Nationalsozialismus

Eine Buchreihe
Herausgegeben von Walter H. Pehle

Ernst Schnabel
Anne Frank
Spur eines Kindes
Neuausgabe. Band 5089

Gerhard Schoenberner
Der gelbe Stern
Die Judenvernichtung
in Europa 1933–1945
Band 10601

Hans Scholl/
Sophie Scholl
**Briefe und
Aufzeichnungen**
Inge Jens (Hg.)
Band 5681

Inge Scholl
Die Weiße Rose
Band 88

Günther Schwarberg
Das Getto
Spaziergang in
die Hölle. Band 10302

Michael Schwarz
**Felix Droese
Ich habe
Anne Frank umgebracht**
Ein Aufstand der Zeichen
Band 3955

Bradley F. Smith
**Der Jahrhundert-
Prozeß**
Die Motive der
Richter von Nürnberg
Band 3408

Gerda Szepansky
**»Blitzmädel«,
»Heldenmutter«,
»Kriegerwitwe«**
Frauenleben im
Zweiten Weltkrieg
Band 3700
**Frauen leisten
Widerstand: 1933–1945**
Band 3741

Gerd R. Ueberschär/
Wolfram Wette
**Der deutsche Überfall
auf die Sowjetunion**
»Unternehmen
Barbarossa« 1941
Band 4437

Gerd R. Ueberschär/
Wolfram Wette (Hg.)
Stalingrad
Mythos und Wirklich-
keit einer Schlacht
Band 11097

Michael Verhoeven/
Mario Krebs
Die Weiße Rose
Mit einem Geleitwort
von Helmut Gollwitzer
Band 3678

Walter Otto Weyrauch
Gestapo V–Leute
Tatsachen und Theorie
des Geheimdienstes
Band 11255

Robert Wistrich
**Wer war wer im
Dritten Reich?**
Ein biographisches
Lexikon. Band 4373

David S. Wyman
Das unerwünschte Volk
Amerika und
die Vernichtung
der europäischen Juden
Band 4428

Fischer Taschenbuch Verlag

fi 1710/2 e